校企合作财经商贸专业系列丛书

互联网+创新型“十四五”精品教材

商务谈判实务

（微课版）

主　编　秦　涛　楚晓娟　胡　威

副主编　周俊辉　戴　莉　王　毅

U0838960

哈尔滨工程大学出版社

Harbin Engineering University Press

内 容 简 介

本书着眼于课（专业课程内容）、岗（典型职业岗位技能）、证（行业技能证书）有机融合，配以数字化资源，以新形态、全媒体、立体化的形式呈现。本书共十一个项目，主要包括商务谈判概述、商务谈判的组织与准备、商务谈判的技巧、商务谈判的沟通、商务谈判的成交与签约、谈判礼仪与谈判风格、网络商务谈判、合同签订及纠纷谈判、货物买卖谈判、合资合作谈判、商务代理谈判。

本书可作为应用型本科院校、职业院校电子商务相关专业的教材，也可供从事商务谈判工作的商务人士阅读参考。

图书在版编目（CIP）数据

商务谈判实务 ：微课版 / 秦涛，楚晓娟，胡威主编.
哈尔滨 ：哈尔滨工程大学出版社，2024. 8. -- ISBN
978-7-5661-4557-4

Ⅰ. F715.4

中国国家版本馆 CIP 数据核字第 2024Y46C33 号

商务谈判实务（微课版）
SHANGWU TANPAN SHIWU（WEIKE BAN）

策划编辑 张林峰
责任编辑 张林峰

出版发行 哈尔滨工程大学出版社
社　　址 哈尔滨市南岗区南通大街 145 号
邮政编码 150001
发行电话 0451-82519328
传　　真 0451-82519699
经　　销 新华书店
印　　刷 唐山唐文印刷有限公司
开　　本 787 mm×1 092 mm　1/16
印　　张 14
字　　数 358 千字
版　　次 2024 年 8 月第 1 版
印　　次 2024 年 8 月第 1 次印刷
书　　号 ISBN 978-7-5661-4557-4
定　　价 49.80 元
http://www.hrbeupress.com
E-mail:heupress@hrbeu.edu.cn

前　言

党的二十大报告指出，“坚持尊重劳动、尊重知识、尊重人才、尊重创造，实施更加积极、更加开放、更加有效的人才政策”“着力形成人才国际竞争的比较优势，加快建设国家战略人才力量”“深化人才发展体制机制改革……把各方面优秀人才集聚到党和人民事业中来”。

商务谈判既是一门科学，又是一门艺术，它带有很强的技巧性。商务谈判涉及的知识非常广泛，如价格学、心理学、公共关系学、市场营销学、社会学、逻辑学、会计学、广告学、行为科学、语言学、统计学等学科。

随着世界经济一体化进程的加快，以及我国加入世贸组织后与国际经济贸易的接轨，越来越多的企业与个人需要同国内或国外的商家打交道。任何一次商务活动都离不开谈判，任何一次商务谈判都离不开准备工作的落实，这就使得商务谈判这门专业越来越重要。因而，掌握商务谈判的基本理论、礼仪等知识，将使个人及企业受益无穷。本书特色如下。

（1）结构新颖、模块丰富。本书在每个项目中安排了学习目标、思政目标、案例导入、思考练习等模块，不仅可以增强学生的学习动力，还能激发学生的创造性思维，从而提升课堂参与度和思维活跃度，体现了以学生为主体的指导思想。

（2）理论与实践相结合。本书注重理论、案例与实践相结合。在各项目末设有课后实践与实践评价模块，以增强学生的实践操作能力。体现了理论系统性和结构严谨性，突出学科的应用性和创新性。

（3）教学与学习辅助。本书提供微课、PPT 课件、教案等教学资源与纸质教材无缝对接，便于学生理解、掌握各知识点的深度和广度。

本书由秦涛（重庆电讯职业学院）、楚晓娟（菏泽职业学院）、胡威（重庆城市科技学院）担任主编，由周俊辉（河南质量工程职业学院）、戴莉（烟台汽车工程职业学院）、王毅（南充文化旅游职业学院）担任副主编。本书的相关资料和售后服务可扫封底微信二维码或登录 www.bjzzwh.com 下载获得。

编者在编写本书的过程中参考了大量资料，在此向相关人员表示感谢。由于编者水平有限，书中难免存在不足之处，恳请广大读者批评指正并提出宝贵意见。

编　者

目 录 CONTENTS

项目一

商务谈判概述

项目导读

商务谈判是商业活动中不可或缺的一环，它涉及各方利益的协商、条件的交换以及最终合作协议的达成。通过有效的商务谈判，企业可以获取更优质的资源、拓展市场份额、提升品牌影响力，从而实现持续稳健的发展。为了使读者对商务谈判具备初步的认识，本项目旨在提供有关商务谈判的基本概念、特征、原则及谈判的过程。

学习目标

知识目标

1. 理解商务谈判的定义与内涵，明确其作为商业活动中不可或缺的一环的地位。

2. 掌握商务谈判的基本特征和原则，包括平等互利、真诚合作、灵活机动等。

3. 了解商务谈判的主要类型，如个体谈判与集体谈判，双边谈判与多边谈判，口头谈判、书面谈判与网络谈判等。

技能目标

1. 掌握商务谈判的基本概念和原则，了解商务谈判的重要性和应用范围。

2. 熟悉商务谈判的基本流程和步骤，包括准备阶段、开局阶段、磋商阶段和成交阶段。

3. 培养优秀的沟通协商能力，能够准确理解对方的需求和关切，表达自己的立场和诉求。

素质目标

1. 深入理解商务谈判的概念：学生能够准确阐述商务谈判的定义，理解其在经济活动中的重要地位和作用，以及商务谈判在现代社会中的广泛应用。

2. 掌握商务谈判的特征与原则：学生能够全面把握商务谈判的基本特征，如互利性、竞争性、策略性等，并熟悉商务谈判的基本原则，如平等互利、诚实守信、灵活变通等，以确保谈判过程的公平性和有效性。

3. 熟悉商务谈判的形式与过程：学生能够了解并熟悉各种商务谈判的形式，如面对面谈判、电话谈判、网络谈判等，并掌握商务谈判的基本过程，包括准备阶段、开局阶段、磋商阶段和结束阶段等，以提高谈判效率和成功率。

4. 运用商务谈判评价标准：学生能够掌握商务谈判的评价标准，包括谈判目标的达成情况、谈判过程中的策略运用、谈判结果对双方利益的影响等，以便对商务谈判进行全面、客观的评价。

思政目标

1. 增强学生对商务谈判核心概念的理解。
2. 培养学生遵循商务谈判基本原则的自觉性。
3. 帮助学生熟悉并掌握商务谈判的不同形式。
4. 培养学生基于评价标准进行商务谈判反思的习惯。

案例

医药代表"买菜式砍价谈判"

2019年年底，一条医药代表和药企的谈判视频火遍全网。为了一款国际价每10毫克7~8元的治疗糖尿病的新药（达格列净片），双方展开了价格谈判。此次谈判被网友称之为"灵魂砍价"。

在谈判刚开始时。医药代表就开诚布公："报价有两次，如果两次达不到我们的心理价位，（或者）超过医保支付标准的15%，那自己就出局。"

现场的药企代表第一次报价10毫克5.62元。医保代表对此则指出："再次提醒你，一定要落在低价的15%以内。"药企代表重新报价为4.72元，下降0.9元。这一报价达到了继续谈判的标准。医药代表指出，我国患糖尿病的人数达到总人口的10%，如果其中有10%的人用该企业的药品，那即使药品的价格再稍降一些，企业的利润也将是巨大的。希望对方下一轮的报价能够再适当考虑。

药企代表第三次报价4.62元，再降0.1元。医保代表回应道："我国市场这么大，你再去跟公司申请一下吧，给你5分钟，好吧？"

电话请示过上级后，药企代表给出了4.5元的第四次报价，比之前降了0.12元。并以该药品在韩国的价格为例，表明这已经是全球最低价了。而医药代表在观察药企代表的神情后，认为4.5元肯定不是对方得到授权后的最低价，于是继续砍价。药企代表再次走出会场打电话商量报价，最终提出4.4元的价格。

"这样吧，4太多，再降4分钱吧，4.36元行不行？"

"好，同意。"

参与谈判的浙江省医保局医药服务管理处处长许伟说："有的药品我们是一分一分往下谈的。一分钱，对全国来说，可能是几十万甚至几百万。我们这次谈判总的方向就是尽可能减轻老百姓负担。"按照2019年达格列净片在某家电商的售价，每粒10毫克的售价为14.64元，而医保谈判的最终售价为4.36元，按照这个价格进入医保目录后，降价幅度超过了70%。这对人民群众来说是一件极好的事情。

任务一　商务谈判的基本知识

商务谈判是买卖双方为了促成交易而进行的活动，或是为了解决双方的争端，并取得各自的经济利益的一种方法和手段，是现代社会经济生活必不可少的组成部分。

一、商务谈判的概念

谈判无处不在，无论是商业合作、政治交流还是日常生活中的人际交往，都离不开谈判的身影。它是一种智慧的较量，一种策略的角逐，也是解决矛盾和分歧的有效手段。面对面谈判如图1–1所示。

商务谈判

图1–1　面对面谈判

（一）谈判的重要性

在商业领域，谈判是促成交易、达成合作的关键环节。企业之间的合作往往需要经过多轮谈判，双方就产品价格、交货期限、支付方式等细节进行深入讨论和协商，以寻求最大的利益共同点。在这个过程中，谈判者需要运用丰富的商业知识和敏锐的洞察力，分析市场趋势、竞争对手情况以及客户需求，从而制定出合理的谈判策略。同时，他们还需要具备良好的沟通技巧和应变能力，以应对谈判过程中可能出现的各种意外情况。

在政治领域，谈判则是解决国际争端、维护和平稳定的重要途径。国家之间的谈判往往涉及复杂的政治利益和安全关切，需要各方在平等、尊重的基础上展开对话和协商。通过谈判，各方可以增进相互理解、减少误解和分歧，进而寻求共同利益和合作空间。在谈判过程中，政治智慧、外交手腕和战略眼光都是不可或缺的要素。人类社会进入近现代之后，生产力迅速发展，国际交往日益密切，各种领域的磋商谈判越来越多地发挥了重要的作用。如在美国独立战争时期，其杰出的外交家富兰克林出使法国，与法国进行了将近十个月的谈判，签订了《美法同盟条约》为美国争取了盟友。再如 20 世纪 80 年代，以邓小平同志为代表的我国政府先后与英国、葡萄牙政府谈判，达成了收回中国香港、澳门主权的协议。在经济领域，也同样发生过很多著名的商务谈判，如我国加入世界贸易组织（World Trade Organization，WTO）的谈判、中美知识产权谈判、中欧投资协定谈判、区域全面经济伙伴关系协定（Regional Comprehensive Economic Partnership，RCEP）谈判等。

在日常生活中，谈判同样发挥着重要作用。无论是购物砍价、租房谈价还是朋友间的聚会安排，都需要我们运用谈判技巧来达成自己的目的。在这些看似微不足道的小事中，谈判其实是一种生活智慧的体现。通过巧妙的谈判，我们可以节省开支、提高生活质量，也可以增进人际关系、提升个人魅力。

总之，谈判无处不在，它既是解决问题的方式，也是实现目标的手段。无论我们身处何种环境、面对何种挑战，都应该学会运用谈判的智慧和技巧来应对。只有这样，我们才能在这个充满竞争和变化的世界立于不败之地。

（二）谈判的动因与目的

谈判的动因与目的多种多样，它们可以根据不同的情境和背景而有所变化。以下是一些常见的谈判动因和目的，以及它们可能带来的结果和影响。

谈判的动因通常源于某种需求或利益。无论是个人还是组织，我们往往会通过谈判来争取更多的资源、权益或机会。这种需求可能表现为对物质利益的追求，如商业合作中的利润分配、合同条款的协商等；也可能表现为对非物质利益的追求，如政治谈判中的和平共处、文化交流中的知识共享等。

谈判的目的则是为了满足这些需求，实现特定的利益或目标。在商业谈判中，双方可能希望通过协商达成共识，以确保交易的顺利进行和双方利益的最大化。在政治谈判中，各方可能希望通过对话和妥协，解决分歧和冲突，实现和平稳定或合作发展。

（三）谈判的含义

谈判按照最一般的认识，是人们为了协调彼此之间的关系，满足各自的需要，通过协商而争取达到意见一致的行为和过程。美国谈判协会创办人、专业谈判家杰勒德 · I. 尼伦伯格（Gerard I.Nierenberg）在其代表作《谈判的艺术》一书中阐明了自己的观点，他认为：谈判的定义最为简单，而涉及的范围却最为广泛，每一个要求满足的愿望和每一项寻求满足的需要，至少都是诱发人们展开谈判过程的潜在因素。只要人们为了改变相互间的关系而交换观点，只要人们是为了取得一致而磋商协议，他们就是在进行谈判。也有谈判专家认为，谈判是一种双方都致力于说服对方接受其要求时所运用的一种交换意见的技能，最终目标是要达成一项对双方都有利的协议。

综上所述，本书把谈判的定义为人们为了满足自身的需要，解决某些问题而进行的协商活动。

谈判的种类很多，有政治谈判、军事谈判、经济谈判、外交谈判等。而商务谈判则是经济谈判的一种，是当事人之间为实现一定的经济目的，为了达成某种交易或商贸协议，而就交易的各项条件进行协商的过程。

二、商务谈判的特征

（一）交易对象的广泛性和不确定性

在商品流通领域，地区与国家的界限并不构成客观上的限制性因素。从逻辑层面深入剖析，任何商品均具备面向全体个体进行销售的潜在能力。对于卖方而言，其销售范围广泛且灵活，不受地域因素的制约；相应地，买方在选购商品时亦享有极为广泛的自主选择权。因此，无论是卖方还是买方，其潜在的交易对手群体可能遍布全国乃至全球范围。

此外，为了实现更为有利的交易结果，交易者需广泛接触并了解各类潜在交易对象。虽然交易者最终会针对具体对象进行谈判并达成交易，但鉴于市场竞争的复杂性和不确定性，具体的交易对象并非固定不变。这一现象的产生，既源于交易对象自身的需求和变化，也受到交易者自身要求和变化的影响。

（二）以获得经济利益为目的

不同的谈判者参加谈判的目的是不同的，外交谈判涉及国家利益；政治谈判关心的是政党、团体的根本利益；军事谈判主要是关系谈判双方的安全利益。虽然这些谈判都不可避免地涉及经济利益，但常常是围绕着某一种基本利益进行的，其重点不一定是经济利益。而商务谈判则十分明确，谈判者以获得经济利益为基本目的，在满足经济利益的前提下才涉及其他非经济利益。虽然，在商务谈判过程中谈判者可以调动和运用各种因素，而各种非经济利益的因素也会影响谈判的结果，但其最终目标仍是经济利益。在商务谈判中，谈判者都比较注意谈判所涉及的产品或技术的成本、效率和效益。人们也通常以获取经济利益的好坏来评价一项商务谈判的成功与否，不讲求经济效益的商务谈判就失去了其价值和意义。

（三）以价值谈判为核心

商务谈判涉及的因素很多，其中价值几乎是所有商务谈判的核心内容。这是因为在商务谈判中价值的表现形式——价格最直接地反映了谈判双方的利益，讨价还价甚至成了谈判的代名词。谈判双方在其他利益上的得与失，在很多情况下或多或少都可以折算为一定的价格，并通过价格升降而得以体现。在商务谈判中，价格虽关键，但不应只关注价格，应拓宽思路，从多方面争取利益。与其在价格上争执，不如在其他因素上争取对方让步。

（四）特别注重合同条款的严密性与准确性

商务谈判的结果是由双方达成一致的合同来体现的。合同条款实质上反映了各方的权利和义务，合同条款的严密性与准确性是保障谈判获得各种利益的重要前提。在商务谈判过程中，部分谈判者历经艰辛，终于为自己争取到了较为有利的谈判成果。而对方为了促成合同的签订，亦不得不做出诸多妥协与让步。此时，谈判者似乎已赢得了这场谈判的初步胜利。然而，若在订立合同条款时疏忽大意，未能严格把控条款的严密性与准确性，则极易被谈判对手在措辞上设置陷阱。此举不仅会导致已获得的利益付诸东流，甚至可能引发更为严重的损失与代价。在真实的商务谈判实践中，此类情形时有发生，我们应当引以为戒，切实增强合同订立环节的审慎意识。

因此，在商务谈判中，谈判者不仅要重视对方口头上的承诺，更要重视合同条款的严谨性与准确性。

（五）具有底线

商务谈判的底线是谈判双方达成协议的最低要求，如果最低要求不能被满足，谈判目标也不能实现。比如，保本就是价格条款的底线，低于这个底线，谈判就难以进行。谈判双方的期望目标是有一定距离的，而实现一方目标的途径就是通过对方的妥协来满足。但如果有一方在价格或其他方面坚持不让步，或欲将对方“置于死地”，必然会导致谈判的破裂，双方都将一无所获。因此，谈判人员要实现己方的目标，就应该站在对方的立场上，考虑对方的利益得失，以及己方所提出的利益要求是否能被对方所接受，即己方的条件是否在对方的承受范围内。如果谈判人员能够把握好谈判的底线，谈判的成功率将会大大提高。

案例

一场有准备的谈判

我国某冶金公司要向美国购买一套先进的组合炉，遂派一位高级工程师与美商谈判。为了不负使命，这位工程师做了充分地准备工作，他查找了大量有关冶炼组合炉的资料，花了很大的精力对国际市场上组合炉的行情及美国这家公司的历史和现状、经营情况等了解得一清二楚。谈判开始，美商一开口要价150万美元。中方工程师列举各国成交价格，使美商目瞪口呆，终于以80万美元达成协议。当谈判购买冶炼自动设备时，美商报价230万美元，经过讨价还价压到130万美元，中方仍然不同意，坚持出价100万美元。美商表示不愿继续谈下去了，把合同往中方工程师面前一扔，说："我们已经做了这么大的让步，贵公司仍不能合作，看来你们没有诚意，这笔生意就算了，明天我们回国了。"中方工程师闻言轻轻一笑，把手一伸，做了一个优雅的请的动作。美商真的走了，公司的其他人有些着急，甚至埋怨工程师不该抠得这么紧。工程师说："放心吧，他们会回来的。同样的设备，去年他们卖给法国只有95万元，国际市场上这种设备的价格100万美元是正常的。"果然不出所料，一个星期后美商又回来继续谈判了。工程师向美商点明了他们与法国的成交价格，美商又愣住了，没有想到眼前这位工程师如此精明，于是不敢再报虚价，只得说："现在物价上涨得厉害，比不了去年。"工程师说："每年物价上涨指数没有超过6%。几年时间，你们算算，该涨多少？"美商被问得哑口无言，在事实面前，不得不让步，双方最终以101万元达成了这笔交易。

三、商务谈判的原则

（一）平等互利原则

在现代谈判中，平等互利是一条最基本的原则。平等互利指的是，谈判的双方在法律地位上一律平等，所享有的权利、义务应当对等，双方根据各自的需要与可能，进行对等交易、互通有无、互惠互利（图 1–2）。人们是为了满足各自的需要才坐在一起进行谈判的，没有平等，就不可能有真正意义上的谈判。

图 1–2　利益平等

在谈判的过程中，各方都必须确保对方能够获得一定的利益，这是谈判能够持续进行的基石。因为，如果一方觉得无法从中获得期望的利益，或者觉得所得到的利益远小于付出的代价，那么他们很可能选择退出谈判。一旦有一方退出，另一方也将面临无法达成任何利益的风险。

因此，为了确保谈判的顺利进行，每一方都需要做好充分的准备，并在平等、公正的基础上，努力满足对方的合理需求。通过这种方式，不仅可以提高谈判的成功率，还能促进双方之间的长期合作。

实际谈判中，始终会存在着某些不平等的因素，有时在一些对抗性比较强的谈判中很难做到双方完全平分秋色，但是无论如何，必须遵循和维护平等互利这一原则，尽可能体现出各方的互利和互惠性。

案例

一场不公平的谈判

某国曾经与墨西哥就天然气的买卖进行谈判。但该国谈判代表以强国自居，无视墨西哥谈判代表团的感受，单方面拟定合同，并在合同文本中对墨西哥的需求置之不理。结果，墨西哥代表团以受到侮辱为由中断了谈判，双方不欢而散。

不公平的谈判必然会导致双方利益的损失。

（二）真诚合作原则

谈判是为了要解决某些事情而与对方进行的一场协商，谈判本身就是一种合作的事业。双方通过谈判，共同寻求一种方案，使得双方在结束谈判时都比他们开始谈判时的状况要好。这样做的目的是寻求一个“赢—赢”的结果，力求避免出现一个“赢—输”的结局，为了探求这个“赢—赢”的结果，需要双方真诚合作。

真诚对于谈判者而言是极其重要的。言而有信，才能令对手放心；以心换心、以诚相待，才能促成谈判的顺利进行和良好结果的达成。相反，如果双方顾虑重重、互相猜疑，谈判气氛高度紧张，那么就不可能取得良好的谈判结果。只有谈判双方真诚合作，才能取得成功（图 1–3）。

图 1–3　真诚合作

（三）灵活机动原则

在谈判过程中，尽管人们必须坚守某些核心原则不动摇，但在追求双方共识以实现共同目标时，仍需展现出足够的灵活性。这种灵活性并非对原则的妥协，而是在坚守底线的同时，通过巧妙的谈判策略和技巧，促进双方利益的最大化。

在谈判中，人们应始终保持警觉，确保在坚守重大原则的基础上，运用灵活多变的谈判手法来达成整体目标。特别是面对不同的谈判对象以及复杂多变的环境和条件时，我们需要根据具体情况，因地制宜、因人施策，灵活运用各种谈判策略和技巧，以确保谈判的顺利进行并最终取得成功。

因此，在谈判中，既要坚持原则，又要展现灵活，通过巧妙的策略运用和技巧施展，推动谈判取得互利共赢的结果。

有人把谈判看成一场精彩纷呈的“信息秀”，大家通过正式的舞台，你来我往地交换着各种信息，还时不时地做出些让步，让这场秀更加扣人心弦；也有人更愿意将它比作一场默契十足的“小步舞曲”，双方就像优雅的舞者，在谈判的舞台上轻盈地舞动，默契地配合着彼此的步伐。这种行为方式使双方能够估计某一轮谈判（或某一事件）内可以提供多少信息和让步，并预期得到多少回报。谈判双方彼此交换的让步条件应该大体上保持平衡，这样谈判才能继续进行，直到双方对整体情况都感到满意为止。

（四）守法原则

守法是指在商务谈判及其合同签订的过程中，务必严格遵循国家颁布的各项法律、政策和条令规定，这是任何商务活动顺利进行的前提和基石。在涉外商务谈判中，除遵守我国的相关法律法规外，还必须遵守国际法则以及对方国家的相关法规，以确保双方的合作在法律框架内有序展开。

遵守法律，不仅体现了商业道德的基本要求，更是人类社会和谐稳定发展的基石。在商务谈判的过程中，双方必须依法进行磋商，以法律为准绳，明确各自的权利和义务，确保交易的公平性和合法性。在达成协议以及协议执行的过程中，更需要依法办事，遵循合同条款，维护合同的严肃性和法律效力（图 1–4）。

图 1–4　诚信守法

任何与法律、法规相抵触的商务谈判，都将被视为违法违规行为，不论交易双方的主观意愿如何强烈，都应当被及时制止并追究相应的法律责任。因此，商务人士在进行谈判前，应当充分了解相关法律法规，并在谈判过程中时刻提醒自己遵守法律底线，避免因违法行为给双方带来不必要的损失和风险。

（五）守信原则

决定商务谈判进程及其结果的首要问题，是要建立起谈判双方彼此间相互尊重、相互信赖的关系。因此，守信是参加商务谈判的一项重要原则。所谓守信，即言必信，行必果。它要求谈判者遵守谈判中的承诺，不出尔反尔、言而无信。当然，谈判者在谈判过程中切忌轻易许诺，这是守信的重要前提。只有守信，才能取得对方的信任，才能建立一种诚挚和谐的谈判气氛，进而促使交易成功。

案例

信守承诺，赢得业界口碑

广州某家护肤品公司于2021年6月通过国内某知名网络旅行平台与一家旅行社签订泰国旅游项目合同，组织300多位代理商前往泰国游玩，旅行社承诺旅行过程中没有任何强制消费项目。在护肤品公司的旅游团抵达泰国游玩的第三天，该公司CEO就收到了公司代理商们在泰国遭遇当地导游强制消费的消息。该护肤品公司立即与网络旅行平台相关负责人交涉，但其负责人采取否认事实、拒不处理的态度。商议无果后，护肤品公司CEO与其公司法律顾问根据合同条款找到该网络旅行平台相关负责人，共同飞往泰国核实、解决问题，据理力争，暂时中止了其强制消费的行为，并把代理商们被强制消费的金额全部垫付。回国后，护肤品公司通过网络媒体和法律途径双管齐下主动出击维权，将被强制消费金额如数追回。该护肤品公司诚信守约、积极维权的处理方式，赢得了代理商们的高度评价，并在业界赢得了诚信守约的良好口碑。

任务二　商务谈判的形式与过程

一、商务谈判的基本要素

商务谈判的要素是指构成商务谈判活动的必要因素。它是谈判行为的一次内在的基础，通常由谈判主体（当事人）、谈判客体（议题）、谈判环境三个要素构成。

（一）谈判主体

谈判主体由关系主体和行为主体构成。关系主体是商务谈判中可参与谈判并承担后果的自然人、社会组织等实体，能享有权利和承担义务。行为主体是实际参加谈判的人。也就是说，谈判的行为主体必须是有意识、有行为的自然人，而谈判的关系主体则不然，既可以是自然人，又可以是国家、组织或其他社会实体。

无论是何种谈判，关系主体的意志和行为都需要借助于谈判的行为人（即行为主体）来表示或进行，没有任何一个谈判可以仅有谈判的关系主体，而没有行为主体。例如，我国某进出口公司和美国某公司谈判一笔进出口贸易业务，谈判关系主体是两个公司，而行为主体则是两个公司派出的谈判小组。当然，谈判的行为主体和关系主体也可为同一主体。当自然人作为谈判一方且未委托他人代表时，该主体既是谈判的关系主体也是行为主体，谈判后果由其自身行为承担。

对于谈判的关系主体相关规定的深入研究与准确理解显得尤为重要。这是因为谈判主体构成了谈判的基石，是谈判活动得以顺利开展的前提条件。在谈判过程中，必须高度重视避免因谈判的关系主体和行为主体不符合相关规定，而导致谈判破裂并带来不必要的损失。

若谈判的关系主体不符合规定标准，将无法有效承担谈判所产生的后果与责任；同样，若谈判的行为主体存在未经授权或超越代理权等不合格情况，也将被视为不合格主体，此时谈判的关系主体同样无法承担谈判所产生的后果。因此，在谈判中，必须严格遵循相关规定，确保谈判主体和行为主体的合法性与合规性，以保障谈判的顺利进行和达成有效的合作成果。

在现实谈判中，常因忽视审核己方或对方主体资格而导致谈判无效和经济损失。审核主体资格的材料主要包括自然人、法人、经营和代理权证件，以及技术设备项目履约能力的证明。有时也可能委托中介组织进行了解考察。

（二）谈判客体

谈判客体也称谈判议题、谈判标的，是指谈判需商议的具体问题，包括谈判的起因、内容和目的。它就像一位导演，精心挑选着参与谈判的演员阵容和战略部署，生动地展现出他们各自的利益互补与差异所在。因此，这绝非空中楼阁般的随意构想或单方面的任性愿望，而是紧扣各方利益需求的脉搏，成为大家共同瞩目的焦点，进而构筑起谈判内容的精彩提案。

谈判议题的最大特点在于当事人各方认识的一致性。如果没有这种一致性，就不可能成为谈判议题，谈判也就无从谈起。按其设计的内容分货物买卖、技术贸易、劳务、工程承包等；按其重要程度分重大议题、一般议题；按其纵向和横向结构分为主要议题及其项下的子议题、以主要议题为中心的多项并列议题、互相包容或互相影响的复合议题等。由于谈判议题的多样性，其谈判的复杂程度也不同。

（三）谈判环境

谈判环境是指商务谈判所处的客观条件。任何谈判都不可能孤立地进行，而必须处在一定的客观条件下并受其制约，脱离了具体的环境去谈论谈判就没有什么意义。谈判环境既包括了外部的大环境，如政治、经济、文化、市场、竞争等，也包括了谈判的小环境，如时间、地点、场所、交往空间等。

谈判的大环境大多不尽相同，东西方国家、不同种族和民族，甚至一个国家内的不同区域，都像是各自独立的宇宙，有着独特的运行轨道。不过，比起大环境，谈判的小环境就像是个小小的魔法盒，能直接影响谈判者的心情。

如果谈判环境过于紧张，那简直就像是一场灾难！大家的心情都会变得紧绷绷的，难以放松，怎么可能谈出好结果呢？

谈判环境对商务谈判的发展过程简直就是关键中的关键！就像是一把双刃剑，用好了就能助你一臂之力，用不好反而会成为绊脚石。因此，在商务谈判中，必须好好把握这个重要的要件。

二、商务谈判的主要类型

商务谈判的主要类型繁多，各具特色。比如，根据谈判中双方所采取的态度和方针，可以把商务谈判划分为三种类型，即让步型谈判、立场型谈判和原则型谈判。以下分五组来介绍目前常见的谈判形式。

（一）个体谈判与集体谈判

根据参加谈判的人数规模，可以将商务谈判区分为个体谈判与集体谈判两种类型。前一种类型，双方都只有一个人参加，一对一地进行协商洽谈；后一种类型，双方都有两个或两个以上的人员参加谈判。当然，在集体谈判中双方参加谈判的人数并不一定要完全相同。

谈判规模的不同，对谈判人员的选拔、谈判的组织架构及管理等多个层面均提出不同的要求。具体而言，在谈判人员的选拔上，若采用个体谈判方式，参与谈判的个体必须具备全能素质，包括贸易、金融、技术、法律等多个领域的专业知识，同时亦需拥有完成谈判所需的各项能力。对于谈判过程中出现的各类问题，亦需迅速作出分析判断，及时应对，并独立作出决策。

若采用集体谈判方式，则可选择一专多能型的谈判人员参与。此类谈判人员可能涵盖贸易、技术、法律等多个领域的专家，彼此之间互补协作，形成知识结构全面、配合默契的谈判团队。集体谈判如图 1-5 所示。

图 1-5 集体谈判

个体谈判有着明显的优点和劣势，那就是谈判者可以随时有效地把谈判的设想和意图贯彻到实际的谈判行为中，但由于只有他一个人独立应付全局，不易取得本方其他人员及时而必要的帮助。集体谈判有利于充分发挥每个谈判人员的特长，形成整体耦合的优势，但如果谈判人员之间配合不当，就会增加内部协调的难度，在一定程度上影响谈判的效率。一般来说，关系重大而又比较复杂的谈判大多是集体谈判；反之，则可采用个体谈判。

（二）双边谈判与多边谈判

根据参加谈判的利益主体的数量，可以把商务谈判划分为双边谈判和多边谈判。双边谈判是只有两个利益主体参加的谈判，多边谈判则是指有两个以上的利益主体参加的谈判。在这里，利益主体实际上就是指谈判关系主体，可以是自然人，也可以是法人组织。

任何谈判都至少涉及两方，有时会更多。例如，政府介入工会与资方的谈判，或多个国家共同参与多边条约的谈判。无论参与方数量如何，各方均存在特定的利益关系。

双边谈判的利益关系通常较为明确，协调相对容易。而多边谈判的利益关系则更为复杂，协调难度大增。如中外合资企业谈判中，若涉及多家中外企业，各方利益冲突需经多次协商。

谈判过程中，双方需调整需求并作出让步，同时确保各方利益得到兼顾。与双边谈判相比，多边谈判的利益关系更为错综复杂，协议形成难度更大。

（三）口头谈判、书面谈判与网络谈判

根据谈判双方接触的方式，可以将商务谈判区分为口头谈判、书面谈判与网络谈判。口头谈判是双方的谈判人员在一起，直接进行口头的交谈协商；书面谈判则是指谈判双方不直接见面，而是通过信函、函电、传真等书面方式进行商谈。网络谈判是指谈判方依靠各种网络服务和技术进行的谈判。

1. 口头谈判。

口头谈判，自古以来便是商贸合作与纷争解决的重要方式。在这般互动交流中，双方的思维碰撞，情感交流，以及策略运用，都成了影响谈判结果的关键因素。在口头谈判的场合，每一句话都可能成为关键转折点。因此，谈判者需要时刻保持清醒的头脑，敏捷的思维，以便随时应对可能出现的各种情况。同时，谈判者还需善于运用语言艺术，以平和、理性的态度表达己方观点，并试图理解对方的立场和需求。口头谈判中，除了语言的运用，谈判者的姿态、表情以及肢体语言也都在无形中传递着信息。一个自信的微笑，一个坚定的眼神，都能为谈判增加不少分数。而反之，焦虑、紧张或者不耐烦的表现，则可能让对方产生疑虑，影响谈判的进展。

2. 书面谈判。

书面谈判在双方互不谋面的情况下即可进行，借助于书面语言互相沟通，谋求彼此的协调一致。书面谈判的好处在于：在表明己方的谈判立场时，显得更为坚定有力，郑重其事；在向对方表示拒绝时，要比口头形式方便易行。特别是在己方与对方人员建立了良好的人际关系的情况下，通过书面形式既直接表明了本方的态度，又避免了口头拒绝时可能出现的尴尬场面，同时也给对方提供了冷静分析问题、寻找应对策略的机会；在费用支出上，书面谈判也比口头谈判节省得多。书面谈判的缺点在于：不利于双方谈

判人员的相互了解，并且信函、函电、传真等所能传递的信息是有限的。谈判人员仅凭借各种文字资料，难以及时、准确地对谈判中出现的各种问题作出反应，因而谈判的成功率较低。

一般来说，书面谈判适用于交易条件比较规范、明确，谈判双方彼此比较了解的谈判。对一些内容比较复杂、交易条件多变，而双方又缺乏必要了解的谈判，则适宜采用口头谈判。

3. 网络谈判。

网络谈判作为现代商业交流的一种重要形式，正日益受到广大企业的青睐。这种谈判方式不仅突破了地域的限制，让双方可以随时随地展开对话，还极大地提高了工作效率，降低了成本。然而，网络谈判也有其独特的挑战和技巧。

在网络谈判中，信息的传递和接收往往是通过文字、图片或视频等形式进行的。这就要求谈判者必须具备良好的文字表达能力和视觉呈现技巧。同时，由于网络环境的复杂性和不确定性，谈判者还需具备敏锐的洞察力和应变能力，以应对可能出现的各种突发情况。

除了这些基本素质外，网络谈判还强调双方之间的信任和合作。在虚拟的世界里，信任往往建立在长期的合作和沟通基础之上。因此，谈判者需要注重建立良好的人际关系，通过真诚地交流和互动来增进彼此的了解和信任。

此外，网络谈判还需要谈判者具备丰富的专业知识和经验。在谈判过程中，双方往往需要就产品性能、价格、交付期限等关键问题展开深入讨论。如果谈判者缺乏相关知识和经验，就很难在谈判中占据主动地位，更难以达成满意的协议。

总之，网络谈判虽然具有诸多优势，但也要求谈判者具备更高的素质和技能。只有不断提升自己的专业能力和沟通技巧，才能在激烈的商业竞争中脱颖而出，赢得更多的合作机会和市场份额。

（四）主场谈判、客场谈判与中立地谈判

根据谈判进行时所在的地点，可以将商务谈判区分为主场谈判、客场谈判和中立地谈判三种类型。主场谈判是指在本方所在地进行的谈判；客场谈判是指在他方所在地进行的谈判。对于某一项谈判来说，如果谈判是在该方所在地进行，该项谈判于该方称主场谈判，与此相对应，该项谈判于另一方而言就称为客场谈判。所谓中立地谈判则是指在谈判双方所在地以外的其他地点进行的谈判。

不同的谈判地点使谈判双方具有了不同的身份，并由此而导致了双方在谈判行为上的某些差别。

假如谈判的战场选在了某一方的大本营，那这一方就是当之无愧的东道主。谈判者在家门口作战，当然在资料搜集、时间安排、场地布置等方面都占尽天时地利人和，可以游刃有余地调配各种资源，牢牢掌控谈判的节奏和脉搏。

而对于远道而来的另一方，他们就像是应邀赴宴的宾客，一举一动都可能受到东道主的影响和制约。特别是在对谈判地的社会文化环境一知半解的情况下，更是如履薄冰，困

难重重。

谈判也不是一成不变的，双方完全可以跳出身份的桎梏，灵活运用各种策略和技巧来引导谈判的走向。但是，身份差异所带来的环境条件差异，毕竟是个客观存在的事实。

为了尽可能消除这些潜在的不利影响，很多重要的商务谈判都会选择在中立地点举行。这样一来，双方都能站在同一起跑线上公平竞争。

（五）货物买卖谈判、技术贸易谈判与劳务合作谈判

根据谈判的事项所涉及的经济活动内容，商务谈判可分为多种形态，其中最主要的是货物买卖谈判、技术贸易谈判与劳务合作谈判，其他还有租赁、工程承包、咨询服务、中介服务、合资合作等方面的谈判。下面就上述 3 种主要的谈判类型做简单的分析。

1. 货物买卖谈判

货物买卖谈判又叫商品贸易谈判，即买卖双方就货物买卖本身的内容进行谈判，包括数量、质量、转移方式和时间、价格条件与支付方式，以及交易中的权利、责任和义务等问题。协议的主要条款通常包括商品品质、数量、包装、运输、保险、检验、价格、货款结算支付方式以及索赔、仲裁和不可抗力等。

2. 技术贸易谈判

技术贸易谈判是指技术的接受方（即买方）与技术的转让方（即卖方）就转让技术的形式、内容、质量规定、使用范围、价格条件、支付方式以及双方在转让中的一些权利、责任、义务关系问题所进行的谈判。技术贸易的标的物比较广泛，可以包括技术服务、发明专利、工程服务、专有技术、商标和专营权等项目。

3. 劳务合作谈判

劳务合作谈判是指劳务合作双方就劳务提供的形式，生产环境条件和报酬、保障，以及有关合作双方的权利、责任、义务关系所进行的谈判。其基本内容有：劳动力供求的层次、数量、素质、职业、工种、劳动地点（国别、地区、场所）、时间、条件、劳动保护、劳动工资、劳动保险与福利等。由于劳务具有明显区别于货物的各项特征，因此，劳务买卖谈判与一般的货物买卖谈判有所不同。劳务合作谈判主要应依据劳动法规来确定谈判内容和条件。

三、商务谈判的一般过程

由于谈判所涉及的范围十分广泛，它不会仅有一套固定不变的模式；但一切较为正式的谈判，总是按照特定的程序进行的。谈判的基本步骤如图 1–6 所示。了解和熟悉谈判的程序是恰当地使用商务谈判的策略和技巧的前提和基础。一般来说，商务谈判的程序可以划分为准备阶段、开局阶段、报价阶段、磋商阶段、成交阶段五个基本阶段。

图 1-6　谈判的基本步骤

（一）准备阶段

谈判的准备阶段是指谈判正式开始以前的阶段。其主要任务包括：进行环境调查，搜集相关情报，选择谈判对象，制订谈判方案与计划，组建谈判团队，做好谈判的物质条件准备，根据需要进行模拟谈判等。良好的谈判准备有助于增强谈判的信心和实力，为谈判的进行和成功创造良好的条件。

（二）开局阶段

谈判的开局又称非实质性谈判阶段，是指从谈判人员见面到进入具体交易内容的磋商之前，谈判双方相互介绍、寒暄以及就一些非实质性的问题进行讨论的阶段，是谈判的前奏和铺垫。它包括开局导入阶段、商议谈判议程、双方开场陈述。开局导入阶段是指从步入会场到寒暄结束的这段时间，主要是为了营造谈判气氛；商议谈判议程（或谈判通则）包括人员介绍、谈判目标、讨论的议题和顺序、日程安排等；双方开场陈述是指双方就本次洽谈的内容、各自的立场及建议进行分别陈述，也是双方彼此进行摸底的阶段。在此过程中，双方也在不断调整自己的谈判期望与策略。

虽然谈判开局阶段短暂，却对整个谈判过程至关重要。它奠定了谈判的氛围和格局，影响后续谈判进展。作为双方首次正式亮相和实力较量，开局阶段直接关系到谈判主动权。主要任务是建立良好印象、创造合适气氛、谋求有利地位。

（三）报价阶段

报价阶段作为商务合作的重要环节，直接关系到双方合作的顺利进行与最终成果。在完成了初步的需求沟通和产品方案制定后，报价阶段便成了双方关注的焦点。

在报价阶段，首先要对客户的需求进行深入分析，确保对项目的规模、复杂程度以及预期效果有准确地理解。在此基础上，结合自身的技术实力、资源投入以及市场行情，制定一份合理且具有竞争力的报价方案。

报价分为狭义报价和广义报价。狭义报价是指一方向另一方提出己方的具体价格；广义报价是指一方向另一方提出具体的交易条件，包括商品的数量、价格、包装、支付、保险、装运、检验、索赔、仲裁等内容。报价既要考虑对己方最为有利，又要考虑成功的可能性。报价的目的是为了了解对方的具体立场和条件，了解双方存在的分歧和差距，为磋商准备条件。

（四）磋商阶段

磋商阶段是指一方报价以后至成交之前的阶段，是整个谈判的核心阶段，也是谈判中最艰难的阶段，是谈判策略与技巧运用的集中体现，直接决定着谈判的结果。它包括讨价、还价、抗争、异议处理、压力与反压力、僵局处理、让步等诸多活动和任务。

（五）成交阶段

成交阶段是指双方在主要交易条件基本达成一致以后，到协议签订完毕的阶段。

成交阶段，是双方经过深入磋商，达成共识，迈向合作的重要一步。在这个阶段，双方的主要交易条件已经基本达成一致，接下来的任务便是将这些共识转化为具有法律约束力的协议文本。

在这个阶段，双方的法律顾问或商务代表会进行更加细致的谈判和修改，以确保协议条款的准确性和严谨性。同时，双方也会就协议中涉及的具体细节进行进一步的沟通和确认，比如支付方式、交货时间、售后服务等，以确保未来的合作能够顺利进行。

此外，成交阶段也是双方建立信任和合作关系的重要时期。通过这一阶段的沟通和交流，双方不仅能够更好地了解彼此的需求和期望，还能够建立起更加紧密的联系和合作关系。这种信任和合作关系的建立，将为双方未来的合作奠定坚实的基础。

任务三　商务谈判的评价标准

在评估商务谈判的成功与否时，单纯以获得利益的多少作为唯一标准，是一种片面且有害的观点，此种倾向可被视为“谈判近视症”。持有此类观点的谈判者，往往仅关注谈判桌上显见的短期利益，却未能全面审视并重视双方真诚合作所可能带来的潜在利益和长远利益。

谈判是一项平等互利的合作事业，从这个观点出发，可以把评价商务谈判是否成功的标准归纳为三个方面，即实现谈判目标、优化谈判成本、建立良好的人际关系。

一、实现谈判目标

谈判的最终结果有没有达到预期目标？在多大程度上实现了预期目标？这是人们评价一场谈判是否成功的首要标准。没有人愿意为一个不能达到目标的谈判去耗费时间和精力。

二、优化谈判成本

通常，一场谈判有三种成本：一是为了达成协议所做的让步，也就是预期谈判收益与实际谈判收益的差距，这是谈判的基本成本；二是人们为谈判所耗费的各种资源，如投入的人力、物力、财力和时间等，这是谈判的直接成本，关系到谈判效率的高低；三是因参加该项谈判而占用了资源，失去了其他获利机会，损失了有望获得的其他价值，即谈判的机会成本。在这三种成本中，由于人们常常特别注重谈判桌上的得失，所以往往较多地注重基本成本，而忽视直接成本，对机会成本考虑得更少。

三、建立良好的人际关系

衡量商务谈判成功的第三个指标是双方能否构建稳固和谐的人际关系。商务谈判不仅是交易价格、利益分配和风险收益平衡的达成，更应关注人际关系层面的积极影响。谈判的成功应体现在促进和深化双方友好合作关系上。

一位有战略眼光的谈判者，应以长远眼光和未来规划为导向，超越单次谈判得失。即便短期内利益有限，维持和优化合作关系将带来长远潜在收益。在商务谈判中，即使未达成预期结果，也应坚持“生意不成友情在”的原则，维护良好人际关系。

综上所述，成功的商务谈判是在与对手建立良好的人际关系的前提下，以富有效率的方式达成谈判目标。

课后实践

学习完本项目的内容后，认真完成表 1–1 的实践清单。

表 1–1　实践清单

实践目的	通过该测试，使谈判人员了解自己的谈判能力，并不断培养和提高自己的心理素质和谈判能力
实践内容	测试学生的谈判能力和心理素质
实践要求	1. 教师准备好测试试卷； 2. 学生在十五分钟内完成测试，保证测试态度认真； 3. 教师对测试结果进行说明
实践步骤	1. 分组并指定各组负责人，分发资料； 2. 教师介绍本次实践的内容和实践情景； 3. 学生根据答案自行评分，并计算总分； 4. 教师对测试结果进行说明，根据学生测试评分掌握班级学生大致的谈判能力； 5. 教师点评，就该门课程的实践教学与考核要求向学生进行说明，并传授相关商务谈判知识与技巧

实践评价

完成以上实践后，认真填写表 1–2 的实践评价。

表 1–2　实践评价

评价内容	分值	得分
参与实践的积极性、主动性	25	
独立思考能力	25	
创新能力	25	

续表

评价内容	分值	得分
对谈判概念的理解程度	25	
教师点评：		

项目小结

1. 商务谈判：作为商品经济条件下的一种重要活动，是买卖双方为了促成交易或解决争端，进而取得各自的经济利益而采取的一种方法和手段。无论是生活中的小宗交易还是企业间的大型合作，乃至国家间的经济技术交流，商务谈判都扮演着至关重要的角色。

2. 商务谈判的特征：交易对象的广泛性和不确定性、以获得经济利益为目的、以价值谈判为核心、特别注重合同条款的严谨性与准确性、具有底线。

3. 商务谈判的原则：平等互利原则、真诚合作原则、灵活机动原则、守法原则、守信原则。

4. 商务谈判通常由谈判主体（当事人）、谈判客体（议题）、谈判环境 3 个要素构成，分为让步型谈判、立场型谈判和原则型谈判。

思考练习

1. 什么是谈判？
2. 谈判活动有什么特征？
3. 你认为什么样的谈判才算得上真正成功的谈判？

项目二
商务谈判的组织与准备

项目导读

随着市场竞争的日益激烈，商务谈判在企业合作与发展中扮演着至关重要的角色。成功的商务谈判不仅能够为企业带来实际的经济利益，还能促进双方形成长期稳定的合作关系。因此，做好商务谈判的组织与准备工作显得尤为重要。本项目旨在为企业提供一套完善的商务谈判组织与准备方案，帮助企业提高谈判效率和成功率。

学习目标

知识目标

1. 掌握商务谈判的基本概念、特点和原则，理解商务谈判在现代商业活动中的重要性和作用。

2. 理解商务谈判组织的含义和目的，熟悉谈判组织的结构、职责和协作方式。

3. 掌握商务谈判准备工作的内容和要求，了解如何收集和分析谈判信息，制定谈判策略和方案。

技能目标

1. 能够根据谈判目标和情境，制定有效的谈判计划和策略，提高谈判的针对性和实效性。

2. 能够熟练运用各种谈判技巧和方法，如倾听、提问、回应、协商等，提升谈判的能力和水平。

3. 能够组织和管理谈判团队，合理分配任务和资源，确保谈判进程的顺利进行。

素质目标

1. 培养学生良好的沟通技巧和协作能力，能够熟练组织并准备商务谈判。

2. 培养学生熟悉商务谈判中的礼仪规范，展现良好的职业素养。

3. 培养学生具备深厚的行业知识和市场分析能力，为谈判提供有力的数据支持。

思政目标

1. 增强学生的心理素质和应变能力，使其在面对复杂多变的谈判环境时能够保持冷静、理智和灵活应对。

2. 引导学生分析商务谈判中的利益关系，理解谈判各方的需求和利益点，为制定有效的谈判策略提供思路。

3. 强调信息准备在商务谈判中的重要性，使学生充分认识到信息收集、分析和利用对于谈判成功的影响。

案例

仪表公司成功降低技术引进费用

我国一家仪表公司曾同德国一家颇有名气的公司进行了一项技术引进的谈判。对方报价40万美元向我方转让时间继电器的生产技术。德方靠技术实力和名牌，在转让价格上不肯让步，谈判陷入僵局。

通过继电器的生产技术的研究，我方获悉德商提供的继电器的生产技术中包括一种时间继电器元件石英振子技术，而这一技术已被国内厂家引进并消化吸收，完全不必再引进。在下一步谈判中，我方便掌握了谈判的主动权，提出不再引进石英振子技术，将技术转让费由40万美元降至25万美元。这样，一场谈判前的准备工作为仪表公司节省了15万美元。

任务一 商务谈判人员的素质要求

谈判人员选择的关键在于要发现并任用那些具备基本的能力，能够并且愿意完成谈判任务的人员。

在谈判过程中，谈判人员所展现的不仅仅是他们的专业技能，更是他们的性格特质、人际交往能力和决策智慧。因此，在选拔谈判人员时，必须确保谈判人员不仅具备扎实的谈判技巧，还要有适应不同谈判环境和应对各种突发状况的能力。

商务谈判人员的素质要求

谈判人员需具备多项关键能力。首先，谈判人员应具备出色的沟通能力。他们必须能够清晰地表达自己的想法，同时也能够认真倾听对方的观点，确保信息在双方之间有效传递。这种能力在谈判中至关重要，因为它有助于建立信任，减少误解，并促进双方达成互利共赢的协议。其次，抗压能力必不可少，谈判人员需冷静应对挑战，保持灵活应变。再次，丰富的行业知识和市场洞察力也是优势，有助于判断趋势和争取利益。最后，高度的责任感和团队合作精神同样重要，需全力以赴并与团队协同作战。

一、心理素质要求

谈判是各方在精力和智力上的对抗，对抗的环境在不断变化，对方行为带有很大的不确定性，要在这种对抗中实现预定目标，谈判人员必须具有良好的心理素质。

（一）百折不挠

商务谈判中，因利益追求差异，冲突和僵局难以避免。谈判人员应保持信心和热情，不放弃任何可能。达成交易、缔结合约是谈判核心目标。百折不挠是谈判人员必备的心理素质，坚持到底才可能取得胜利。

（二）宠辱不惊

商务谈判是长期且艰巨的过程，伴随成功与失败。但谈判的目的是实现最终目标，所以一时的成败不代表最终结果。在谈判中，应保持平和心态，不受成功或失败影响，做到宠辱不惊。过于自满或悲观会影响谈判心态和策略，导致无法实现目标。

（三）喜怒无形

在商务谈判漫长的过程中，商务谈判人员总会因为谈判中的得失而产生心理变化，可以是兴奋、激动、紧张、沮丧或者生气等。但是无论内心有什么心理变化，都切忌表现出来。因为一旦情绪外露，被谈判对手看出来，很容易让对手利用自己的情绪变化，对谈判进程施加影响甚至操纵谈判的走向，这样会使己方陷于不利的境地。所以，在谈判中要学会控制自己的情绪不外泄，做到喜怒无形。

知识拓展

心理素质是指个体在面对各种压力和困难时所展现出的心理能力和心理状态。它对个人的影响不可忽视，对于个人的心理健康和生活质量具有重要意义。本文将从多个方面介绍心理素质对个人的影响及其重要性。

心理素质与身体健康密切相关。研究发现，心理素质良好的人更容易保持身心健康，他们的免疫系统更加强大，更能抵抗疾病。而心理素质差的人则容易患上心理疾病，如抑郁症、焦虑症等，这些心理疾病会进一步影响身体健康。

心理素质对个人的情绪管理能力有重要影响。心理素质好的人能够更好地控制自己的情绪，对于挫折和困难能够更加从容应对。心理素质差的人则容易情绪波动大，对于挫折和困难容易产生消极情绪。情绪管理能力的差异直接影响个人的生活质量和工作表现。

心理素质对个人的社交能力有着重要影响。心理素质好的人更容易与他人建立良好的人际关系，更懂得与他人有效沟通，能够更好地处理人际冲突。而心理素质差的人则容易在社交中感到困惑和焦虑，难以与他人建立良好的关系。

心理素质对个人的学习能力也有着重要影响。心理素质好的人更容易保持积极的学习态度和高度的自我激励，更能有效地处理学习中的困难和挑战。而心理素质差的人则容易丧失学习动力，面对困难容易产生挫败感，从而影响学习成绩。

心理素质对个人的职业发展有着重要影响。心理素质好的人更容易适应工作环境，能够更好地与同事合作，更有耐心和毅力去面对工作中的挑战和压力。而心理素质差的人则容易在工作中感到疲惫和焦虑，影响工作表现和职业发展。

心理素质的培养和提高对于个人的发展至关重要。首先，个人可以通过学习心理知识来提高自己的心理素质，了解自己的心理特点和需求，从而更好地应对挑战。其次，积极参与体育锻炼和放松技巧的培养，有助于提高心理素质。最后，与他人的交流和互动也是提高心理素质的重要途径。

二、政治素质要求

良好的政治素质是对一切从事经济工作人员的基本要求，对于商务谈判人员来说，必须遵纪守法，廉洁奉公，忠于国家、组织，忠于职守。这一条是必须具备的首要条件，也是谈判成功的必要条件。

在一些重大的涉外谈判中，商务谈判人员是作为特定组织的代表出现在谈判桌上的，不仅代表组织个体的经济利益，而且在某种意义上还肩负着维护国家利益的义务和责任。因此，作为谈判人员必须遵纪守法、廉洁奉公，忠于国家、组织，时刻以国家、企业的利益为重，要有强烈的事业心、进取心和责任感。

此外，不同的社会往往承载着各异的道德准则和价值观念，即便是同一社会中的不同群体，他们的道德标准也常常呈现出微妙的差异。然而，在商务活动的语境下，无论我们置身于何种社会背景之中，一个优秀的谈判者都必须恪守基本的商业道德底线，妥善处理公司与个人利益之间的微妙平衡。

作为企业的代言人，在谈判的每一个环节中，谈判者都应始终坚守“组织利益至上，组织发展优先”的核心原则。谈判者的目标应该是积极追求企业整体利益的最大化，而不是过分追求个人利益的得失。只有这样，谈判者才能真正做到在谈判中展现出专业的素养和高尚的品格，为企业赢得更多的信任和尊重。

三、业务能力要求

商务谈判人员的业务能力是多方面知识和能力的集合，是在谈判中充分发挥作用、驾驭各种复杂局面所应具备的重要条件。

（一）复合型的知识结构

商务谈判是谈判各方利益关系的协调磋商过程，在这过程中，复合型的知识结构是谈判人员讨价还价、赢得谈判的重要条件。

复合型知识结构要求谈判人员具备完善的相关学科基础，将自然科学与社会科学、普通知识与专业知识融合。除贸易、金融、营销等专业知识外，还需广泛涉猎心理学、经济学、管理学、财务学、系统论等学科知识，以展现较强的综合素质。

在拥有广博知识的基础上，谈判人员还必须在专业知识的掌握上达到足够的深度，确保其专业知识功底既系统又精深，这已成为成功谈判不可或缺的客观条件。自改革开放以来，尤其在我国涉外商务活动领域，出现了众多因缺乏系统专业知识、专业技术不精而导致的进口设备重大失误案例，同时也存在因财务会计预算错误引发的经济损失问题，以及因对法律条款不熟悉而被外商利用产生的纷争事件等。这些均是前人的经验教训，值得我们深思和借鉴。

当然，满足多方面知识的需求应该依靠商务谈判组织的集体，而每一个谈判人员在自己成长的过程中应该尽快地掌握更多方面的有关知识，拓宽知识视野，深化专业知识，这是发挥自己才能的必须准备。

（二）较高的能力素养

谈判者的能力是指谈判人员驾驭商务谈判这个复杂多变的“竞技场”的能力，是谈判者在谈判桌上充分发挥作用所应具备的主观条件。主要包括以下几个方面。

1. 认知能力

善于思考是一个优秀的谈判人员所应具备的基本素质。谈判的准备阶段和洽谈阶段充满了多种多样、始料未及的问题和假象。谈判者为了达到目的，常运用各种策略掩饰真实意图，其传递的信息真假难辨。优秀的谈判者具备敏锐的观察力、深刻的思考力、准确的判断力以及全面的分析能力，能从对方的言行举止中洞察真实意图。他们善于捕捉微妙细节，通过综合分析多方因素，预测对方可能的反应和行动。此外，他们还能运用丰富的经验和智慧，灵活应对各种复杂情况，确保在谈判中取得胜利。

2. 运筹、计划能力

在商务谈判过程中常常会出现各种矛盾和预想不到的情况，对于谈判人员，尤其是谈判团队的领导成员来说，必须发挥其运筹、计划的能力，掌控谈判的进度，合理运用谈判的技巧和策略，确保谈判向着既定目标前进。

3. 团队合作能力

由于商务谈判主体是以团队的形式参与谈判活动的，所以，任何谈判人员都是作为谈判团队的一员而非个人来执行谈判工作。在商务谈判中，细节决定成败。优秀谈判人员不仅需要出色的个人谈判能力，更需具备全面的团队精神和合作共事能力。团队精神是合格谈判人员的必备品质。在谈判中，团队成员需紧密协作，共同应对复杂多变的局面。缺乏团队精神可能导致意见不合、沟通不畅，进而影响谈判进程和结果。因此，谈判人员应高度重视团队精神，将团队利益放在首位，与团队成员保持良好沟通协作，共同达成谈判目标。

团队合作能力在谈判人员个人身上主要表现为：善于听取别人的意见；具备服从大局的意识；善于协调团队内部关系等。

4. 沟通表达能力

谈判是一个信息交流的过程。要能胜任谈判任务，谈判者就必须具备较强的信息沟通能力，善于恰当地传递信息，及时准确地理解、接受有关信息，并充分利用有关信息为实现谈判目标而服务。

沟通表达能力可简单地分为口头表达能力和书面表达能力，对商务谈判人员来说，口头表达能力尤为重要。商务谈判少不了双方直接面对面的交锋，这就要求谈判人员具有超出普通人的口头表达能力。不仅要善于口头表达，同时还要掌握一些肢体语言沟通技巧。

5. 社交能力

商务谈判活动并不是孤立的，它必然与一些其他的社交活动交杂在一起。例如，宴会、酒会、招待会、新闻发布会以及一些户外社交活动等。所以，对于商务谈判人员来说，不仅要求其具有良好的商务交往能力，同时也需要具备一定的社会交往能力。事实证明，许多商务谈判成果的取得，并不完全是在谈判桌上，有一大部分来自谈判桌外。拥有良好的社交素质的商务谈判人员，懂得通过在谈判桌外的努力，来解决谈判桌上无法解决的问题，或者进一步促进在谈判桌上的活动，为己方争取更大的利益。

良好的社交素质主要表现在以下几个方面。

（1）仪表风度。仪表风度是指谈判人员在与对方进行沟通时所具有的风度。一般来说，谈判人员应保持彬彬有礼的风度，与对方交谈时应保持良好的体态，并面带微笑。

（2）遵守交往原则。商务谈判中的交往原则应为不卑不亢、有礼有节，正确处理与对手的关系，亲近而不亲热，礼貌而不谄媚。商务谈判是为双方利益斗争的过程，社交活动需在谈判目标需要的前提下进行。因此，在社交活动中需遵守基本原则，与对方保持适度关系，不影响谈判目标的实现。

（3）机智灵活。谈判人员在谈判中应时刻观察谈判形势，做到随机应变。在与谈判对手交往时，应注意能够根据谈判局势的变化灵活地调整谈判策略、语言等。例如，遇到气氛紧张的时候，应该能够试着用轻松的话题或者幽默的语言来缓和气氛，而不是火上浇油。

（4）善解人意。谈判人员应该善解人意，表现在谈判中能够随时听出自己同伴或对方人员的话外之音，并且及时作出相应的回应。例如，在谈判对手对自己的还价为难的时候，应当表示可以给对方一点时间考虑，而不是步步紧逼。

知识拓展

美国谈判大师卡洛斯认为，理想的商务谈判者应该具有的十二种特质。

（1）有能力和对方商谈，并且赢得他们的信任。

（2）愿意并且努力地做计划，能了解产品及一般的规则，同时还能找出其他可供选择的途径，勇于思索及复查所得到的资料。

（3）具有良好的商业判断力，能够洞悉问题的症结所在。

（4）有忍受冲突和面对暧昧字句的耐心。

（5）有组织去冒险、争取更好目标的能力。

（6）有智慧和耐心等待事情真相的揭晓。

（7）认识对方及其公司里的人，并和他们交往，以助交易的进行。

（8）品格正直，并且能使交易双方都有好处。

（9）能够敞开胸怀，听取各方面的意见。

（10）商谈时具有洞察对方的观察力，并且能够注意到可能影响双方的潜在因素。

（11）拥有丰富的学识、周全的计划以及公司的信任。

（12）稳健，必须能够克制自己，不轻易放弃，并且不急于讨好别人。

任务二　商务谈判的初步构成

一、确立谈判目标

谈判目标是指谈判人员为满足自身的需要而确定的指标或指标体系。它既是谈判的起点，也是谈判的归宿。

谈判专家尼伦伯格在《谈判的艺术》中精辟地指出，谈判的目标应该是双方达成协议，而不是一方独得，即使其中有一方不得不做出重大牺牲，整个格局也应该是双方各有所得。

（一）谈判目标的价值构成

作为一个谈判者，在谈判准备阶段首先要考虑的问题包括：为什么要进行谈判？想实现什么样的谈判目标？谈判目标是否明确具体？谈判目标可表现为谈判主体间不同的价值要求，假设有甲乙双方进行谈判，其价值构成如图 2-1 所示。

图 2-1 显示，甲乙双方谈判的价值都由各自的起点、界点和争取点构成，而双方的界点互为对方的争取点。在双方的界点与争取点之间，存在一个协议区。这个协议区便是双方谈判和讨价还价的区域。

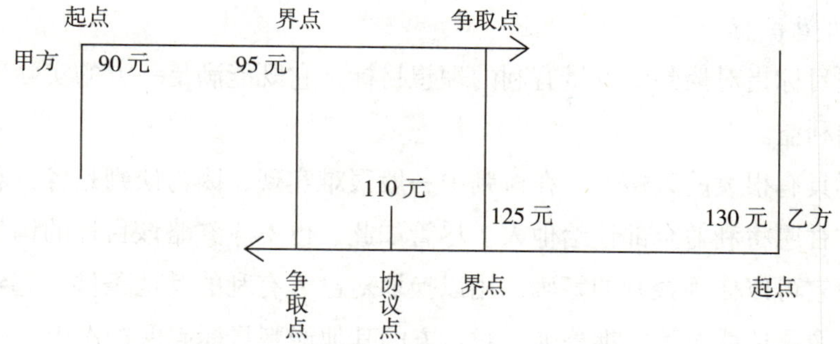

图 2-1　甲乙双方谈判价值构成

例如，一家玩具厂（甲方）和批发商（乙方）洽谈一批买卖儿童玩具的交易。从玩具厂的角度来讲，考虑产品的要价和售价的出发点与依据是产品的成本价格，这里假设每个玩具的生产成本是 90 元，那么在这场谈判中，甲方的起点就是 90 元。甲方通过了解市场行情，估算玩具的利润，确定要价和售价。对乙方来讲，其价值起点不同，假设该批发商已知玩具的市场价为 140 元一个，去掉相关税费等，以每个 130 元的价格购进就可以保本，因此，乙方以 130 元的单价作为谈判的起点。

显然，谈判双方不可能在各自的起点上达成协议，还要通过谈判来谋求相应的或更多的利益。这就涉及界点、争取点和协议点的确定。

在上例中，假设甲乙双方都在各自的价值起点上，以每个玩具增加或减少 5 元钱作为防守界线，那么在这批玩具交易的谈判中，甲方期望最低售价是每个 95 元，乙方批发商的期望最高买进价则是每个 125 元，这便是双方的界点。

一个老练的谈判者，在谈判开始时总是隐藏自己的价值界点，准确推算或预测出对方的界点，并以此作为讨价还价的基础，所以乙方的界点 125 元便成为甲方的争取点，反之甲方的界点 95 元则是乙方的争取点。最后，通过双方的谈判磋商不断缩小彼此间的距离，直到在 95 元与 125 元之间的某个点上达成协议，而 95 元与 125 元之间的区域就是本次谈判的协议区。110 元可能就是这场谈判的协议点，谈判双方均能获得 20 元的利润，双方利益均沾，如果以此达成协议这就是一次成功的谈判。

（二）谈判目标的层次

根据谈判目标价值的构成和难易程度及体现利益的大小，谈判目标有三个不同的层次，如图 2–2 所示。

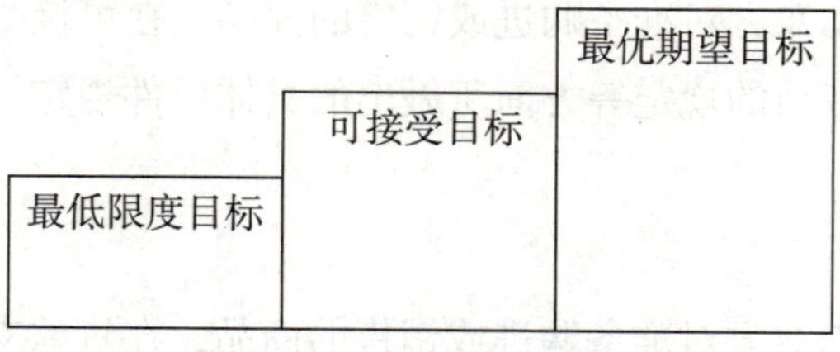

图 2–2　谈判目标的层次

1. 最优期望目标

最优期望目标指对谈判一方最有利的理想目标，它既能满足一方的实际需求，又能使其获得额外的利益。

这种目标具有很大的策略性，在谈判中一般很难实现，因为谈判是各方利益分配的过程，没有哪方甘愿将利益全部让给他人。尽管如此，也不应忽略该目标的构建，理由有两方面：一方面它可以作为谈判的筹码，用以换取对己方有利的其他条件，起到交易作用；另一方面它又像是迷惑对手的烟幕弹，对己方的其他谈判目标起保护作用。

2. 可接受目标

可接受目标指谈判一方根据主客观因素，考虑到各方面情况，经过认真分析后纳入谈判计划的目标。这种目标能使谈判一方获得实际需要的利益，是一方希望达到的目标，谈判人员应努力争取实现。但它同时具有一定的弹性，当争取该目标的谈判陷入僵局时也可以放弃。

3. 最低限度目标

最低限度目标是指谈判一方必须达到的目标。它对一方的利益具有实质性作用，是谈判的底线，是不能妥协的。否则，就失去了谈判的意义，只能放弃谈判。

以上三个目标层次是一个有着内在联系的统一整体，在具体制定和划分这三类目标时，应该把己方需要、重要程度和客观上的可能性结合起来。为了使目标划分合理，还必须认真考虑对方的目标，使它们之间建立合情合理的联系。

（三）谈判目标的构成

谈判内容不同，谈判目标的构成就会有所差别。就商务谈判而言，谈判目标的制定应该主要突出以下的子目标。

1. 商品品质目标

商品品质目标指买卖双方对准备购进或销售的商品，在质量、规格、品种、等级、成分、技术指标等方面做出的具体条件规定。

2. 商品数量目标

商品数量目标指买卖双方对准备购进或销售的商品，在成交中就量的多少、计量单位的选择、重量的计算方法以及特定的约定等方面所做出的具体条件规定。

3. 商品价格目标

商品价格目标指买卖双方对准备购进或销售的商品，在可接受单价或理想成交单价、价格术语的选择、计价货币的规定等方面所做出的具体条件规定。这方面内容往往是谈判双方的重点。

4. 付方式目标

支付方式目标指买卖双方对准备购进或销售的商品，在货款支付的理想方式或可接受方式、时间、程序等方面做出的具体条件规定。

5. 交接货目标

交接货目标指买卖双方对准备购进或销售的商品，在运输方式的选择和责任划分、交接货时间、手续的办理等方面做出的具体条件规定。

6. 商品检验目标

商品检验目标指买卖双方对准备购进或销售的商品，在检验标准、检验机构、时间及方法等方面所做出的具体条件规定。

二、拟定谈判计划

几乎每场成功谈判的背后都有一个精心的策划方案。尤其是谈判计划的拟订，更是谈判诸多策划中的重中之重。

谈判计划是在深入剖析和研究谈判信息的基础上，结合谈判双方的实力对比，为谈判精心设计的整体构想和具体执行步骤。这一计划旨在确保谈判过程的有序进行，以及达成符合双方利益的协议。

在准备任何形式的谈判时，拟订一份周密细致的谈判计划显得尤为重要。谈判计划作为整个谈判活动的蓝图和指南，可以确保谈判人员各负其责，协调工作，有计划、有步骤地展开谈判，从而最大限度地保证谈判的顺利进行并提升谈判的成功概率。它是确保谈判达到预期目标，取得成功的关键所在。因此，无论是企业间的商业谈判，还是国家间的外交谈判，任何一方都不应忽视谈判计划的拟订，必须认真对待，做到严谨、周密、明确、具体。

（一）拟订谈判计划的要求

1. 谈判计划的拟订要简明扼要

谈判计划的拟订要简明扼要，这样，谈判人员容易把握和执行，增强了谈判人员照章执行的可能性。

2. 谈判计划的拟订要力求明确严谨

谈判计划的拟订只有明确严谨，才不至于造成理解上的分歧，从而带来不应有的损失。

3. 谈判计划的拟订要体现出灵活性

谈判计划的拟订只有体现出灵活性，才能使谈判人员可以根据情况的变化，在其权限之内灵活机动地处理新情况、新问题，为己方谋取最理想的谈判结果。

（二）谈判计划的内容

1. 确定谈判目的

谈判目的的确定是谈判计划的中心内容，也是谈判时的公开观点。谈判目的的确定要求回答“why”（为什么）的问题，即要说明为什么要坐在一起来进行谈判。双方坐在一起谈判，可能各方有不同的目的，一般而言有以下几种。

（1）摸底，旨在深入理解对方的立场及所追求的利益所在，为后续的协商与合作奠定坚实基础。

（2）谋求一致，旨在探寻双方共同利益的契合点，并评估双方合作达成一致的潜在可能性，为双方合作创造有利条件。

（3）对需解决的关键问题进行全面深入的论证，确保各项决策与措施均具备充分的合理性与可行性。

（4）双方经过充分协商，达成原则性协议，为后续具体合作提供明确指导。

（5）双方就具体合作事项达成详细协议，明确各自的权利与义务，确保合作能够顺利推进。

（6）经审核无误，双方正式批准已达成的协议草案，使之成为具有法律约束力的正式文件。

（7）对谈判计划要点及谈判进程进行全面检查，并提出新的设想与方案，以进一步优化谈判策略，提升合作效果。

（8）针对双方存在的争议问题展开深入讨论，寻求妥善解决方案，确保合作能够顺利进行，实现共赢目标。

2. 确定谈判议程

谈判议程即谈判的议事日程，即对谈判内容所做的程序编排。

谈判议程的确定主要包括以下几方面的内容。

（1）谈判应在什么时间举行？为期多久？倘若这是一系列的多次谈判，应分几次举行？每次所花的时间估计有多长？每次谈判结束之后的休息时间有多久？

（2）谈判应在哪里举行？

（3）每一方参与谈判的人员各有多少？谁是首席代表？倘若有必要邀请第三方参加，则该第三方是谁？他 / 她应具有什么身份，其权利义务的内容是什么？

（4）哪些事项应列入讨论？哪些事项不应列入讨论？

（5）列入讨论的事项应该如何编排先后次序？每一事项应占用多少讨论时间？

（6）谈判的记录工作和书面协议应由谁负责？

3. 选择谈判地点

谈判地点是影响谈判最终结果的一个不可忽视的因素。选择谈判地点时通常要考虑即将展开的谈判中双方力量的对比，可选择的地点，双方之间的关系等因素。选择不同谈判地点均有其利与弊，在谈判时应根据谈判的具体情况，尽可能选择对己方有利的谈判地点。

（1）主场谈判

主场谈判的优点如下。

① 谈判者在家门口谈判，心理上更自信，有助于增强谈判信心。

② 己方谈判者无需适应新环境，精力更集中。

③ 可选择熟悉场所谈判，按自身习惯布置。

④ 作为东道主，可调控气氛和进程，对对方施加影响。

⑤ 己方沟通联系方便，心理压力小。

⑥ 谈判人员免去旅途劳顿，精力充沛。

⑦ 节省差旅费用和旅途时间，提高经济效益。

主场谈判的缺点如下。

① 在公司所在地，谈判人员易受其他事务干扰，注意力分散。

② 离高层领导近，易产生依赖心理，频繁请示领导，可能导致失误和被动。

③ 己方作为东道主需负责谈判会场安排、接待、宴请等活动，负担较重。

（2）客场谈判

客场谈判的优点如下。

① 己方谈判人员可以全身心投入谈判，避免主场谈判时来自工作单位和家庭事务等方面的干扰。

② 在高层领导规定的职责范围之内，更有利于发挥谈判人员的主观能动性，减少谈判人员的依赖性。

③ 可以实地考察对方公司情况，获取更直观的信息资料。

④ 免去了烦琐的招待、场所布置、安排活动等事务。

客场谈判的缺点如下。

① 由于与公司本部相距遥远，某些信息的传递、资料的获取比较困难，某些重要问题也不易及时磋商。

② 谈判人员对当地环境、气候、风俗、饮食等方面会出现不适应，再加上旅途劳累、时差等因素，会使谈判人员身体状况受到不利影响。

③ 在谈判场所、谈判议程的安排等方面处于被动地位。

（3）中立地点谈判

在双方所在地之外的中立地点谈判对双方来讲是平等的，不存在偏向，双方均无东道主优势。

选择在双方所在地之外的中立地点进行谈判，尽管在某些情况下有其独特的优势，但也存在诸多不可忽视的弊端。这些弊端往往让谈判双方陷入复杂的境地，甚至可能影响到谈判的进程和结果。

首先，确定谈判地点本身就是一个复杂而烦琐的过程。谈判双方需要就此问题进行深入讨论，甚至可能引发新的争议。寻找一个既符合双方利益又使双方都感到满意的中立地点，并非易事。双方需要综合考虑地理位置、交通便利性、场地设施、安全保障等多方面因素。在这个过程中，双方可能会产生分歧，需要花费大量的时间和精力进行沟通和协调。

其次，中立地点谈判往往被那些相互关系不融洽、信任程度不高的谈判双方所选用。

在这种情况下，选择中立地点似乎成了一种权宜之计，用以缓解双方之间的紧张关系。然而，这种做法并不能从根本上解决问题。在谈判过程中，双方仍可能因为各种分歧而陷入僵局，甚至导致谈判破裂。

最后，中立地点谈判还可能导致信息泄露和保密问题。由于谈判地点并非双方所熟悉的环境，因此可能存在安全隐患。在谈判过程中，双方可能会无意中泄露一些敏感信息，给谈判结果带来不利影响。同时，中立地点谈判也可能导致沟通不畅，因为双方可能不熟悉当地的文化、习俗和礼仪，导致在交流过程中产生误解和冲突。

4. 选择谈判时间

谈判时间选择适当与否，对谈判结果影响颇大。时间本身会给人带来生物节奏周期的种种生理影响。因此，除非毫无选择余地，否则不应该对它掉以轻心。

案例

时差导致的谈判失败

一位企业总经理分享他们去美国谈判的经历。公司一行人在美国时间的早晨到达芝加哥，而那时在国内正好是晚上。这位总经理和他的谈判小组成员坐了很长时间的飞机，头脑昏昏沉沉的。到了宾馆后，他马上与当地公司的人接触，参加该公司安排的欢迎仪式，一天也没休息。到了晚上，躺在床上他却怎么也睡不着，因为在国内这时正是上班的时间。等好不容易睡着了，天又亮了，他又要安排接下来的正式谈判。总经理在谈判桌前强打精神，拼命喝咖啡，可就是没法让脑子清醒。结果在谈判中，对方说了些什么，他很少能记住。在这种无可奈何的情况下，对于美国公司方面他们只好不做任何表示和承诺，以免出现疏漏，这使得美国方面很不满意。几天之后，当他们逐渐适应了时差，可是谈判就要结束了，其结果如何可想而知。

由于时间变化引起的时差打乱了人体本身的生物钟。在这种情况下，再好的谈判方案也无法完美实施，再好的时机也只能眼睁睁地任其逝去，更谈不上什么控制谈判了。

5. 制定谈判策略

制定谈判策略，就是要选择能够达到和实现己方谈判目标的基本途径和方法。谈判不是一场讨价还价的简单过程，而是双方在实力、能力、技巧等方面的综合较量。因此，制定谈判策略时应考虑如下影响。

（1）双方实力的大小。

（2）对方的谈判队伍和主谈人员的性格特点。

（3）双方以往的关系。

（4）对方和己方的优势所在。

（5）交易本身的重要性。

（6）谈判的时间限制。

（7）建立持久、友好关系的必要性。

通过对以上影响因素细致而认真地研究分析，谈判者可以确定己方的谈判地位处于优势、劣势还是均势，由此确定自己的谈判策略。

三、选择谈判人员

建立一支高素质的谈判队伍是做好商务谈判工作的前提和保证。一个优秀的谈判人员应具备以下素质。

（一）商务谈判人员应具备的基本素质

高素质的商务谈判人员，无疑是确保一场谈判取得成功的根本保证。在谈判过程中，谈判人员不仅要应对来自各方的压力与诱惑，更要精准地分辨出隐藏在表面之下的机会与挑战。因此，商务谈判人员相比一般营销人员而言，需要具备更加卓越的素质和能力，具体包括以下几方面。

1. 具有强烈的事业心与开拓进取的精神

具有强烈的事业心与开拓进取的精神主要包括：强烈的成就感；明确的目标达成意识；强烈的事业追求心；坚强的克服挫折的意志；强烈的工作信心。

2. 具有扎实的专业知识

商务谈判者应具备的专业知识包括三个方面：一是商品、市场、价格、仓储、运输、商检、保险等商务方面的专业知识；二是生产工艺、工程技术等方面的专业知识；三是有关政策、法律方面的专业知识。此外，作为国际贸易的商务谈判人员，还应具备语言翻译、礼仪沟通等知识。

3. 具有较强的实际技能

实际技能主要包括记忆力和观察力、组织与谋划能力、分析问题与解决问题能力、想象思维与表达能力、善于交际与应变能力、控制与协调能力以及学习与创新能力。

4. 具有健康的心理素质

耐心、毅力是一个谈判人员应该具备的基本素质。有时谈判是一项马拉松式的工作，在长时间的谈判中要始终如一地保持镇静、信心与机敏。

在商务谈判中，有些对手会拖延时间来试图消磨己方的意志，以求获取更好的谈判条件，对付这种手段需要坚韧的意志力和忍耐力。

诚然，人无完人，找到完全符合所有条件的商务谈判人员或许难上加难。但根据经验和常识，我们可以发现，经过系统训练、技艺精湛的谈判人员更容易在商务谈判中取得胜利；而那些素质不高、缺乏经验的谈判人员则常令人失望。

所以，选择商务谈判人员时，要坚持求人之所长而不求其为“完人”的原则，进行慎重、周密的考虑。

（二）商务谈判队伍的规模和构成

在确定谈判队伍的规模和构成时，应从谈判项目的复杂程度、谈判项目的重要程度、谈判主题的大小以及主谈人员的素质等方面来决定参与的人数。

如果是一对一的谈判，对谈判人员的素质要求很高，但也有以下优点：可以避免对方对己方较弱的成员发动攻势；可避免谈判对手对己方成员制造意见分歧；可当机立断地让步、接受对手的让步、签订协议等。

但是当项目很大，靠一个人的力量难以完成谈判任务时，就要选择小组谈判。小组谈判的好处在于：首先，小组谈判汇聚多元背景和专业领域的人员，有助于集思广益，多角度审视问题；其次，其灵活性使团队能灵活运用多种策略，掌控谈判进程和主动权；再次，主谈人员可借助其他成员意见，巧妙促使对方让步或坚守立场。最后，小组谈判分散对方注意力，减轻个体成员压力（图 2-3）。

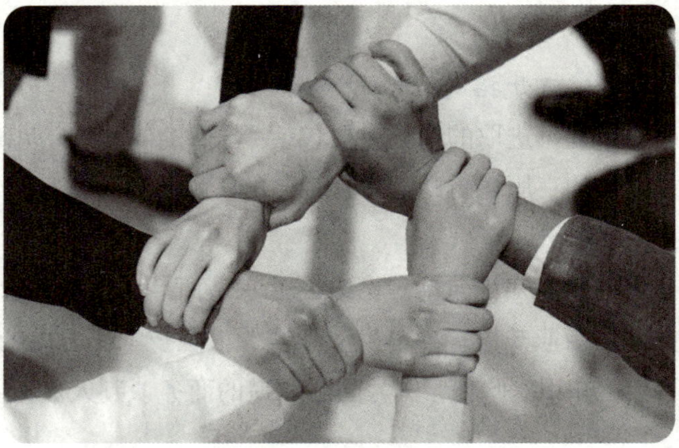

图 2-3　团队合作

小组谈判通常由谈判负责人、主谈人及其他有关人员（营销专家、工程技术专家、法律专家、金融专家、翻译人员等）构成。主谈人与负责人可以是同一个人，当二者不是同一人时，谈判负责人虽然不是主要发言人，但也有发言权。由于两者都是重要的谈判者，因此要相互配合，不能越俎代庖；要拾遗补阙，以达到珠联璧合的效果。

（三）优秀的谈判高手的特点

要想成为一名优秀的谈判高手，需要具备以下特点。

1. 要寻找更多信息

优秀的谈判高手经常会通过各种方式更好地了解自己的对手，更加重要的是，他们从来不会对对方做出太多的假设和预期。在进行谈判之前，不妨也像一名记者那样更多地去搜集信息，更好地了解谈判对手。

谈判时要敢于提出一些比较大胆的问题，甚至那些对方肯定不会回答的问题。因为即便对方未能直接给出答案，谈判人员依然可以通过观察对方在听到这些问题时的反应，来捕捉一些关键的信息点。

2. 要有耐心

耐心是谈判高手所共有的一种特点。真正的谈判高手往往都非常有耐心，绝对不会因为时间压力而仓促结束谈判，从而做出一些对各方都没有好处的决定。

3. 要有勇气向对手开口

当你购买一件东西时，可以把自己的报价压得很低，至少应该低于你所能接受的价格。而如果你是卖方，就应该把价格抬得很高，至少应该高于你所能接受的价格。

在谈判开始时，一定要到这一点并不容易，很多人会因为害怕遭到嘲笑而不愿意提出过于夸张的报价，总想找到一个既合情合理，又对己方最有利的报价位置。事实上，在生活中正是这种心理让我们没能做成很多事情。但要想成为一名谈判高手，必须先克服这一恐惧心理。

4. 要讲诚信，让双方达成一个双赢的解决方案

在许多谈判场景中，一旦谈判者敏锐地洞察到对手的弱点或软肋，他们就会利用这一机会发动攻势，一举摧垮对手，从而为自己争取到更大的利益。然而，在谈判的过程中，仅仅看到对手的弱点并不足以保证谈判的成功。更为关键的是，谈判者需要深思熟虑，慎重考虑如何在不损害己方利益的前提下，同时满足对方的利益，以达成一种双赢的结果。

案例

谈判中的双赢策略

一家大型科技公司正在与一家初创企业进行技术合作谈判。在谈判过程中，科技公司凭借其强大的技术实力和市场份额，逐渐发现了初创企业的弱点，例如其技术研发能力的不足，以及市场推广经验的欠缺。在这种情况下，科技公司可能会觉得自己占据了绝对的优势，并试图利用这一优势来压价或要求更多的权益。

然而，明智的谈判者会意识到，即使己方拥有明显的优势，也不能忽视对方的利益和需求。因为谈判的本质是一种合作，而不是一场零和游戏。如果科技公司只考虑自己的利益，而忽视了初创企业的利益，那么很可能会导致初创企业失去合作的意愿，从而使谈判陷入僵局。

因此，在这种情况下，科技公司应该采取一种更为灵活和务实的谈判策略。首先，他们可以坦诚地与初创企业沟通，分享自己的观察和发现，并帮助初创企业认识到其存在的弱点。同时，科技公司也可以提出一些建设性的建议，帮助初创企业改进其技术研发和市场推广能力。

科技公司可以在确保自己核心利益不受损害的前提下，做出一些有利于初创企业的让步。例如，他们可以降低一部分技术转让费用，或者提供一些额外的技术支持和市场推广资源，以帮助初创企业更好地发展。

通过采取这种双赢的谈判策略，科技公司不仅可以维护与初创企业的良好关系，还可以确保合作能够顺利进行，从而实现双方共同的发展目标。

5. 要成为一名优秀的聆听者

只有优秀的聆听者才能成为一名真正的谈判高手。因为只有优秀的聆听者才能在谈判的过程中发现对方的真正需要。

要把聆听当成一种互动过程，提高注意力。身体要前倾，稍微低一下头，让对方看到己方在注意倾听。要提出问题，给对方以反馈并思考对方的话语。要把注意力集中到对方所讲述的内容上，而不是对方的讲话风格上。当对方讲述时，一定要专注。

想要更好理解对方所说的内容，建议开启“小本本模式”，记录双方对话。此举节省时间，让对方感到被重视。注意不要打断对方，不要急于发表看法，以免对方停止讲话。保持耐心，等对方说完再评论。

要想提高谈判者的判断力，不妨先让对方给出结论。如果不完全同意对方的结论，不妨请对方详细解释。这时候一定要保持一个积极的心态，认真倾听，要消除个人偏见，因为偏见很可能会影响我们的反应。

任务三　商务谈判的信息准备

在当今的信息社会中，信息既是商务活动的先导，也是影响商务谈判成败的决定性变量之一。作为商务谈判人员来说，了解商务谈判信息的价值，掌握信息收集方式方法，并在基础上进行周密的筹划，是做好商务谈判工作的最基本要求。商务谈判信息对于谈判者了解对方意图、制订谈判计划、制定谈判策略、选择谈判方式至关重要。商务谈判的信息收集和分析主要包括 4 个方面的内容，即谈判环境分析、行业与市场分析、谈判对手分析、谈判者自我评估。

一、谈判环境分析

商务谈判是在既定的法律框架内，并在某一特定的政治、经济、文化背景的社会环境之中展开的。社会环境中的各类因素，无论是直接还是间接，均会对谈判过程产生深远影响。因此，谈判的最终成果是否成功，很大程度上取决于不同国家、不同地区之间独特的社会环境差异。而这些社会环境差异，又往往是导致谈判各方在意见上产生分歧的主要原因。

对商务谈判的环境分析，可以利用战略管理中的宏观环境框架来展开。一般来说，宏观环境因素主要包括政治（political）环境、经济（economic）环境、社会（social）环境和技术（technological）环境，这 4 个因素的英文第一个字母组合起来是 PEST。环境分析的目的或任务主要有两点：一是通过分析，预测与某一谈判项目有重大关系的环境因素将发生怎样的变化；二是评价这些变化将会给该谈判项目带来什么样的影响，以便为企业制定谈判方案奠定基础和提供依据。谈判人员必须对各种环境因素进行全面系统地调查和分析，才能因地制宜地制定出正确的谈判方针和策略。

值得注意的是，宏观环境包含众多因素，但全面分析所有因素对特定谈判项目来说既具挑战性又非必要。关键在于明确哪些因素对项目有显著影响，并集中精力深入分析这些关键因素。这样做既高效又确保分析结果针对性和有效性。

（一）政治环境

社会经济活动都是在国家的宏观调控下进行的，政府的各项方针、政策为经济发展指明了方向，创造了一定的市场环境，从而保证了经济活动的顺利进行。企业的各种经济活动也是在这些方针、政策指导下进行的。这要求谈判人员必须了解政府的有关方针、政策，以及与之相适应的各种措施、规定，保证交易的内容、方式符合政府的有关规定，保证合同协议的有效性和合法性。

在涉外贸易谈判中，谈判人员必须深入了解和掌握国际贸易的各类法规条例，熟悉对方政府的关税政策、贸易法规以及进出口管理制度，同时，也要明晰我国禁运或限制进出口的商品种类范围。这一系列的了解将有助于谈判人员制定恰当的谈判方针和计划，有效避免谈判过程中可能出现不必要的分歧和误会。

对于涉及重大利益的对外投资贸易谈判项目，谈判人员更需密切关注双方政府间的外交关系、对方国家政局的稳定性、政府机构对政策的实际影响力，以及对方国家或地区政府与目标组织之间的微妙关系。这些因素的考量对于确保谈判的顺利进行、维护双方利益至关重要。

（二）经济环境

经济环境主要是指国际和国内经济形势及经济发展趋势。经济环境中常用的分析因素有：国民经济发展状况及其发展规律、国民经济总产值及其变动趋势、人均收入及其变动趋势、货币供应、利率、通货膨胀、失业和就业、国民可支配收入、原料、能源来源及其成本、贸易周期、企业投资等。与其他环境因素相比，经济环境有着更广泛而直接的影响。

涉外商务谈判活动中，谈判的结果往往会导致资产形成跨国流动，这种流动不仅涉及双方的经济利益，还与各自的财政金融状况有着密不可分的关系。在涉外商务谈判过程中，谈判人员扮演着至关重要的角色。他们需要具备深厚的专业知识，对谈判内容有深入地理解和把握。

为了更好地应对涉外商务谈判的挑战，谈判人员需了解并掌握主要货币的汇兑率及其浮动现状和趋势。这有助于预测汇率风险，并支持谈判中的价格制定和资金流动安排。同时，还需关注国家的财税金融政策，以利用政策优势为双方争取更多经济利益。

此外，银行对开证、承兑、托收等方面的有关规定也是涉外商务谈判中不可忽视的内容。谈判人员应了解并掌握这些规定，以便在谈判中确保资金的安全和流动畅通，还需要与银行保持密切联系，确保在谈判过程中能够及时获取相关信息和支持。

（三）社会环境

社会文化环境包括一个国家或地区的社会性质、人口状况、人们共享的价值观、文化传统、生活方式、教育程度、风俗习惯、宗教信仰等各个方面。这些因素是人类在长期的生活和成长过程中逐渐形成的，人们总是自觉或不自觉地接受这些准则作为行动的指南。涉外商务谈判活动中，应重点关注以下几方面的社会文化环境因素。

1. 宗教信仰

宗教作为社会文化的重要组成部分，其影响力无处不在，深入社会的各个层面。宗教信仰不仅塑造了人们的生活方式、价值观和消费习惯，更在商业交往中发挥着不可忽视的作用。在多数情况下，人们之间的矛盾和冲突，往往源于宗教信仰或意识形态的差异。

因此，在商务谈判中，对宗教相关问题的了解显得尤为重要。谈判人员需要深入了解宗教信仰的核心原则、行为准则，以及宗教活动的具体形式。同时，对于宗教禁忌的把握也至关重要，这些禁忌往往对商务活动产生直接影响。如果对这些宗教问题处理不当，很可能会给企业带来重大的负面影响。

2. 商业习惯

商业习惯是整体文化环境的组成部分，由于区域文化的支配作用，商务谈判在接触级别、语言使用、礼貌和效率及谈判重点等方面都存在较大的差异。因此，必须要了解对方国家或地区经济组织的经营方式、谈判和签约的方式与习惯、商业间谍的活动状况、商务活动中的行贿索贿情况等惯例，否则就可能误入陷阱或造成误会。

3. 社会习俗

一个国家或地区有着不同的社会习俗，这些习俗会自然或不自然地影响商务洽谈活动，对此，谈判者必须加以了解和把握。社会习俗包括符合社会规范的称呼方式、衣着款式及其他为社会公众所接受并约定俗成的行为方式。谈判人员必须尊重和适应这些社会习俗，并且善于利用社会习俗信息为己方服务，确保业务活动的正常开展。

（四）技术环境

在商务谈判中，科技环境分析是一项至关重要的任务。它要求谈判人员在深入理解和把握当前技术现状以及未来技术发展趋势的基础上，进一步明确这些趋势对具体商务活动的具体技术要求。这样的分析有助于谈判人员确定在谈判中符合企业自身利益的技术指标，并从技术层面挖掘企业在谈判中的潜在优势以及需要解决的关键问题。

在涉及技术较为复杂的商品交易和技术贸易的谈判中，技术问题往往会成为双方讨论的核心内容。在这些情况下，谈判人员需要结合各种条件，对技术问题进行更为深入地研究和分析。这不仅有助于谈判人员更好地理解对方的需求和期望，还能帮助谈判人员制定出更为合理和有效的谈判策略。

对买方或技术引进而言，需通过技术可行性研究，明确所需技术、商品技术水准及特殊要求。缺乏研究可能购买不符合要求的商品或引进不适应的技术，导致无法使用或需额外成本调整。

对卖方或技术转让方而言，需明确能提供的技术、产品技术水准及有无特殊优势。缺乏技术可行性研究，可能使技术不适应市场趋势，谈判被动；或未认识到自身技术的优势，无法利用优势达成谈判目标。

（五）其他环境信息

其他环境信息如一个国家或地区的基础设施、后勤供应、气候等状况资料，这些因素都会直接或间接地对商务谈判活动产生影响。

二、行业与市场分析

商务谈判的行业与市场信息是指与谈判相关的行业与市场行情方面的信息。行业分析的内容较广泛，通常包括行业的市场规模及发展趋势、行业生命周期、行业进入和退出壁垒、产业链情况、现有的和潜在的竞争者情况、行业的商业模式等。对于市场销售、投资方面的谈判活动，可以重点分析下面的内容。

（一）市场分布

市场分布情况主要包括：市场的地理分布、运输条件、市场潜力和容量、市场的配套设施和相关的政策法规、与其他市场的经济联系等。

（二）市场供求

市场供求情况主要包括：有关商品的生产状况、可供市场销售的商品量、商品的库存情况、运输能力及变化、商品的进出口情况、替代产品的情况等供给信息及商品消费者的数量和构成、消费的需求特点、需求的波动情况、商品的需求趋势、用户的要求等需求信息。

（三）市场销售

市场销售情况包括：有关商品的市场销售量、市场份额、销售价格、商品的寿命周期、经销途径、促销措施与效果等。

（四）市场竞争

市场竞争情况包括：主要竞争者和潜在竞争者是谁，其产品、价格、渠道、促销等方面的信息资料，其资信情况等。

三、谈判对手分析

谈判所应具备的最有价值的信息是关于谈判对手的情报资料。只有摸清对方虚实，才能对症下药，制定相应的对策。

案例

精密仪器的购销谈判

荷兰某精密仪器生产厂家与我国某企业拟签订某种精密仪器的购销合同，但双方在仪器的价格条款上还未达成一致。因此，双方就此问题专门进行了谈判。谈判一开始，荷方代表就将其产品的性能、优势及目前在国际上的知名度进行了一番细致地介绍，同时说明还有许多国家的有关企业欲购买其产品。最后，荷方代表带着自信的微笑对中方代表说："根据我方产品所具有的以上优势，我们认为一台仪器的售价应该在4 000美元。"

我方代表听后十分生气，因为据我方人员掌握的有关资料，目前在国际上此种产品的最高售价仅为3 000美元。于是，我方代表立刻毫不客气地将其掌握的目前国际上生产这种产品的十几家厂商的生产情况、技术水平及产品售价详细地向荷方代表全盘托出。

荷方代表十分震惊，因为根据他们所掌握的情况，我方是第一次进口这种具有世界一流技术水平的仪器，想必对有关情况还缺乏细致入微地了解，没想到我方人员准备如此充分。

荷方人员无话可说，立刻降低标准，将价格调到3 000美元，并坚持说他们的产品是世界一流水平的，是物有所值。

事实上，我方人员在谈判前就了解到，荷兰这家厂商目前经营遇到了一定的困难，陷入了巨额债务的泥潭。对他们来说，回收资金是当务之急，正四处寻找其产品的买主，而目前也只有我国对其发出了购买信号。于是，我方代表从容地回答荷方："我们也决不怀疑贵方产品的优质性，只是由于我国政府对本企业的用汇额度有一定的限制。因此，我方只能接受2 500美元的价格。"荷方代表听后十分不悦，他们说："我方已经说过，我们的产品是物有所值，而且需求者也不仅仅是你们一家企业，如果你们这样没有诚意的话，我们宁可终止谈判。”我方代表依然神色从容回应：“既然如此，我们很遗憾。”

我方人员根据已经掌握的资料，相信荷方一定不会真的终止谈判，一定会再来找中方。果然，没过多久，荷方就主动找到我方，表示价格可以再谈。在新的谈判中，双方又都做了一定的让步，最终以2 700美元成交。

（一）谈判对手的实力和资信

谈判对手的经济实力和资信分析主要包括：对方组织的发展历史、社会地位、财务状况、流动资金状况、盈亏状况及经营管理状况；对方的产品性能与特点、市场占有率与市场半径、技术水平与工艺水平、价格水平；合同的履约情况、收付款期限和方式；对方的市场目标和竞争方式等的审查。只有掌握了对方的经济实力与资信信息，才能确定交易的可能规模，判定是否与对方建立长期的商务关系。

了解对方组织的情况，通常可以研究以下资料：①预算财务计划；②组织的出版物和报告；③新闻发布稿；④产品的详细说明书；⑤证券交易委员会或政府机构的报告书；⑥领导者的公开谈话和公开声明。

了解对方组织的情况，还可由谈判人员通过直接调查来取得。例如，向曾与对方有交往或交过手的组织或人员进行了解，通过函电方式直接同对方先行联系或直接询问等。另外，还可以从有关咨询机构取得所需的信息资料。

（二）对方谈判人员情况

谈判前，需了解对方谈判人员情况，包括班子组成、成员身份、地位、年龄、经历、爱好、性格、谈判经验及首席代表情况。首席代表的能力、权限、特长及弱点，以及对该谈判的态度和倾向性意见，都是重要的情报资料。

通过分析对方谈判人员的资历、地位和谈判经历，以便了解其思考方式和工作能力，从中寻找弱点，同时获取对手的心理类型，包括气质、性格、兴趣爱好、生活方式等，从而进一步确定对手将持有什么样的谈判态度和方式，准备相应的对策。

案例

技术赞美与巧妙心理促成双赢

中日两家公司在谈判开始之后，双方人员彼此作了介绍，并马上投入了技术性的谈判。我方商务人员利用谈判休息时间，对日方技术人员表示赞赏：“技术熟悉，表述清楚，水平不一般，我们就欢迎这样的专家。”

该技术人员很高兴，表示他在公司的地位重要，知道的事也多，我方商务人员顺势问道："贵方主谈人是你的朋友吗？"

"那还用问？我们常在一起喝酒，这次与他一起来中国，就是为了帮助他。"他回答得很干脆，我方又顺势问一句："为什么非要你来帮助他，没有你就不行吗？"

日方技术员迟疑了一下："那倒也不是，但这次他希望成功，这样他回去就可升为部长了。"中方随口跟上："这么讲，我也得帮助他了，否则，我就不够朋友。"

在此番谈话后，中方认为对方主谈人为了晋升，一定会全力以赴地要求谈判的结果——合同。于是，在谈判中巧妙地加大压力，谨慎地向前推进，成功地实现了目标，也让对方得到了升官的条件。

（三）谈判对手的需要和诚意

需要及对需要的满足是谈判进行的基础。谈判对手的需要分析主要是获得其谈判的目的。为了精准把握谈判对手在谈判进程中所展现的行为模式与规律，谈判人员必须对其真实需求有充分地了解。这包括但不限于谈判对手发起谈判的初衷、其需求的满足程度，以及对不同层次、不同类别需求之重要性的认知程度。

此外，评估谈判对手在谈判中所展现的诚意，关键在于判断其是否将我方视为唯一的谈判伙伴，以及其对我方的评价及信任程度等因素。通过全面掌握这些信息，谈判人员能够更为精准地制定商务谈判方案，进而在谈判中争取到更为有利的主动权。

案例

荷伯·科恩与煤矿老板的谈判

有一次，谈判大师荷伯·科恩代表一家大公司到俄亥俄州购买一座煤矿。矿主是个强硬的谈判者，开价2 600万美元，荷伯还价1 500万美元。

"你在开玩笑吧？"矿主粗声道。

"不，我们不是开玩笑。但是请把你的实际售价告诉我们，我们好进行考虑。"

矿主坚持2 600万美元不变。

在随后的几个月里，买方的出价依次为1 800万美元、2 000万美元、2 100万美元、2 150万美元。但是卖主拒绝退让，于是形成僵局，情况就是2 150万美元与2 600万美元的对峙。显然，在此情况下，再谈下去不可能取得创造性结果。由于没有相关需要的信息，就很难重拟谈判内容。

为什么卖主不接受这个显然是公平的还价呢？令人费解。荷伯一顿接一顿地跟他一块儿吃饭，每次吃饭时，他都要向矿主解释公司做的最后还价是合理的。卖主总是不说话或说别的。一天晚上，他终于对荷伯的反复解释搭腔了，他说："我兄弟的煤矿卖了2 550万美元，还有一些附加利益。"

荷伯心里明白了，这就是他固守那个数字的理由："他有别的需要，我们显然忽略了。"

得到这些信息，荷伯就跟公司的有关经理人员碰头。他说："我们首先得搞清他兄弟究竟确切得到多少，然后我们才能商量我们的建议。显然，我们应处理个人的重要需要，这跟市场价格并无关系。"公司的领导同意了，荷伯就按这个路线进行。

不久，谈判达成协议，最后的价格没有超过公司的预算。但是付款方式和附加条件使卖主感到自己得到的远比他的兄弟多。

在这场谈判中，荷伯一开始一直没有弄清楚矿主的真正需要，在对方态度强硬、不肯让步的情况下还是一味跟他谈价格只能导致谈判陷入僵局，面临破裂。最后，他终于通过场外途径了解到对方坚持这个价格的真正理由并进而了解到对方的真正需要，通过交易条件的改变使得双方的满意区间最终形成了交集，从而愉快地达成了协议。试想，如果荷伯当时没有对对方的真正需要追根溯源，谈判最后会是一个什么样的结果呢?

（四）谈判对手的权限和时限

谈判的一个重要法则是不与没有决策权的人谈判。谈判对手的权限分析旨在明确对方谈判人员的权限范围。谈判者需了解对方的组织架构、决策权限分配及具体对手的权利范围。错误判断对手权限，将无决策权者作为谈判对象，不仅浪费时间，还可能错失更佳交易机会。

谈判时限与谈判任务量、谈判策略、谈判结果都有重要关系。谈判人员经常需要在一定的时间内完成特定的谈判任务，可供谈判的时间长短与谈判人员的技能发挥状况成正比。时间越短，谈判人员用以完成该项特定任务的选择就越少，谈判时限的压力常常迫使谈判者不得不采取快速行动，甚至立即做出决定，否则不能与对方达成协议，可能就意味着未在特定时间内完成任务。因此，在双方的谈判过程中，哪一方可供谈判的时间越长，其就拥有较大的主动权。

四、谈判者自我评估

正确地评价谈判者自身并不是件容易的事，要通过对本组织和本方谈判人员有关信息的全面考察才能做好。

（一）对本组织情况的充分把握

组织情况的内容包括组织的社会地位、经济实力、人才力量、设备研发能力、管理水平、生产效率及产品的优缺点等。了解这些情况，谈判者可明确自身优劣势，掌握谈判论据。明确优劣势对确定谈判目标和让步区间至关重要。如对方为我方唯一交易伙伴且我方产品竞争力不足，则对方处于优势，我方需满足对方需求并适当在价格等方面让步。

（二）谈判信心的确立

谈判信心来自对自己实力和优势的了解，也来自谈判准备工作是否做得充分。

在谈判桌上，信心不仅是心理层面的支撑，更是一种实力的展现。谈判者必须深刻了解自身的优势和劣势，对谈判的内容和目标有清晰地认识，才能在关键时刻做出准确的判断和决策。

除了认知自身实力，谈判前的充分准备也是增强信心的关键。我们需要深入了解对手的背景、诉求和谈判风格。同时，对谈判议题进行深入研究，收集相关信息和数据，以便在谈判中能够有力表达观点和立场。

（三）自我需要的鉴定

自我需要的状况直接与谈判的实力相关联。自我需要的鉴定应仔细分析以下问题。

首先，谈判者需要明确自己参与谈判的真正目的是什么？是追求经济利益的最大化，还是希望建立长期的合作关系？不同的目标会引导谈判者在谈判过程中做出不同的决策和选择。

其次，谈判者需要评估自己的谈判筹码有多少？这些筹码包括谈判者的产品优势、市场地位、资源掌握情况等。只有明确了自己的筹码，谈判者才能更好地在谈判中争取到有利的条件。

最后，谈判者还需要思考自己在谈判中愿意做出的让步和妥协有哪些，这些让步和妥协应该是基于对自身利益和谈判目标的全面考虑，而不是盲目地为了达成协议而做出的牺牲。

自身需要的不同状况意味着不同的谈判实力。一般来说，若要借助于一次谈判来满足的需要越多，现有的需要满足程度越低，需要满足的可替代性越差，满足对方需要的能力越差，则该谈判者的地位可能越不利。因此，在该次谈判的可行性上要慎重考虑。

课后实践

学习完本项目的内容后，认真完成表 2-1 的实践清单。

表 2-1　模拟商务谈判

实践目的	通过模拟谈判，深刻记忆谈判的构成要素，学会收集谈判需要的信息
实践内容	测试学生收集有用信息的能力
实践要求	1. 教师准备好谈判议题； 2. 学生进行分组，组建谈判团队进行谈判； 3. 教师对测试结果进行说明

续表

实践步骤	1. 分组并指定各组负责人，分发资料； 2. 教师介绍本次实践的内容和实践情景； 3. 学生根据实践内容，选择代表哪一方谈判团队； 4. 教师对谈判过程中的问题进行说明，根据学生所用信息判断其收集有用信息的能力； 5. 教师点评，就该门课程的实践教学与考核要求向学生进行说明，并传授相关商务谈判信息收集的技巧

实践评价

完成以上实践后，认真填写表 2-2 的实践评价。

表 2-2　实践评价

评价内容	分值	得分
参与实践的积极性、主动性	25	
独立思考能力	25	
创新能力	25	
收集有用信息的能力	25	
教师点评：		

项目小结

1. 谈判人员需具备百折不挠、宠辱不惊、喜怒无形等心理素质要求，必须遵纪守、廉洁奉公、忠于国家、组织，忠于职守的政治要求，还要具备复合型的知识结构、较高的能力素养。

2. 一场谈判的确立首先需要确立谈判目标，然后拟定谈判计划，最后选择谈判人员。

3. 谈判开始前需要对谈判环境、行业与市场、谈判对手以及谈判者自身进行分析。

思考练习

1. 谈判人员应具备哪些基本素质？对比一下，你已经初步具备了哪些素质，还需要做哪些努力？

2. 商务谈判信息收集和分析的主要内容包括哪几个方面？

3. 谈判方案策划书包括哪些内容？

项目三

商务谈判的技巧

项目导读

在现代商业环境中，商务谈判是企业间实现合作、达成共赢的重要手段。掌握有效的商务谈判技巧，不仅能提高企业的竞争力，还能在谈判过程中为企业创造更多价值。本项目的目标是通过总结和实践商务谈判的关键技巧，提升谈判人员的专业能力，从而为企业带来更好的商业利益。

学习目标

知识目标

1. 掌握商务谈判的基本概念、原则和流程，了解商务谈判的重要性和应用领域。

2. 理解不同文化背景对商务谈判的影响，包括语言、礼仪、思维方式等方面的差异。

3. 学习商务谈判中常见的策略和技巧，如开场白设计、提问技巧、信息收集和分析等。

技能目标

1. 提高沟通能力，能够在商务谈判中有效表达观点、倾听对方意见，并做出合适的回应。

2. 培养谈判技巧，包括议价能力、说服力、情绪管理等，以达成互利共赢的协议。

3. 增强团队协作能力，在团队谈判中能够发挥个人优势，与其他成员有效配合，共同应对挑战。

素质目标

1. 培养学生掌握有效的沟通技巧，在商务谈判中，能够清晰、准确地表达自己的观点和需求，同时善于倾听对方的意见，确保双方信息畅通，达成共识。

2. 培养学生灵活运用谈判策略，根据谈判的具体情况和目标，能够灵活运用各种谈判策略，如妥协、让步、施压等，以争取最有利的谈判结果。

3. 培养学生具备良好心理素质，在商务谈判中保持冷静、自信，能够应对各种突发情况和挑战，同时善于控制情绪，避免情绪化决策影响谈判结果。

思政目标

1. 建立正确的谈判观念，引导学生理解开局阶段的重要性，认识到开局阶段对于建立谈判氛围、设定谈判基调以及为后续阶段奠定基础的关键作用。

2. 培养灵活应变的能力，引导学生根据谈判情况和对方反应灵活调整报价策略，以达到最有利的谈判结果。

3. 提高问题解决和决策能力，针对磋商阶段可能出现的问题和争议，培养学生分析问题、提出解决方案以及做出合理决策的能力。

4. 培养全局观念，强调在结束阶段考虑谈判结果对双方关系的长远影响，以及如何在维护自身利益的同时促进双方关系的持续发展。

案例

中美“入世”谈判开局

我国为加入世界贸易组织与美国代表团谈判的时候，吴仪任我国代表团团长。当中美两国代表在谈判桌前相对而坐的时候，美国代表团副代表梅西盯着面前的吴仪，一上来就说：“我们是在与小偷谈判。”梅西冷不防地给吴仪来了这么一个下马威，这句冷冷甩过来的开场白，是我国代表没有想到的。谈判厅里死一般沉寂。我国一些代表来不及做出反应，目光一下集中在了吴仪身上，不由得为她捏了一把汗。美方代表也盯住了吴仪，猜测吴仪可能做出的回应。然而，这种沉寂极为短暂，只不过是一刹那。几乎就在梅西的话音还未完全落下来的时候，一个响亮而威严的声音掷地有声：“我们是在与强盗谈判！”这是吴仪的反击，双方代表都被这一声怒吼震住了。“请看你们博物馆里的收藏，有多少是从我国掠走的？据我所知，这些我国的珍宝，并没有谁主动奉送给你们，也没有长着翅膀，为什么却越过重洋到了你们手中？这不能不使人想到一页强盗的历史。”……吴仪一连串反击义正词严，驳得梅西哑口无言，美方代表非常尴尬。谈判桌上的形势一下子扭转过来。

课堂讨论：

（1）美方代表团采取了什么样的开局策略？

（2）我国代表团采取了什么应对策略？

任务一　开局阶段的谈判策略

一、商务谈判开局气氛的营造

商务谈判气氛是指商务谈判对象之间的相互态度，以及由此引起的商务谈判人员心理、情绪和感觉上的反应。

商务谈判气氛在商务谈判对象刚一碰面时就开始形成，随着彼此交流的深入和谈判议题进入实质性的利益讨论阶段，双方的态度可能会经历一些调整或转变，这也导致了谈判氛围的相应变化。因此，商务谈判者需要时刻保持警觉，密切关注谈判氛围的微妙变动。

商务谈判的技巧

商务谈判气氛由谈判者的情绪、态度和行为共同塑造，个体的表现会影响甚至改变整体气氛。同时，谈判气氛也会反过来影响谈判者的情绪、态度和行为，对谈判结果产生不同的影响。因此，营造一种有利于己方的谈判气氛，从而控制谈判进程以及谈判对手，就成了谈判者需要认真研究的重要问题。

知识拓展

破题

破题是指双方由寒暄而转入议题的过程。其时间一般根据谈判的性质和谈判时间的长短来确定，一般来说，破题时间控制在谈判总时间的5%以内较为合适。

（一）商务谈判气氛的类型

概括起来，商务谈判的气氛有如下几种类型。

（1）热情友好、互谅互让、轻松愉快的谈判气氛（图3-1）。

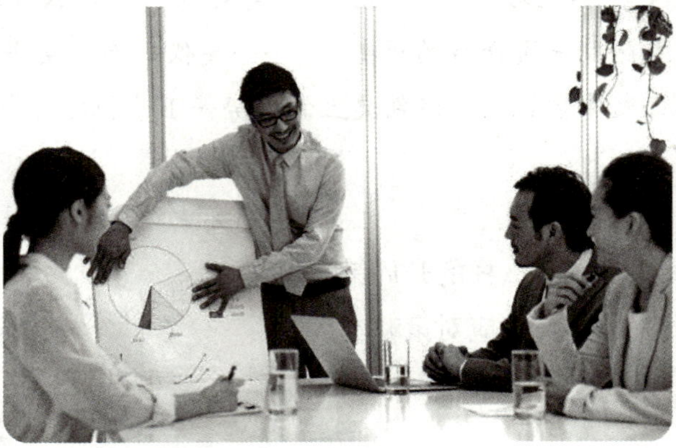

图3-1　轻松愉快的谈判气氛

（2）坦诚友好、平等协商、互利共赢的谈判气氛。

（3）简洁明快、节奏紧凑、速战速决的谈判气氛。

（4）冷淡、平静、慢条斯理、旷日持久的谈判气氛。

（5）紧张、强硬、对立的谈判气氛。

不同的谈判气氛对谈判的影响是不同的，一种特定的谈判气氛能在不知不觉中把谈判朝某种方向推进，例如，热烈、积极、合作的气氛会把谈判朝着达成一致的方向推进；冷淡、对立、紧张的气氛则会把谈判推向更为困难的境地。

（二）影响商务谈判开局气氛选择的因素

不同的商务谈判会有不同的开局气氛。谈判开局气氛的选择受到谈判双方之间的关系、实力对比等一系列因素的制约和影响。选择谈判开局气氛，必须全面考虑以下因素，并且在实施时还要依据谈判经验对其进行调整。

1. 谈判双方的关系

谈判双方的关系可以概括为以下几种情况。

（1）双方在过去有过业务往来，且关系很好。那么这种友好的关系应作为双方谈判的基础，在这种情况下，开局阶段的气氛应是热烈、真诚、友好和轻松愉快的。

（2）双方有过业务往来，但关系一般。那么开局的目标是要争取创造一个友好、和谐的气氛，但此时己方的谈判人员在语言的热情程度上要有所控制。

（3）双方过去有过一定的业务往来，但己方对对方的印象不好。那么开局阶段谈判气氛应是严肃、凝重的。己方谈判人员在开局时，在语言上注意礼貌的同时，应该比较严谨甚至可以带一点严肃。

（4）双方是第一次的交往。应力争创造一个真诚、友好的气氛，以淡化和消除双方的陌生感，以及由此带来的戒备心理，为后面的实质性谈判奠定良好的基础。为此，己方谈判人员在语言上，应该表现得礼貌友好，但又不失身份。

2. 谈判双方的实力对比

就谈判双方的实力而言，主要有以下三种情况。

（1）双方谈判实力相当。为了防止影响实质性谈判，开局阶段双方应创造友好、轻松、和谐的气氛。己方谈判人员应保持轻松严谨、礼貌自信、热情沉稳的语言和姿态。

（2）己方谈判实力明显强于对方。为了使对方在谈判中保持清醒且不抱过高期望，对其产生威慑作用的同时避免吓跑对方，开局阶段己方应语言礼貌友好，同时展现自信和气势。

（3）己方谈判实力弱于对方。为了不在气势上输给对方，开局阶段在语言和姿态上，己方需展现友好与合作态度，同时保持自信、沉稳和大方，避免被对方轻视。

案例

一场实力悬殊的谈判

一家专注于有机农产品种植与销售的中小型企业（以下简称某中小型企业），以其优质的农产品和环保理念在市场上享有一定声誉。国内某集团则是国内农业领域的龙头企业，拥有广泛的销售渠道和品牌影响力。某中小型企业希望与龙头企业建立合作关系，通过龙头企业的销售网络将产品推向更广阔的市场，提升品牌知名度。龙头企业则看中了阳光农业有机农产品的独特性和市场潜力，希望通过合作丰富其产品线，满足消费者对健康食品的需求。

某中小型企业通过行业展会与龙头企业建立了初步联系，并介绍了自己的产品和企业理念。某中小型企业准备了详细的产品介绍和市场分析报告，展示了其产品的品质和市场竞争力。龙头企业则组织了由市场、采购和法务等部门组成的谈判团队。尽管某中小型企业在有机农产品领域有着一定的市场地位，但与龙头企业相比，其在资金、规模和品牌影响力上仍存在较大差距。这种力量对比在谈判过程中逐渐显现。

在谈判过程中，双方对合作的具体细节产生了分歧。某中小型企业希望保持其产品的独立性和品牌特色，不愿在产品质量和价格上做出过多妥协。而龙头企业则希望某中小型企业能够按照其标准进行生产和管理，以便更好地融入其供应链体系。随着谈判的深入，双方在关键问题上无法达成一致意见，导致谈判陷入僵局。尽管双方都表现出了一定的诚意和努力，但由于利益诉求的差异过大，最终未能找到共同的解决方案。

二、商务谈判的开场陈述

开场陈述是指在开始阶段双方就当次谈判的内容，陈述各自的观点、立场及其建议。它的任务是：让双方能把当次谈判所涉及的内容全部提示出来，同时使双方彼此了解对方对当次谈判内容所持有的立场与观点，并在此基础上，就些分歧分别发表建设性意见或倡议。

在双方就谈判目标、计划、进度和人员等议题深入磋商并达成共识后，谈判需进一步推进。各方应就核心内容作出开场陈述，审慎选择时机，清晰表达观点、立场与建议。措辞应诚恳且坚定，介绍己方情况时保持客观中立。

任务二　报价阶段的谈判策略

报价是商务谈判的一个重要阶段，交易条件的确立是以报价为前提的。报价不仅是谈判者表达对交易条件具体要求的体现，更是他们需要与利益的集中展现。通过报价这一环节，谈判者还能更深入地分析、洞察双方的意愿和目标，从而更有效地指导整个谈判过程。

报价不仅是指在价格方面的要求，更是包括价格在内的关于整个交易的各项条件。在报价阶段，谈判者的根本任务是正确表明己方的立场和利益。

一、报价的原则及方式

（一）报价的原则

报价并非是简单地提出己方的交易条件，这一过程实际上是非常复杂的，稍有不慎就有可能陷自己于不利的境地。大量的谈判实践告诉我们，在报价过程中是否遵循下述几项原则，对报价的成败有着决定性的影响。

1. 报价的首要原则

对卖方而言，开盘价必须是最高的；相应地，对买方而言，开盘价必须是最低的。这是报价的首要原则。对此可以从以下几个方面进行分析。

第一，卖方最初的报价为谈判的最高限度，买方会以此为基准要求让步，最终成交价通常低于开盘价。

第二，开盘价影响对方对己方的评价及期望水平，反映产品质量、市场竞争地位和销售前景。

第三，开盘价高则让步余地大，为应对意外情况或对方要求预留回旋余地。

第四，开盘价高可能带来较高的最终成交价，因为高要价更可能达成高价协议。

2. 开盘价必须合乎情理

开盘价需要设定在合理范围内，而非单纯追求最高。过高的报价不仅可能让对方质疑你的谈判诚意，还可能导致谈判破裂或对方提出难以接受的反报价。即使最终你做出让步，对方可能仍会认为这些条件不够合理。因此，在谈判中，合理控制报价至关重要，以确保谈判的顺利进行和双方利益的平衡。

因此，己方提出的开盘价，既应服从于己方寻求最高利益的需要，又要兼顾对方能够接受的可能性。开盘价虽然不是最终的成交价，但如果报价高到被对方认为是荒谬的程度，从一开始就彻底否定己方报价的合理性，双方的磋商是很难顺利进行下去的。在确定报价水平时，一个普遍认可的做法是：只要能够找到足够的理由证明己方报价的合理性，报出的价格就应尽量提高。换句话说，报价应该高到难以找到理由再为提高价格辩护的程度。

3. 报价应该坚定、明确、清楚

在谈判过程中，谈判者首先需要坚信自己提出的报价是合理且公正的，这样才有信心将其呈现给对方并期望获得对方的认可。

此外，报价的表达必须非常清晰和明确。在阐述报价时，所使用的概念和术语必须准确无误，语言要恰当，避免任何模糊或含糊不清的表达，以免引发对方的误解。

如果谈判是口头进行的，谈判者也可以适当地借助一些书面辅助材料，以帮助对方更好地理解和接受自己的报价内容。

4. 不对报价做主动地解释、说明

谈判人员对己方的报价一般不应附带任何解释或说明。如果对方提出问题，也只宜做简明的答复。在对方提出问题之前，如果己方主动地进行解释，不仅无助于增加己方报价的可信度，反而会由此而使对方意识到己方最关心的问题是什么，这无异于主动泄密。

（二）报价的方式

报价方式是指报价的方法及其形式，包括交易条件的构成、提出条件的程序及核心内容的处理等。简单地说，报价方式解决的就是如何报价的问题。

前面分析的报价原则对现实谈判有重要指导意义。但在具体商务谈判中，需结合实际情况，特别是谈判环境和双方关系，灵活确定报价方式。双方关系良好且合作时间长，报价不宜过高；冲突程度高时，报价需维护己方利益；有多个竞争对手时，报价需压低至对方愿参与谈判的程度。

在国际商务谈判中，有两种典型的报价方式可供我们借鉴。需要注意的是，除了这两种方式之外，还可以有其他许多种报价方式，谈判者完全不必拘泥于已有的固定模式，而应该根据实际情况作出决策。

1. 高价报价方式

举例而言，卖方先提出较高价格，再根据双方实力和交易竞争情况，通过给予优惠（如折扣、佣金、支付条件等），逐步接近买方条件，建立共同立场，最终成交。这种方式与报价原则相符，先稳住买方再进行磋商，往往对卖方有利。

高价报价方式普遍为西欧国家厂商所采用，因此又称为西欧式报价。

2. 低价报价方式

低价报价方式也称日本式报价。一般做法是，将最低价格列于价格表中，以低价吸引买方。这低价通常基于对卖方最有利的结算条件，且难以完全满足买方要求。若买方提出改变交易条件，卖方会相应提高价格。因此，最终成交价格常高于卖方最初要价。

在面临激烈的外部竞争环境时，日本式报价策略展现出了其独特的优势。这一策略的核心在于，通过其独特的报价方式，有效地将竞争对手排除在谈判之外，从而为卖方与买方的协商创造一个更为实际和可行的环境。

在这种情境下，卖方可以根据买方的具体需求和条件，逐步调整和提高其报价。由于双方均不占据明显优势，卖方可以更加从容地应对买方的要求，并在保证自身利益的前提下，寻求与买方达成互利共赢的协议。

日本式报价初始价格低，但在其他方面提出对卖方最有利的条件。买方若想获得更好条件，需接受更高价格。因此，低价不代表卖方放弃追求高利益。实际上，它与西欧式报价在实质上并无大差异，仅形式不同而已。日本式报价利于竞争，而西欧式报价更符合人们价格心理。多数人习惯价格从高到低逐步下降。

二、报价的策略

（一）报价的时间策略

在任何一项商务谈判中，谈判双方在报价的时间上通常都有一个先后次序，而且报价的先后往往会对最后的结果产生重大影响。可供谈判者选择的时间策略不外乎两种，即先于对方报价和后于对方报价。

通常情况下，先报价相较于后报价更具优势，其影响力会贯穿整个谈判的始终。先报价的优势主要体现在以下两点。

首先，先报价为谈判设定了一个基准线，后续的协商和最终协议往往难以超越这个界限。先报价的方式虽然有其便利性，但也存在着一些潜在的弊端。一旦我方率先亮出价格，对方就有可能根据我方的报价来调整他们的策略，从而可能使我们失去部分原本有望获得的利益。

其次，在某些谈判场合中，先报价的一方可能会在不知不觉中失去主动权。在我方提出报价后，有些谈判对手可能会对我方的报价提出各种质疑和反驳，持续向我方施加压力，迫使我方不断降低价格，而对方却迟迟不肯亮出自己的底牌。面对这种情况，作为先报价的一方，我方应当坚持要求对方也提出他们的交易条件，以避免在后续的磋商中陷入被动局面。从某种意义上讲，先报价的上述不足之处，也正是后报价的优点所在。

先报价虽然要比后报价更有利，但这并不说明在任何情况下，谈判者都应采用先于对方报价的策略，更何况先行报价的只能是双方中的某一方。事实上，选择后报价的策略有时不仅十分有效，而且也是非常必要的。在选择报价时机时，谈判者应充分考虑下述几个方面的因素，根据实际情况做出决策。

1. 谈判的冲突程度

在冲突程度极高的商务谈判中，能否把握谈判的主动权往往是至关重要的，因而先报价比后报价更为合适。在比较合作的谈判场合，先报价与后报价没有多大差别，因为谈判双方都将致力于寻找解决问题的共同途径，而不是试图施加压力去击垮对方。

2. 谈判双方的实力对比

如果己方的谈判实力强于对方，或己方在谈判中处于相对有利的地位，先行报价是比较有利的。如果己方实力较弱，又缺乏必要的谈判经验，应让对方先报价。因为这样就可以通过对方的报价来了解对方的真实动机和利益所在，以便对己方的报价做出必要的调整。

3. 商业习惯

就一般的社会习惯而言，发起谈判的一方通常应先行报价。在有些商务谈判中，报价的先后次序似乎也已有一定的惯例，比如货物买卖谈判，多半是由卖方先报价，买方还价，与之相反的做法则比较少见。

（二）报价的时机策略

在价格谈判中，何时提出报价是策略艺术。卖方的报价即使公正合理，也未必能立刻激发买方的购买热情。因为买方更关心商品是否满足需求，带来实用价值或潜在收益。因此，应先展示商品的功能、特性和价值，让买方理解并感受到实际利益，再适时引入价格讨论。最佳报价时机通常是买方主动询问价格时，此时提出报价更合适，更有可能促成交易。这样可掌控谈判节奏，提高成功概率。

有时，在谈判开始时对方就询问价格，这时最好的策略应当是听而不闻。应首先谈该商品或项目的功能、作用，能为交易者带来什么样的好处和利益，待对方对此商品或项目产生兴趣，交易欲望已被调动起来时再报价比较合适。

（三）报价差别策略

由于购买数量、付款方式、交货期限、交货地点、客户性质等方面的不同，同一商品的购销价格不同。这种价格差别，体现了商品交易中的市场需求导向，在报价策略中应重视运用。例如，对老客户或大批量购买的客户，为巩固良好的客户关系或建立起稳定的交易联系，可适当实行价格折扣；对新客户，有时为开拓新市场，也可适当给予折让；对某些需求弹性较小的商品，可适当实行高价策略等。

（四）价格分割策略

价格分割是一种心理策略。卖方报价时，采用这种技巧，能制造买方心理上的价格便宜感。价格分割包括两种形式。

1. 用较小的单位报价

例如，大米每吨 3 000 元报成每千克 3 元。国外某些厂商刊登的广告也采用这种技巧，如“淋浴 1 次 8 便士”“油漆 1 平方米仅仅 5 便士”。巴黎地铁公司的广告是：“每天只需付 30 法郎，就有 200 万旅客能看到你的广告。”用小单位报价比大单位报价会使人产生便宜的感觉，更容易让人接受。

2. 用较小单位商品的价格进行比较

例如，“每天少抽一支烟，每天就可订 xxx 报纸”“一袋去污粉能把 1 600 个碟子洗得干干净净”“xxx 牌电热水器，洗一次澡，不到 1 元钱”。

用小单位商品的价格去类比大单位商品的价格会给人以亲近感，拉近与消费者之间的距离。

（五）心理价格策略

人们在心理上一般认为 9.9 元比 10 元便宜，而且认为零头价格精确度高，给人以信任感，容易使人产生便宜的感觉。像这种在十进位以下的且在心理上被人们认为较小的价格叫作心理价格。因此，市场营销中有奇数定价这一策略。例如，标价 49.00 元，而不标 50.00 元；标价 19.90 元，而不标 20.00 元。

任务三　磋商阶段的谈判策略

价格是商务谈判的核心，商务谈判的实质性磋商主要是围绕价格展开的。在谈判开始报价之后，谈判双方将进行讨价还价。这一过程也即双方相互磋商，使双方目标逐步接近的过程。

一、讨价

讨价是指谈判一方首先报价之后，另一方认为价格条件离自己的期望太远，而要求报价方改变报价的行为。本质上，讨价就是否决对方报价的行为。

（一）讨价的方式

1. 总体讨价

总体讨价是在交易谈判时，从全局出发综合考虑交易条件，引导报价方调整期望目标，提出合理报价。这种方式不针对具体细节，而是提出宽泛要求，让对方重新考虑报价。

实际运用中，总体要价常用作初次要价策略，特别是在评估对方报价后。例如，可以说："贵方报价与我方预期差距大，交易可能性渺茫。请重新考虑并调整报价，以便找到合适合作方案。"

这种表达既表达不满，又避免直接否定对方努力，为后续谈判留空间，展示诚意和合作意愿，推动谈判积极发展。

2. 具体讨价

具体讨价是指讨价方从交易条件中选择一项或多项内容，要求对方进一步改变报价的讨价方式。具体讨价常常用于报价方第一次改变价格后，或者当对方已做出让步，谈判气氛不适宜采用总体讨价时。例如，在报价方改变报价之后，可以说："考虑到最近钢材价格较低，我方认为设备仍有一定的降价空间，不知贵方以为如何？"

（二）讨价的原则

1. 尊重对方，以理服人

谈判人员在讨价和评论对方报价时，应尊重对方并以理服人。讨价是诱导对方降价的准备，而非强制降价，强硬态度易导致谈判僵局。同时，应说明讨价的理由，指出对方报价不合理之处，以让对方信服。

2. 随时观察，掌握次数

讨价时，谈判人员要注意观察对方的反应，推测其是否愿意考虑己方的要求。如果对方对己方的讨价爽快应允，那么不妨多讨几次价，力求达成对己方最有利的条件；如果对方对己方的讨价表示为难或一口回绝，那么就应考虑减少讨价次数。

（三）讨价的策略

在商务谈判中，常见的讨价策略主要有举证讨价策略和投石问路策略。

1. 举证讨价策略

举证讨价策略是指讨价方通过提出市场行情、对方成本、竞争者价格、产品的质量和性能、过去的交易惯例等有力证据来增加讨价力度，使对方难以抗拒，从而改变报价方报价的策略。值得指出的是，讨价方提出的证据必须实事求是，而且应是对方认同的或难以反驳的，切不可胡编乱造。

案例

价格博弈

河北省一食品加工厂为了购买某种山野菜，与当地一家土特产公司进行谈判，其理想的成交价格是每千克山野菜18元。在谈判过程中，土特产公司第一次报价为每千克山野菜22元，并摆出一副非此价格不谈的架势。急需山野菜的食品加工厂代表并未表现出己方的着急，而是说："市场的情况你们也清楚，今年山野菜整体价格回落，卖价不可能达到每千克22元，而且过去也未曾有过以22元成交的先例，希望贵公司能够提出更有诚意的报价。"

土特产公司代表表示："我公司的山野菜质量上乘，因此，价格高一点是非常正常的。"食品加工厂的代表紧追不放："那么，贵方知道当前市场上这种山野菜的价格吗？据我们调查，当前市场上最好的山野菜价格也不过每千克19元。因此，我方给出的报价每千克18元已经很高了，足以表示我们的诚意。"事已至此，土特产公司代表只好无奈地应道："可以考虑。"最后，双方以每千克18元的价格成交。

2. 投石问路策略

投石问路策略是指讨价方提出多种假设条件下标的物的售价问题，使报价方考虑改变报价的策略。例如，讨价方提出的假设条件可为："假如我们的订货数量加倍或减半呢？""假如我们可以与贵方签订更长期限的合同呢？""假如我们以现金支付或分期付款呢？"

投石问路策略提出的假设不一定履行，更多的是用来探测报价方可承受的大致底价，从而掌握议价空间。

二、还价

还价是指在商务谈判中，谈判一方根据对方的报价和己方的谈判目标提出己方价格要求的行为。

（一）还价前的准备

还价并不是一种简单的提高或压低价格的行为，它必须建立在全面的市场调查基础之上。还价方应全面掌握标的物的当前市场供应和价格情况，以及未来一段时间内的变化趋势等，从而确保还价有理有据。

当谈判人员收到对方报价时，应保持冷静，不急于回应。首先，需了解对方报价的动机和背景，并探究其真实期望。接着，将对方意图与己方需求比对，明确分歧点，并预测对方可能接受的价格范围。

（二）还价的起点、次数和时机

1. 还价的起点

还价的起点是指第一次还价的价位。从买方角度看，还价过高损害利益，过低则显缺乏诚意，不利于商务谈判。确定还价起点时，应了解标的物当前市场价格，报价需低于（买方）或高于（卖方）此价格，为后续讨价还价留有余地。

2. 还价的次数

在商务谈判中，一方面，卖方不可能很快接受对方的第一次还价；另一方面，讨价还价又不能无休止地进行下去，因此，双方必须考虑还价多少次为宜的问题。

一般来说，还价次数取决于双方预定的成交价格差距及讨价还价难易程度。价格差距大，对方报价“水分大”，还价次数需多，逐步挤压对方以获最大利益；反之，价格差距小，对方报价“水分小”，还价次数应减少，以便双方快速达成合作。

3. 还价的时机

还价以讨价为基础，还价的时机主要取决于讨价的结果。卖方在回应买方讨价要求，对报价做出改变后，会向买方提出还价的邀请。买方可根据卖方更改后的报价确定还价的时机。一般来说，还价的最佳时机应该是在对方对报价做了两三次更改之后。

（三）还价的方式

1. 总体还价

总体还价即一揽子还价，是指把谈判的各项条件集中在一起，按照一定百分比进行整体还价的还价方式。例如，“如果我方愿意全部引进贵方的设备，那贵方在总价上可以让步多少呢”等。

2. 逐项还价

逐项还价是指筛选出与己方理想条件差距较大的谈判条件进行分别还价。例如，“我方认为贵方的大部分报价都可以接受，但是技术费、培训费和资料费的报价太不合理了”等。

案例

出色的还价

某公司代表团出国订购机器人玩具，公司代表找到日本最大的厂商询价，日方开价每台350美元，这一报价略高于该公司所掌握的国际市场价格。该公司提出能否再优惠一点，日方思忖片刻，提出可以降为345美元，并声明这是最低价了，否则将很难达成协议。

该公司随后提出能否通过增加购进数量而在价格上得到更大优惠。又一个难题摆在面前，日方反复计算成本与利润，然后表示在购货数量从1 000台增加到1 500台的基础上，可以每台340美元的优惠价成交。

在接下来的谈判中，该公司经过察言观色，发现对方倾向于用日元成交，于是立即表明自己的态度，希望用美元成交，如果对方坚持用日元成交的话，那只能按338美元折算成日元，因为当时美元有下跌趋势，日方对此没有异议。

随后，该公司又提出希望能针对部分条款做一些小的改动，即由该公司负责租船订舱和办理投保业务，运输、保险费另行计算。对此，日方表示要请示上级领导。谈判暂停再开始后，日方表示购进数量再增加100台方可同意该条款。该公司表示理解。最终成交后，该公司核算得出，该商品的实际进口成本不足335美元。

（四）还价的技巧

1. 吹毛求疵

吹毛求疵是指买方在谈判过程中，对标的物的质量等方面进行细致入微的挑剔，旨在找到还价的理由，从而在谈判中占据更有利的位置，动摇对方的信心。面对买方的这种挑剔行为，如果卖方缺乏耐心，可能会选择通过做出一些让步来促成交易的达成。然而，在使用这种技巧时，需要谨慎把握尺度，避免过于苛刻而引发对方的不满和反感。

2. 积少成多

积少成多是指买方将总体还价内容分解，一点一点进行还价的技巧。该技巧抓住部分人不计较微小利益的心理，可以慢慢地使对方接受己方的条件。

3. 最大预算

最大预算技巧是指买方一方面表现出对卖方商品、报价的极大兴趣；另一方面又表示己方受最大预算的限制，从而迫使对方接受己方还价的技巧。不过，使用最大预算技巧时应该注意选择好时机，一般来说，在对方成交意愿最强的时候可使用该技巧。

三、让步

商务谈判中的让步是指谈判一方向对方妥协，降低己方的利益要求，向对方期望的目标靠拢的行为。在商务谈判中，让步是必要的，如果谈判双方都坚持自己的意见，不做出让步，则永远也达不成协议。

（一）让步的原则

虽然让步并非谈判失败的表现，但通常意味着某种利益的牺牲。因此，谈判人员在进行让步时，必须坚持以下原则。

1. 目标价值最大化原则

在商务谈判的过程中，谈判双方经常涉及多个目标。当这些目标之间存在冲突或矛盾时，谈判人员需要明智地调整策略。具体来说，他们应对己方的各项目标进行细致地梳理，按照其重要性和紧迫性进行明确地排序。在此过程中，优先关注并解决那些最为重要和紧迫的目标应成为首要任务。

当然，在保障核心目标得以实现的前提下，谈判人员也应灵活应变，根据谈判的实际情况和对方的反应，适时地争取其他次要目标。这种策略的调整有助于在谈判中保持灵活性和主动性，同时也有助于提升谈判的整体效果。

2. 刚性原则

在商务谈判中，谈判双方在寻求己方目标价值最大化的同时，也需要对己方的最大让步价值有所准备。这就是让步的刚性原则。具体来说，让步的刚性原则包括两点：第一，不轻易做出让步：第二，对重要问题的让步必须严格控制。

3. 时机原则

时机原则是指谈判人员应在恰当的时机做出适当的让步。一般来说，当对方没有表示任何让步的可能时，让步也不会给己方带来利益。如果让对方首先做出让步，然后己方再做让步，更有利于己方谈判人员掌握主动权。

4. 清晰原则

清晰原则是指谈判人员对让步的前提、对象、理由、具体内容和实施细节都应清楚明确，避免因让步产生新的问题和矛盾。例如，己方对让步的方式、内容表达不明确，使对方不能明确感受到己方已做出让步，认为己方在含糊其词等。

5. 弥补原则

在谈判过程中，每一次的让步都意味着谈判者放弃了一部分利益，因此，谈判者必须明确让步的真正意图，避免不必要的牺牲。在让步时，谈判者应该遵循弥补原则，即在作出让步的同时，设定相应的前提或条件，以确保谈判者的让步能够产生预期的效果。举例来说，在商务谈判中，如果谈判者同意降低价格，那么谈判者可以要求对方必须以现金支付货款等方式来作为交换。这样的做法可以确保谈判者在让步的同时，也能够维护自身的利益。

（二）让步的方式

假设在一场商务谈判中，一方预计让步的总额为 100 元，让步四次则共有五种不同的让步方式，见表 3-1。

表 3-1 假设还价表

单位：元

序号	预定让步值	第一步	第二步	第三步	第四步
1	100	0	0	0	100
2	100	25	25	25	25
3	100	5	25	30	40
4	100	100	0	0	0
5	100	40	30	20	10

第一种，让步方式的特点是在谈判的前期阶段态度强硬、丝毫不让步。该方式会在开始时给人一种没有商量余地的感觉，使对方觉得己方没有谈判诚意，从而使得谈判破裂。因此，应谨慎使用该让步方式。

第二种，让步方式的特点是定额让步，每次 25 元。该方式会刺激对方的欲望，让其认为后面还有很多个 25 元。而一旦停止让步，则很难说服对方，容易导致谈判破裂。

第三种，让步方式的特点是每次的让步幅度都比前一步的让步幅度更大，这会使对方相信己方会做出越来越大的让步，容易造成谈判僵局。

第四种，让步方式在谈判一开始就将自己的底线和盘托出，断送了己方讨价还价的资本，丧失了退让的余地，在任何谈判情况下都不宜采用。

第五种让步方式是希望成交的愿望，一步一步收缩己方的让步幅度，告诉对方己方的利益空间越来越小，让对方不再抱有不切实际的幻想。这是商务谈判中最常用的让步方式。这种让步方式是较理想的方式，其特点是既做出了稳妥的让步，向对方表明己方的底线。

总体来说，在商务谈判中，谈判人员应该认真考虑标的物的特性、市场需求状况、谈判策略、客观环境等，控制让步的次数、步骤与程度，避免过多、过快地让步。

（三）让步的策略

1. 互惠式的让步策略

互惠式的让步策略是指以己方的让步换取对方在某一问题上的让步。在谈判中只有一方的让步是不可能的，一方做出让步后，总希望获得另一方的更大让步，即使不能从对方那儿获得更多的好处，他们也希望对此有所补偿。

能否争取到互惠式让步，取决于谈判方式。商务谈判方式有横向式和纵向式。横向式谈判即多个议题同时讨论、展开、推进；纵向式谈判即先集中解决一个议题，再解决其他议题。纵向式谈判易导致争执或单方让步，而横向式谈判则可将各议题相关联，实现利益交换和互惠式让步。

在争取互惠式的让步时，谈判者需要具备开阔的思维和宽广的视野。除了在一些必须坚持的底线问题上毫不妥协外，不应过于死磕某一细节，而应当放眼整体，明确利弊得失，巧妙地避开重点难题，转而寻求在其他方面获得利益的补偿。这种灵活的策略有助于实现双方共赢的局面，推动谈判的顺利进行。

要争取互惠式的让步，可采取以下两种技巧。

（1）当己方谈判人员提出让步时，要向对方表明，做出这个让步是与公司政策或者公司主管的指示相悖的，因此，对方也必须在某个问题上有所回报，以对己方公司有所交代。

（2）把己方的让步和对方的让步直接联系起来。要表明己方可以做出让步，只要在己方要求对方让步的问题上能达成一致即可。

相比较而言，第一种技巧言之有理，言中有情，易取得成功；而第二种则显得较为“直来直去”，比较生硬。

2. 丝毫无损的让步策略

丝毫无损的让步策略是谈判中对方要求己方让步但己方不想实质让步时采用的方式。即先倾听对方，承认其要求合理并表示愿意让步，但己方条件难以接受，并保证给其他客户的条件不会更优惠，希望对方谅解。这种方式可以给对方一定的心理满足，对方听后往往会放弃让步要求。

该策略所依据的基本道理是：人们对自己争取某个事物的行为进行评价时，并不完全取决于最终的行为结果，还取决于人们在争取过程中的感受，有时候后者比前者更重要。

认真倾听对方的意见要求，肯定其要求的合理性，这是对对方的尊重，或者说满足了对方受人尊敬的需要；而保证给对方的待遇不低于其他客户，则进一步强化了上述效果，迎合了人们普遍存在的横向比较的心理和习惯。

案例

一次无损的让步

美国一经销商欲从日本一家著名汽车公司购入一批轿车，双方互派人员就这项业务进行磋商。谈判一开始进行得很顺利，美日双方很快就价格、交货方式、零配件更换以及维修等问题达成了协议。然而，随着谈判的深入，双方开始出现分歧，尤其是在宣传费用上争执不下。美方希望日方能够提供一笔专门用作推销宣传的资金，但日方本年度的宣传经费已经用完，现已接近年终，公司不能再做宣传费用的预算了，而且，日方认为这笔费用应该由美方自己支付。

美方代表思考一下，提出：“我们再向贵公司按此价格订购1 000辆轿车，不过，我们要求明年6月份交货。关于谈判的细节，我们在下一次会晤中再谈。而现在，我们还是先来讨论这笔交易，有关宣传费用问题，我们还是希望由你方负担。其实，你方可以将宣传费用从明年的预算中先预支出来，我们已承诺明年继续购买贵公司产品。”

日方代表几经盘算，最后，同意了美方代表的建议。

在这个案例中，对于谈判双方而言，实质上都做出了一次无损的让步。

3.“与之远利，取之近惠”的让步策略

谈判中的让步实际上是给对方一种满足感。为避免现实让步，可提供远利。例如，当对方要求己方让步时，可强调长期业务关系的重要性，说明本次交易对建立关系至关重要。对方往往选择远利而非近惠。己方虽只给予期待，却获得近惠。

4. 迫使对方让步的策略

在商务谈判中，谈判对手并不会积极主动地提出让步。为了使己方的利益最大化，精明的谈判人员应该善于运用一些策略迫使对方做出让步。迫使对方让步的策略主要有以下几种。

（1）软硬兼施策略

软硬兼施策略也称黑脸白脸策略，是指在谈判人员的角色搭配及手段的运用上软硬相间，刚柔并济。在谈判中，可采取一种策略：先让一位代表扮演强硬角色，即“唱黑脸”，提出严格甚至苛刻的条件，给对方施加压力。当谈判气氛紧张时，再派出另一位代表“唱白脸”，展示友好和理解，缓解紧张氛围。通过表达善意和抚慰，软化对方立场，促进对方接受我方观点并做出让步。

（2）虚张声势策略

虚张声势策略是在谈判中提出过高要求，以动摇对方，降低其期望的策略。例如，焊接设备生产商报价 40 万元给某公司，声称是优惠价，经讨价还价后降至 27 万元成交。实际上，该设备多次以 20 余万元出售，报价 40 万元是虚张声势。

（3）制造竞争策略

制造竞争策略是指不经意地透露出己方有其他谈判对象，使对方感受到压力，从而迫使对方让步的策略。

案例

压力促使让步

一位律师想重新装修公司会议室的地面和墙壁，于是找了一位装修工人，向他讲了装修的基本要求，并问他能否按要求做好。工人很有信心地告诉律师，绝对没有问题，然后要价6 500元。律师和他讨价还价了一会儿，工人让步了500元之后就不肯再让步了。

那天律师的一位朋友小林因为有法律方面的问题请教他，正好在他的办公室。律

师从会议室出来，向从事谈判咨询和培训工作的小林寻求帮助。

小林走进会议室问工人："按照我们刚才讲的要求做好，一共多少钱？"

工人回答："全部做好6 500元，优惠500元。"

小林说："告诉我你愿意做的最低价格是多少？"

工人回答道："这已经是最低价了，再低我就赚不到钱了。"

小林说："好吧，把你的价格写在自己的名片上给我，回去等我电话吧。实话告诉你，你是第一个来的人，过一会儿还有两个人过来。在你出去之前，你可以仔细再算一遍价格，然后把最低价格写下来。今天是星期五，如果明天上午接到我的电话，你就过来做。如果没有接到我的电话，你就不用来了。"

工人停顿了一下，说道："那我再算一遍吧。"大约过了三分钟，工人告诉小林："老板，就5 500元吧，再低真不能做了。"

小林说："好吧，你把价格写下来就可以了。"然后他接过工人递过来的名片看了看，上面写着：最低价5 200元。

（4）各个击破策略

在谈判中，团队成员常有不同理解、经验和观点。"各个击破"策略是利用对方团队内部差异，通过找到并利用这些分歧，分化对手，取得谈判优势。

实施时，关注积极态度的成员，寻求合作或支持；对反对或中立成员采取坚决和强硬态度。一旦找到突破口，谈判形势可能有利于我方。此策略还易引发对方内部猜疑，瓦解其战斗力。

（5）最后期限策略

在谈判开始时，一方可提出谈判结束的最后时间节点，通常对方会表示同意但并不会过度关注。随着这个期限的逐渐迫近，提出期限的一方可不断暗示和表明立场，对方内心的焦虑在此时会不断增加。如果对方对成交抱有很大期待，并且双方大部分议题已经完成，最后期限策略的使用可以促使对方再让步，然后及时签约。

四、突破僵局

商务谈判中，双方可能因某些原因形成对峙，导致谈判陷入停滞状态，称之为谈判僵局（图3–2）。谈判僵局对双方利益和情绪会产生不良影响。因此，双方需积极分析僵局原因，寻找解决方案并妥善处理。

图3–2　僵局

（一）谈判僵局的形成原因

在谈判过程中，任何主题都有可能形成分歧与对立，僵局随时都可能发生。总体来说，造成谈判僵局的原因主要有以下几个。

1. 立场观点的争执

在谈判中，若双方对某问题有分歧，坚持己方立场而排斥对方，分歧会加大。这时，真正的利益需求被掩盖，谈判成为意志力的较量。当冲突和争执激化，互不相让时，会出现僵局。

2. 信息沟通障碍

谈判过程的核心是确保双方信息正确、全面、顺畅地交换，以深入了解彼此利益诉求。但谈判中常依赖口头语言交流，双方背景、理解能力和出发点差异易导致信息传递失真，引发误解和对立情绪，使谈判陷入僵局。因此，谈判双方需注重信息沟通的准确性和有效性，以推动谈判顺利进行。

3. 谈判人员言行不当

谈判人员对问题的理解受多种因素影响，常带有主观性和片面性。若其表现得过于情绪化或提出不合逻辑的意见，易引发对方不满，导致谈判僵局。

此外，有时谈判人员会对对手产生偏见，不喜欢对手个性，从而言行不当，为难对方，造成双方不愉快，使谈判陷入僵局。

4. 偶发因素的干扰

在进行商务谈判的过程中，可能会出现一些偶发情况。当这些情况涉及某一谈判方的利益时，谈判就可能会因这些偶发因素的干扰而陷入僵局。例如，在谈判期间外部环境发生突变，谈判一方如果按原有条件谈判就会蒙受较大的利益损失，于是会推翻已做出的让步，这时就会导致对方的不满，使谈判陷入僵局。

案例

意外导致的僵局

2024年，一纺织公司准备与某服装公司进行为期15年的合作生产，双方初次谈判时就合作的大部分事宜都达成了一致意见，约定第二次谈判就细节问题进行协商，然后签订合同。但是在第二次谈判前，多种布料的市场价格突然发生变化，按照双方初次洽谈的价格签约，服装公司将面临近20万元的损失。

服装公司对已做出的承诺不便食言，又无意签约，于是采取了拖延战术，从而使谈判陷入了僵局。

（二）谈判僵局的预防

谈判双方利益的冲突和分歧是客观存在的。为避免双方冲突升级，出现谈判僵局，谈判人员应掌握一定的预防技巧。

1. 从赞同的观点入手

谈判人员遇冲突时，应着眼合作大局，维持友好氛围。需从对方异议中寻找赞同点并拓展，再进一步磋商。避免激烈争论，以免恶化问题。

2. 换位思考

谈判双方有效沟通需站在对方立场，换位思考。在谈判中，若能引导对方思考己方立场，可增进理解。这有助于消除分歧和误解，构建双方满意的方案。

3. 不在枝节问题上较真

谈判人员应重视全局利益，专注于关键问题，避免为次要或无关事项产生冲突。谈判目标在于达成协议，非单纯说服对方。因此，谈判人员应更多关注己方利益，而非片面坚守立场。

（三）谈判僵局的破解

谈判僵局的发生或持续会给谈判双方带来极大的压力，甚至导致谈判破裂。因此，掌握谈判僵局的突破策略就显得尤为重要。常见的打破僵局的策略有以下几种。

1. 暂避分歧，转移议题

当谈判陷入僵局，双方多次协商无果，氛围沉闷紧张时，谈判人员可尝试转换焦点，引入新议题进行探讨。通过深入交流协商，一旦在新议题上达成共识，这种积极进展往往能推动解决之前存在的分歧。

2. 暂时休会，静候反思

当谈判双方争执不下、言辞激烈、情绪将要失控时，谈判人员应及时协商休会，暂停交流活动，各自冷静。在休会期间，双方谈判人员都有机会反思己方先前的决定与判断，同时调节情绪，摆正心态，调整谈判的策略，从而避免僵局变成死局。

3. 尊重事实，关注利益

当谈判双方由于主观认识的差异而进行激烈争辩时，谈判人员应该试着重新审视分歧，客观评价双方的立场和条件，引导对方和己方一起对谈判僵局所可能引起的消极结果进行细致剖析，充分考虑对方的利益要求，认真冷静思索己方如何才能比较理想地实现目标。

4. 审时度势，及时换人

很多时候，谈判僵局源于谈判人员的冲突。冲突可能源于能力不足、态度问题或言行不当，也可能是为了谈判策略而故意制造的。无论何种原因，都应及时更换与对方冲突的谈判人员，以展示友好，缓和紧张气氛，防止僵局恶化。

5. 以硬碰硬，据理力争

当对方故意制造僵局或采取蛮横态度时，我方应坚决捍卫立场，以强硬但理性的方式反驳对方无理要求。明确指出对方行为的不合理性，揭示其企图。利用对方疏忽或矛盾发起有力反击，展现坚定立场和敏锐洞察力。此举常使对方意识到不当行为，收敛态度，放弃不合理要求，重新寻求合作。

6. 孤注一掷，背水一战

当己方条件合理且无法再让步，且没有其他选择时，可以采用孤注一掷的策略。实施时，将己方条件明确摆在谈判桌上，表示已无退路，希望对方让步，否则愿接受谈判破裂。采用此策略时，己方需做好最坏打算，心理准备谈判破裂。对方若珍惜合作机会，可能选择退让，打破僵局。

任务四　结束阶段的谈判策略

一、谈判结束的标志

一般来说，谈判进入结束阶段，往往有以下两个明显标志。

（一）达到谈判的基本目标

经过实质性的磋商阶段，交易双方都从原来出发的立场做出了让步，此时，谈判人员较多地谈到实质性问题，甚至亮出了此次谈判的“底牌”。如果双方都确定在主要问题上已基本达到了目标，谈判成功就有了十分重要的基础，就可以说促成交易的时机已经到来。

（二）出现了交易信号

在谈判的早期阶段，交易双方可能会大量使用假象、夸张和其他策略手段。但谈判进入到将要结束的阶段时，谈判者将会发出某种信号，显示自己的真实主张。当对方收到这样的信号时，他就会明白，在这些主张的基础上有可能达成交易。每个谈判者实际使用的信号形式是不同的。谈判人员通常使用的成交信号有以下几种。

（1）谈判者言简意赅地表明立场，表达合作意愿，无讹诈之意。

（2）所提建议明确完整，暗示不接受则谈判中断，无其他选择。

（3）谈判者态度严肃认真，眼神坚定，语调透露最终决定和期待。

（4）回答问题简洁，通常仅“是”或“否”，避免折中，展现坚定立场。

二、促成合约的策略

商务谈判是双方寻求共识的过程，签约前双方立场和利益常存分歧。即使谈判双方近乎达成一致，微小差异仍可能扩大。因此，谈判者应珍惜成果，促成协议缔结。在缔约阶段，可考虑以下谈判策略。

（一）期限策略

期限策略是指限定缔约的最后时间，促使对方在规定的期限内完成协议缔结的一种方法。与最后通牒不同的是，期限策略的核心不是设定乙方所能接受的交易条件的极限，而是不可逾越的时间界限。当然，期限策略也不同于有意地延长或缩短谈判可用时间的做法。

设定明确的期限能给对方带来心理压力，促使其产生紧迫感并采取行动。在谈判中，双方常在期限临近时达成协议。设定谈判期限可限制对方选择，推动协议达成。但此策略仅在对方更需达成协议时有效。

（二）最终出价的策略

一般在谈判的结束阶段，谈判双方都要做出最后一次报价，即最终出价。最终出价不应在争吵中提出，而应在具有建设性的讨论中提出，并且要进行合情合理的陈述。谈判者在做出最终出价时，要注意把握以下几个方面。

1. 最后出价，不急表态

谈判收尾时，谈判者需正确评估协议形势，条件齐备再出最终价。过早亮底牌易让对方产生贪婪之心，换言之会索求更多。最佳时机是对方报价后或双方僵持时，最后期限前再出价。这对谈判者耐力是考验，关键时刻要沉住气，不急于表态。

2. 最后让步幅度小于前次

谈判者可以基于上次出价给出最后出价，并明确告知对方。若需进一步让步，应视情况而定，但幅度应小于前次，让对方感到让步空间有限。

3. 最后一次让步需有条件

附加条件包括：对方需做出相应让步，且需经我方决策层批准。这样可保留让步余地，并争取对方积极回应。

三、谈判的收尾工作

一项商务谈判活动不管进行多久、多少次，总有一个终结的时候，其结果不外乎有两种可能：破裂或成交。

（一）谈判破裂的收尾

谈判破裂意味着谈判的失败，是谈判双方所不愿发生的事情。但是，谈判破裂又是经常出现的正常现象，其根本原因往往是交易双方的交易条件差距较大，难以通过协商达成一致。当谈判出现这种情况时，谈判人员应注意采用适当的方法正确处理。

1. 正确对待谈判破裂

谈判双方无法达成一致，常表现为一方或双方拒绝对方提议。最后拒绝会导致对方失望与不快，需尽力控制影响，营造和谐氛围，实现“生意不成仁义在”，双方友好道别。

2. 把握最后转机

对方宣布最后立场后，谈判人员应语言友好、态度诚恳，争取转机。分析对方立场后，可陈述：“理解贵方态度，若有新建议，愿再讨论。”或者说：“请贵方再考虑，若有机动灵活的可能，愿继续商讨。”对以“结束谈判”要挟让步的人网开一面，或能带来转机。

（二）谈判成交的收尾

谈判取得了成果，双方达成了交易，谈判者应该善始善终，做好谈判记录的整理和协议的签订工作。双方要检查、整理谈判记录，共同确认记录正确无误，在此基础上，双方签订书面协议（或合同）。协议一经签字后就成为约束双方行为的法律性文件，双方都必须遵守和执行。

课后实践

学习完本项目的内容后，认真完成表 3–2 的实践清单。

表 3–2　实践清单

实践目的	通过实践学习开局气氛的营造方法，体会商务谈判各种开局方式的策略
实践内容	1. 得益乳业是生产多种乳制品的地方知名企业。大润发超市是一家全国连锁超市，分店遍布全国。得益乳业与当地大润发超市是长期的合作伙伴，是大润发超市比较稳定的乳品供应商之一。新的一年，大润发超市准备与乳品供应商就价格、入场、维护、促销、结款等问题展开新一轮的讨论，重新制定政策。双方已约好商谈时间。届时作为得益乳业销售部的经理，你将率领你方的谈判小组如约而至 2. 谈判前，要求双方： （1）制定各自的开局计划； （2）制定营造谈判气氛的最佳方案 3. 得益乳业和大润发超市谈判人员模拟开局谈判
实践要求	1. 教师在实践前要将得益乳业和大润发超市的现有合作资料分发给学生。得益乳业内部资料和大润发超市内部资料分发给不同的谈判小组，相互保密； 2. 应充分发挥每个小组成员的积极性，使其分别扮演好自己的角色。注意分工、协作与配合，互相学习，培养团队意识； 3. 建立经验交流制度：每两组完成模拟实践后，其他同学及小组间可进行经验交流，教师可针对共性问题在课堂上组织讨论并进行专门的讲解； 4. 实践完成后提交实践报告
实践步骤	1. 分组并指定各组负责人，分发资料； 2. 教师介绍本次实践的内容和实践情景； 3. 各组确定实践活动情景角色； 4. 各组进行谈判前的分析讨论并制定方案； 5. 各组模拟实践； 6. 各组围绕开局实践结果组织讨论； 7. 教师点评

实践评价

完成以上实践后，认真填写表 3–3 的实践评价。

表 3-3　实践评价

评价内容	分值	得分
参与实践的积极性、主动性	25	
独立思考能力	25	
创新能力	25	
开局气氛的营造能力	25	
教师点评：		

项目小结

1. 在开局阶段，主要关注建立信任、明确谈判目标和设定谈判氛围。通过友好的开场白和适当的寒暄，成功地拉近了与谈判对手的距离，为后续的合作奠定了良好的基础。同时，清晰地阐述了谈判的目标和期望，确保双方对谈判的核心内容有共同的理解。此外，还通过营造积极、开放的谈判氛围，为后续的深入交流创造了有利条件。

2. 在报价阶段，重点关注了报价的合理性和灵活性。根据市场行情和产品特点制定了具有竞争力的报价，同时留有一定的议价空间。在谈判过程中，谈判者根据对方的反应和市场需求灵活调整报价，既保证了公司的利益，又满足了客户的需求。此外，还通过提供详细的报价解释和成本分析，增强了报价的说服力。

3. 磋商阶段是谈判中最为复杂和关键的部分。在这一阶段采用了多种策略来应对不同的挑战和变化。首先，认真倾听对方的观点和诉求，充分理解其立场和需求。其次，积极提出自己的建议和解决方案，寻求双方的共同点。在出现分歧时，采用了妥协和让步的策略，以达成互利共赢的协议。此外，谈判者还注重保持谈判的进度和节奏，确保谈判能够高效、有序地进行。

4. 在结束阶段，主要关注协议的确认和关系的维护。谈判者与对方仔细核对并确认了协议的各项条款，确保双方对协议内容没有异议。同时，谈判者还就未来的合作进行了展望和规划，为双方的长远发展奠定了坚实的基础。此外，谈判者还通过表达感谢和友好的态度，巩固了与谈判对手的关系，为今后的合作创造了更多的可能性。

思考练习

1. 何谓商务谈判策略？策略主要解决的是什么问题？
2. 报价的先后对谈判行为会产生怎样的影响？
3. 报价应遵循怎样的原则？

项目四

商务谈判的沟通

项目导读

在当今全球化经济背景下，商务谈判已成为企业间合作与发展的重要手段。有效的沟通在商务谈判中扮演着至关重要的角色，这不仅能促进双方的理解与信任，还能确保谈判的顺利进行并最终达成互利共赢的协议。因此，本项目旨在提高读者在商务谈判中的沟通能力，以优化谈判过程，增强谈判结果的满意度。

学习目标

知识目标

1. 掌握商务谈判沟通的基本原则和技巧。
2. 理解不同文化背景下的沟通差异与应对策略。
3. 熟悉商务谈判中常见的沟通障碍及解决方法。

技能目标

1. 提高在商务谈判中的口头表达和倾听能力。
2. 能够运用有效的沟通技巧促进双方合作与共识。
3. 学会在谈判中灵活应对各种沟通挑战。

素质目标

1. 培养学生良好的沟通能力和团队合作精神。
2. 增强学生跨文化意识和敏感度，提升国际视野。
3. 塑造学生诚信、耐心和坚韧不拔的谈判品质。

思政目标

1. 引导学生了解商务谈判的沟通流程，掌握谈判各阶段的关键要素，提升谈判策略和技巧，培养学生正确的市场观和商业伦理。

2. 提升学生的情绪管理和应变能力，在面对谈判冲突和困难时能够保持冷静、理智地应对，建立专业、负责任的原则。

案例

以对方利益说服对方

戴尔·卡耐基是20世纪美国最具有影响的沟通大师之一。卡耐基为了每季度举行20个晚上的演讲，租了一家饭店的大厅。但不久，卡耐基突然接到那家饭店的通知，告诉他租金要增加3倍。可是在此之前他早已公布了通告，就连入场券也已经印制好了。卡耐基当然不愿意多付租金，但是饭店出于自己利益的需要也不愿收回提高租金的要求。

两天后，卡耐基去见了饭店经理。卡耐基对他说，接到信后，尽管觉得有些意外，但并不怪他。如果自己处于饭店经理的地位，也可能会这样做，因为经理的职责是使饭店尽可能多获利。不过紧接着，卡耐基为经理算了一笔账："涨价使得我们付不起你们要求的租金，我们当然只能另外择地举行。这样，你们将得不到我的这笔收入。当然，你们也可以将大厅用于办舞会或开会，短时间内可能会获得更多的利润。不过，你要知道，我的演讲会吸引许多受过良好教育的文化人士来饭店，他们正是你们饭店的潜在顾客。这可是一个极好的广告机会。假如你想在报纸上做广告，每次得花5 000元，也不一定能吸引这么多人前来。如果因为涨价使饭店失去了这样的机会，值得吗？"

第二天，饭店经理通知卡耐基，租金只涨15%，而不是原来的3倍。

卡耐基丝毫没有提到自己的需要，他一直谈的都是对方的需要，并告诉他如何满足自己的需要，从而成功地说服了对方。

任务一 商务谈判的沟通过程

沟通是谈判的基础，也是谈判成功的关键。商务谈判的过程，其实质就是谈判各方运用各种语言技巧进行洽谈和沟通的过程。

一、沟通

沟通，作为人类社会生活中不可或缺的一环，是信息发出者与信息接收者之间信息、思想、感情的交流。在我们的工作、生活和学习中，沟通的重要性不言而喻，无时无刻地发挥着桥梁的作用。

二、沟通的过程

沟通的过程是一个完整的双向交流过程。沟通的基本环节：沟通主体（发出者）、信息、编码、沟通渠道、沟通客体（接收者）、解码、反馈。此外，整个过程易受到噪声的影响。一个完整的沟通过程包括：发送者用符号将思想或观念编码为可传递信息，通过特定通道（如语言、文字、肢体动作）发送给接收者。接收者解码信息以理解，最后将理解后的信息反馈给发送者，确保有效传递和理解。面对面沟通如图 4-1 所示。

图 4-1　面对面沟通

在此过程中，每个环节都可能存在偏差。以沟通为例，同样的"不"字，传递方式不同，结果也不同。沟通中存在漏斗原则，即心里想的 100% 到嘴上说的 80%，再到别人听到的 60%，最后行动的更少。因此，有效沟通不仅需要信息被接收，更需要被理解。只有准确地编码、转换、传输和接收，才能保证有效的沟通。

任务二　商务谈判中的沟通技巧

一、有效的口头表述

在谈判过程中，谈判者通常借助多种方式进行信息交换。概括而言，沟通的手段可分为"听""说""读""写""做"等几个方面。无论从传递信息、获取信息，还是从建立信任、提高效率等角度来看，掌握这些沟通手段和技巧都是十分必要的。

商务谈判的沟通

（一）谈判过程中的陈述技巧

谈判人员要做到既与对方建立信任关系，同时又要恰到好处地表述乙方的思想观点，准确无误地与对方沟通，应注意以下几点。

（1）态度诚恳，站在他人角度设身处地地谈问题。在说服他人时，建立信任是关键。只有对方信任你，才会积极理解和接纳你的观点。信任是人际沟通的“过滤网”，若对方信任你，会更易理解你的善意；若缺乏信任，即使你初衷友好，也可能被误解。因此，做到诚恳态度、换位思考至关重要，这有助于建立情感联系和信任。一旦建立信任和情感共鸣，说服效果将大幅提升，对方更易接受你的观点并采取行动。所以，在说服时，除了注重观点和理由的合理性，还要注重建立信任和情感联系。

（2）在陈述过程中要注意概念清晰，尽量使用对方听得懂的语言，尤其对专业术语要用通俗语言解释清楚，防止因语言障碍而影响谈判进程乃至谈判结果。

（3）从原则出发，不拘泥于细节。该明确表达的不要拐弯抹角，不要随意发表与谈判主题无关的个人意见。陈述应尽量简洁，避免由于冗长而使对方反感。

（4）谈判中，当对方要你提供具体数字材料，如价值、兑换率、赔偿额、增长率等，若没有确切的数值资料，宁可不回答或延缓回答，也不作概略描述，以防给对方可乘之机。

（5）肯定性措辞表示不同意。通过强调对手所轻视或忽略的有益之处来替代直截了当地指出对手的错误与不足。

（6）陈述只是在表达自己的观点和建议，因此要避免攻击性语言，使陈述带有一定的感情，增加对方的认同感。

（7）避免使用否定性语言结束会谈。结束语应切题、稳健、中肯且富有启发性，并留有余地，避免绝对性结论。例如：“今天的会谈明确了双方观点，在 xx 问题上达成一致，但 xx 问题仍需讨论，期待下次会谈取得满意结果。”

（8）注意陈述时的语气、语调和语速。语气、语调和语速的不同会赋予同一句话不同的含义。例如，“您的这番话对我启发很大呀”在谈判中可能表达赞赏、讥讽或敷衍等意思。在谈判中，通过语调可发现对方的感情或情绪状态。陈述时要展现坚定、自信和冷静的语调，避免过高、过尖锐或过柔和、过轻细的语调。语速对阐述效果影响大，过快则对方听不清、记不住，过缓则对方感到拖拉冗长。语速应快而不失节奏，慢而不失流畅，语句间稍作停顿，并与对方目光交流，效果更佳。

知识拓展

不同情形下的陈述技巧

在以下情形下的陈述技巧。

1. 欲支持己方的论点和立场时

显示实力——“当然，你知道我们可以同其他的供货商联系。”

掩饰弱点——“我们希望能尽快解决这个问题，但我们并没有时间限制。”

援引先例——“你们的竞争者已经采用过这种办法了。”

2. 欲推迟表明立场时

先不回答——“是的，我可以告诉你这些数字，不过首先请你再告 ....”

完全回避——“这是一个有趣的问题，但我还想知道，你能告诉我为什么吗？”

3. 欲动摇对方的论点时

可信度漏洞——“你所说的与你的同事刚才说的似乎不太一致，也许你能澄清 ....”“你方的信息认为，但我方的信息却不是这样。事实上，我方的信息来源告诉我们 ...”

质疑前提——“你认为……可你能告诉我这样说的依据吗？”

质疑结论——“你是这样认为的，可你能告诉我你是怎样得出这一结论的吗？”

指出遗漏——“我同意这很重要，可你没有提到……”

夸大弱点——“这很有趣，但我对你的观点不完全信服，就拿……来说吧（指出其最弱的论据）。”

指出后果——“你的结论是正确的，不过先让我们来看一下这对你们的组织将会产生什么影响。”

描绘前景——“接受我们的建议，你就能得到……利益。”

4. 欲向前推进时

有条件出价——“如果你能改变主意，我准备重新考虑我的要求。”

联系法——“你觉得把 A 和 B 两个问题放在一起考虑怎么样？”

建议休会——“你已经听到了我的建议，也许我们可以休息一会，这样你可以考虑一下我的建议，拿出一个修改方案。”

求助惯例——“上次我同意帮你一把，现在该你了，能否给我们一个更优惠的报价？”

施加压力——“让我们来把这件事敲定，然后讨论对我们双方都更重要的问题。

5. 欲保留面子或缓和紧张气氛时

利用幽默——一个小男孩问肯尼迪：“总统先生，你是怎样成为战争英雄的？”肯尼迪回答：“是不情愿的，他们弄沉了我的船。”

混淆视听——“当……时，我以为你是指……。我要是知道的话，我就不会这么说了。”

强调外部环境——“我们想改变主张，因为这件事的外部环境发生了变化。我们的新建议……”。

投桃报李——“如果我们都能稍微修改一下原来的立场，我们就能达成一致。如果你那么我愿意放弃我……主张。”

特例法——“一般来说，我不能同意这种要求，但考虑到这种特殊情况，我准备特例……。”

利用第三方——找调停人，或征求别人的意见。

（二）谈判过程中的提问技巧

1. 提问方式

提问方式有很多种，如引导式提问、证实式提问、探索式提问、澄清式提问、暗示式提问、迂回式提问、反话式提问等。所有的提问方式可以归纳为两种基本的提问方式，即闭合式提问和开放式提问。

（1）闭合式提问。

闭合式提问，又称确认式或证实式提问，旨在直接获取特定资料或确切答案。常用词汇包括“能不能”“对吗”“是不是”“会不会”。例如：“贵方 10 天内能否发货？”“您是否认为代为安装不可能？”等。对方回答通常简洁明确，如“对”“不对”“是”“不是”或“能”“不能”。这种方式直接针对问题核心，答案明确，有助于收集确切信息。

（2）开放式提问。

开放式提问旨在从对方获取更多全面信息，用于信息收集。常用词汇包括“什么”“告诉”“怎么样”“为什么”“想法”“建议”“改进”等。例如：“您对本方案有何建议？”“哪些方面需改进？”“为何有此想法？”开放式提问可促使对方分享想法、感受和顾虑，谈判人员可深入其内心世界，获取深层信息。

案例

保险推销中的提问

在保险业务谈判中，我们要想了解对方更多的信息，开放式提问尤为重要，举例如下。

我们想了解对方目前的保险合作情况，你如果选择直接询问：“马先生，您看咱们公司目前跟哪家公司合作呢？费率是多少呢？”（闭合式提问）

对方的答复大多是：“这个不方便透露吧，你们先报个价格吧！”这皮球又踢回来了。

如果换种提问方式，可以这么问：“马先生，您公司业务规模这么大，一定经常跟我们保险公司打交道吧？你对之前的合作伙伴评价如何？”（开放式提问）

他的答复至少要简单评价一番，哪怕就是说：“还不错。”我们也能找到继续了解下去的话题了。比如：“您看您对我们这边的要求是什么呢？”（开放式提问）

对方接下来的答复就不会简单的“是”与“不是”，而是要长篇大论一番了，只要对方在说，就总能透露不少情报给我们。

又比如，在费率这个核心机密方面，我们不必直接询问对方的费率。如果能了解到对方年投保金额，再了解到他们年保险费，就可以推算出大概的保险费率了。实际上，后面两个数据在跟对方聊天中就可以不经意间轻易获得，而不会引起对方的警觉和反感。

2. 提问效果

从提问效果看，还可以把提问分为有效提问和无效提问两类。有效提问是确切而富于艺术性的一种发问；无效提问是强迫对方接受的一种发问，或迫使他消极地去适应预先制定的模式的一种发问。举例如下。

①“你根本没有想出一个主意来，你凭什么认为你能提出一个切实可行的方案呢？”

②“你对这个问题还有什么意见？”

③“不知各位对此有何高见？请发表！”

④“这香烟发霉吗？”

第①句的提问，是典型的压制性的、不留余地的提问，把对方逼得不知如何回答是好。第②句的提问，是缺乏情感色彩的例行公事式的发问，引不起对方的兴趣。第③句的提问，虽然从表面上看，这种问话很好，但效果很差，十有八九的与会者会半天不出声——高见？谁敢肯定自己的见解高人一等呢？谁好意思开口呢？第④句的提问，是一位顾客在黄梅季节去商店买香烟时，怕香烟受潮发霉随口问的，但他得到的回答是“发霉？请到别处买！”因此，有效的提问要讲究艺术。

有效提问艺术包含下述两个方面。

第一，有效提问，必须于“问者谦谦，言者谆谆”的心理氛围中进行。给人以真诚感和可信任的印象，形成坦诚信赖的心理感应，从而使双方产生平和而从容的感受，达到预期的目的。

第二，有效提问必须使用一定的提问模式，即，有效提问 = 陈述语气 + 疑问语缀。

根据这一模式，可将以上“无效提问”的 4 个例句改为如下方式。

①“你能提出一个切实可行的方案，这很好，能先说一说吗？”

②“你是能帮助解决这个问题的，你有什么建议吗？”

③“不知各位意下如何，愿意交流一下吗？”

④“香烟是刚到的货，对吗？”

交际学家们认为，人们的提问通常可以转化为一种模式：先用陈述句表述疑问内容，再附上疑问语缀，并配以赞许的笑，这样的提问会更有效。即使要求对方按自己的意见行事，也应采用这种提问方式。例如：“我知道要做很多工作，但我们今晚必须完成，可以吗？”这种方式能激发对方的回答积极性，启发更深层的智力资源，满足对方的“社会赞许动机”。这种提问之所以有效，是因为陈述句后的“疑问语缀”具有征询、洽商和顾及他人尊严的意味。

（三）谈判过程中的应答技巧

（1）早做准备，以逸待劳。在谈判前，预先假设一些难度较大的问题进行研究，制定详细的应答策略，一但谈判中出现这类问题，马上可以做出答还是不答或怎样答的反应。

（2）面临模糊问题，需谨慎对待，避免草率回答。当对方提出含糊问题，如“如果……

您将怎么办？”时，不宜立刻给出解决方案或看法。相反，应通过证实性提问引导对方澄清和明确意图和期望。可请对方重复或解释问题，确保完全理解，或要求对方提供更多背景信息、具体情境或实例，以准确把握问题核心和边界。

（3）对难以回答的问题，可以采用拖延应答的方法。例如，可以请对方重述问题，以便思考回答。在1956年美苏高级首脑会谈中，美国总统艾森豪威尔在回答苏联部长会议主席赫鲁晓夫的问题前，先询问国务卿杜勒斯的想法，以此赢得时间考虑应答。这一行为让赫鲁晓夫感到不满，但实际上这是艾森豪威尔的策略。

（4）对有些犯忌或事关底牌的问题，若想回避它，可以采取迂回隐含的应答方法。

（5）对对方的质询一般不应针锋相对地直接反驳，而应先尊重对方的意见，然后再提出不同意见。这样的应答往往使对手更容易接受。比如：“是的，您说得不错，我们的轿车是提价了10%，但我们用进口发动机代替了国产发动机，大大提高了轿车的质量。相应地，成本也提高了呀。”

二、倾听

（一）倾听的功能与效果

在谈判中，倾听至关重要（图4-2）。首先，倾听是获取信息的主要途径，通过细心聆听对方陈述和解释获取关键信息。其次，倾听过程本身也是向对方传递信息的方式，全神贯注的倾听展示了对对方的尊重和认可，能激励对方更深入地阐述，从而获取更丰富和有价值的信息。因此，善于倾听是谈判中至关重要的技能，有助于理解和把握谈判走向，取得理想结果。

图4-2　倾听

听在沟通中至关重要，但人们听的效果并不理想。美国学者利曼·史泰尔发现，听是人们最早学会且最常用的沟通能力，但所受的教育与训练却最少。在学校，人们通常重视说、读、写的教育，却忽视了听。

人们往往认为听最简单，但实际上听的效果并不理想。研究表明，听者通常只能记住不到一半的讲话内容，且仅有三分之一是按原意听取的，三分之一是曲解的，三分之一则完全没听进去。

（二）有效倾听的障碍

谈判过程为寻找共同利益与解决挑战的合作之旅。积极倾听是此过程中的重要环节，但全面精准捕捉深层含义和意图不易。

倾听常受多种因素影响。人们易聚焦于自身利益，忽略对方话语整体脉络；精力有限，难全面理解细节；倾听时构思对策，难把握真实意图；个人情感倾向和兴趣影响解读，导致误解；知识储备或语言能力不足也影响理解；环境因素如嘈杂或不适宜环境分散注意力。

这些障碍在谈判中尤为突出。需克服障碍，提升倾听能力，推动谈判顺利进行，实现互利共赢。

（三）有效倾听的要则

要实现有效倾听，必须努力克服前述各项障碍。事实上，鉴于人的精力状况存在局限性，谈判者在妥善应对对方问题的同时，难以确保一字不落地收集并全面理解对方所表达的全部含义。

因此，听的关键在于了解对方阐述的主要事实，理解对方表达的显在和潜在含义，并鼓励对方进一步表述其所面临的问题及有关想法。要达到这些要求，在听的过程中，把握一些技巧是必要的。

1. 耐心的听

积极有效的听的首要关键在于谈判者在双方沟通过程中必须能够耐心地倾听对方的阐述，不随意打断对方的发言。随意打断对方发言不仅是一种不礼貌的行为，而且不利于对方完整而充分地表达其意图，也不利于己方完整而又准确地理解对方的意图。

2. 对对方的发言作出积极回应

在谈判中，倾听时谈判者需保持警觉，避免被动。有效沟通的核心是实现双方理解。谈判者需展现同情心和出色理解力，深入体会对方立场和观点。在倾听过程中，谈判者应通过面部表情和身体动作积极回应，传达认真倾听的信息，鼓励对方进一步阐述。这种互动有助于建立信任，促进深入交流，推动谈判向双方有益的方向发展。

3. 主动的听

谈判过程中一个积极有效的听众能认识到“少说多听”的重要价值，但不等于只听不说。在听的过程中，谈判者不仅应当对对方已作出的阐述作某些肯定性的评价，以鼓励对方充分表达其对有关问题的看法，而且要利用适当的提问，加深对对方有关表述的理解，引导对方表述的方向。

4. 做适当的记录

在长时间及较复杂的问题的谈判中，谈判者应考虑对所获得的重要信息做适当记录，作为后续谈判的参考。当然，在做记录前，应当对现场记录是否与有关文化价值观念相冲突有所了解。在某些文化中，人们将记录对方言论视为对其发言的重视；在某些文化中，人们则将记录视为一种对其不信任的表示。在某些场合，由于讨论问题的敏感性，人们则不希望对方进行记录。

5. 结合其他渠道获得的信息，理解所听到的信息

听、读和看是谈判者获取信息的 3 个主要手段。谈判者应当善于把从不同途径、用不同方法获得的信息综合起来进行理解，辨清真伪，判断对方的实际意图。

三、非语言沟通

（一）非语言沟通的作用

非语言沟通是相对于语言沟通而言的，是指通过身体动作、体态、空间距离等方式交流信息及进行沟通的过程。美国传播学家艾伯特·梅拉比安通过研究发现，提出了一个公式

沟通时信息的全部表达 =7% 语言 +38% 声音 +55% 肢体语言

上式说明对信息的接受者来说，在影响其接受的因素中，7% 是所使用的言语；38% 是讲话的方式，包括声调、音量、修辞手法等；55% 是非语言信号，如面部表情、身体姿势等。

面部表情是情感和态度的直观体现，传递着各种信息。在所有面部特征中，眼睛最具表达力。眼神交流通常象征着相互尊重和兴趣相投。稳定的眼神接触意味着讲话者对自己内容充满自信，内容可信度高。

除了面部表情，肢体动作也富含信息。尤其是习惯性动作，如手势、坐姿和头部晃动，无形中透露对方的内心世界和情感状态。因此，谈判者需观察和理解面部表情，同时关注肢体动作，以更全面地解读真实意图和情感。

人体语言学认为，人的动作、姿势、表情等传递丰富信息，且往往比语言更真实。因此，在信息传递中，不同信号释放的信息可能存在矛盾，对谈判者不利。谈判者需善于观察和理解非语言信号的含义，结合听读信息作出判断，并努力保持信号一致性。在国际商务谈判中，还需注意不同文化背景下非语言信号的差异。

（二）人体语言技巧

非语言沟通包含多种交流方式，如身体姿态、动作、面部表情、声音音调等，以及衣着、礼物、时间和空间布局等细节。对于商务谈判者，掌握非语言沟通技巧至关重要，有助于洞察对方心理并推动谈判。以下是一些关键的人体语言技巧，通过眼神、表情、声音、手势和身体姿态等方式传达思想。

1. 眼睛语言

“眼睛是心灵的窗户”道出了眼睛具有反映内心世界的功能，能够明确地表达人的情感世界。眼视的方向、方位不同，产生不同的眼神，传递和表达不同的信息。在商务谈判中，常见的眼睛语言有以下几个方面。

（1）对方视线常停留在你脸上或与你对视，表示对谈判内容感兴趣，成交可能性大。

（2）谈价格时对方躲避视线相交，暗示卖价偏高或买价过低。

（3）对方视线左右转移、眼神闪烁，表明对你所谈内容不感兴趣，但不好意思打断，感到焦躁。

（4）对方视线总他顾，偶尔瞥你一眼便移开，说明生意诚意不足或只想占便宜。

（5）对方眨眼时间明显长于自然眨眼，表示对你所讲内容或你本人厌烦，或对你有优越感乃至藐视。

2. 表情语言

面部表情在商务谈判的传达信息方面起着重要的作用，特别是在谈判的情感交流中，表情的作用占了很大的比例。

（1）疑虑、批评、敌意：轻瞥、皱眉、嘴角向下。

（2）感兴趣：亲密注视、眉毛轻扬或持平、微笑或嘴角向上。

（3）严肃：严肃注视、眉毛持平、嘴角平平或微微向下。

（4）不置可否、无所谓：眼睛平视、眉毛持平、面带微笑。

（5）发怒、生气或气愤：眼睛睁大、眉毛倒竖、嘴角拉开。

（6）愉快、高兴：瞳孔放大、嘴张开、眉毛上扬。

（7）兴奋与暗喜：眼睛睁大、眉毛上扬、嘴角持平或微上。

3. 声调语言

（1）对方吐字清晰，声调柔和，少用情绪词，句尾少加缀词。这类人多是文化素质高、谈判经验丰富的业务员。

（2）对方声调起伏大，语速快，情绪色彩浓。这多为新手，缺乏经验和耐心，不擅长持久战。

（3）对方吐字不清，语调低沉，表明对方对谈话内容或你本人不感兴趣甚至厌烦，或有意显示其交易和心理优势。

4. 手势语言

手势语言是人们在交谈中用得最多的一种行为语言（图 4–3），在商务谈判中常见的手势有以下几种。

图 4–3　手势语言

（1）伸出并敞开双掌：表示对方忠厚诚恳。

（2）掌心向上：表示谦虚、诚实，无威胁性。

（3）掌心向下：表示控制、压制，有强制性，易产生抵触。

（4）挠头：表示犹豫不决，为难。

（5）托腮：前倾注视表示感兴趣，后仰视线向下表示疑虑、厌烦。

（6）搓手：表示对谈判结局的期待。

（7）站立交谈：双手交叉腹部表示谦恭；双臂交叉胸前表示不愿合作或傲慢；倒背双手表示自信和愿意合作；背手稍息状表示戒备、傲慢。

（8）食指伸出，其余紧握：表示教训、威胁，应避免使用。

5. 姿态语言

（1）交叉跷腿坐姿：常伴消极手势，表示紧张、缄默和防御。

（2）架腿姿势：初次打交道时可能表示倔傲、戒备、猜疑、不愿合作；若上身前倾且话多，则可能热情但文化素质较低，对谈判感兴趣。

（3）并腿姿势：表示谦恭、尊敬，暗示有求于你，期望成交；并腿后仰者则小心谨慎、思虑全面，但缺乏信心和魅力。

（4）分腿：双膝分开且上身后仰，表示对方是充满自信、愿意合作、自觉交易地位优越的人。

（5）十指交叉、搂住后脑：则显示一种权威、优势和自信。

（6）一手支撑着脑袋：则说明对方处于思考状态。

（7）对方若频频弹烟灰或一根接一根地抽：往往意味着内心紧张、不安，借烟雾和抽烟的动作来掩饰面部表情和可能会颤抖的手，这十有八九是谈判新手或正在采取欺诈手段。

（8）点上烟后却很少抽：说明对方戒备心重或心神不安。

四、电话沟通

电话在现代人工作、生活及交往中扮演重要角色，对业务伙伴与顾客沟通至关重要。顾客常通过声音判断对方人品和性格，进而决定是否见面。交易成败、谈判效果常取决于电话沟通。因此，通过声音传达热情友好、诚实可信的印象，促进面对面交流至关重要。学习掌握基本电话沟通技巧与礼仪尤为必要。

（一）电话沟通的准备

1. 声音和语言

在双方面谈中，身体姿势和面部表情占谈话效果的55%。电话沟通无法依赖肢体语言，只能在语言上下功夫。尊重和礼貌的语言声音会留下良好印象，是电话沟通的基本要求。

电话沟通反映个人或企业形象，重要性不言而喻。流畅、礼貌的电话交流会给对方留下积极印象，不当处理则可能产生负面影响。因此，拨打电话或接听电话时，应注重言辞和语气。

成功的零售与推荐建立在顾客认同与信任基础上。电话交流作为建立信任的关键环节，语言和声音需让顾客感受到尊重与关注。真诚、热情且专业的声音能打动顾客，赢得信任与支持。

需要提醒的是，尽管对方看不到你的表情，但无论是拨打、接听还是转电话，在拿起电话前，都应该准备好微笑，让每一次电话沟通都带给对方开心和愉快，让每次沟通都有成效。

2. 打电话的时机

与人沟通要换位思考，关注感受。往对方家里打电话，应避开早晨 8 点钟以前、晚上 10 点钟以后；往单位打电话，最好避开临下班前 10 分钟。对方不方便接听电话，如在高速路上、吃饭时、有重要的事情时，都不适宜继续谈话。

（二）打电话的技巧

1. 打电话前的准备事项

（1）确认对方的电话号码、单位及姓名。

（2）准备好纸、笔及相关资料。

（3）写下要说的事情及次序。

2. 打招呼（语言握手）

（1）电话通后，要先通报自己的单位或姓名："您好，我是 xx 公司的业务员 xx。"然后，确认对方的名字。

（2）礼貌地询问对方是否方便之后，再开始交谈。

（3）如果自己打错了电话，礼貌的做法是发自内心地道歉，可以说："噢，电话打错了，对不起。"默不作声就放下电话会使对方不快。

（4）在给身份地位高的人士打电话时，直呼其名是失礼的，应说："您好，我是 xx，我想跟 x 先生谈谈 xx 事情，不知是否方便？"

3. 讲述事由

（1）讲述事由要简明扼要，声音和蔼，遵守 5W1H 原则：when（时间），where（地点），who（人物），what（事件），why（原因），how（怎么做）。

（2）简单地重复一遍事由，既重复重点，也要听取对方所谈事情。

4. 结束通话

在通话结束前，表示谢意并道"再见"。如"李先生，谢谢您，再见！"

（三）接电话的技巧

1. 打招呼（语言握手）

（1）最完美的接电话时机是在电话铃响的第三声。如果你在第一声铃响后接起来，对方会觉得突然；如果你在铃响了很多次才接，对方多少有点不悦。

（2）无论对方是谁，你都要让对方感到他得到了友好的接待，尽量使用礼貌用语，如“请”“请稍等”“谢谢”“对不起”“再见”等。

（3）告诉对方自己是谁，以免对方是误打，或再次询问而浪费时间。

（4）确认对方是谁时，要致意问候：“对不起，请问您是哪位？……您好！”

（5）拨错号码是常有的事，接到拨错号码的电话，不能一声“错了”，然后重重地挂上电话，要语气温和地告诉对方：“您打错了，这是 xx 单位。”

2. 专心聆听并提供帮助

（1）放下手头任何事情，左手拿听筒，右手做好记录准备，专心致志地听对方讲的事情。

（2）电话旁边放有纸和铅笔，随时记下你所听到的信息。

（3）不要在接听电话的同时做其他事情，如吃东西、打字、阅读资料等；不要让任何事情分散你的注意力。否则是很不礼貌的，对方也很容易觉察到你心不在焉。

（4）如果电话要找的人不在或正在忙着其他事不能抽身，不要只告诉对方不在，或正忙，要告诉对方怎样帮助，让对方感到你乐于帮助。如：“对不起，陈先生现在正在接另一个电话。”“陈先生出去一会儿，请问我可以帮他留言吗？”“我可以让他打电话找您吗？”“您可以过五分钟后再打来吗？”“如果您愿意的话，请留下您的姓名和电话号码，我让他打电话给您，您看行吗？”

（5）以请求或委婉的语气，不要以要求的方式让对方提供信息。不要说“你叫什么名字？”或“你的电话号码是什么？”，要说“请问我可以知道您的名字吗？”“王先生有您的电话号码吗？”

（6）转接电话的过程中，要捂住话筒，使对方听不到这边的其他声音。

（7）重复和确认是电话沟通中非常重要的技巧之一。以避免误会，或不致遗漏重要的信息等，通话中提及的金额、日期、数字、人名、地址等信息是最好要再次确认。

（8）如果是顾客的抱怨电话，最忌争辩，最明智的做法就是洗耳恭听，让顾客诉说不满，一边认真琢磨对方发火的根由，找到正确的解决方法，用肺腑之言感动顾客。

（9）负责地回答所有问题，如遇不清楚的事情，或说其大意并请了解情况的人接电话。回答问题不能含糊不清。

3. 结束电话

（1）在通话结束前，要让对方感受到你非常乐意帮忙，表示谢意并道“再见”；要等对方放下话筒后，再轻轻放下话筒。

（2）在对方还在说话时就挂断电话是很不礼貌的。

课后实践

学习完本项目的内容后，认真完成表 4–1 的实践清单。

表 4–1 实践清单

实践目的	通过实践学习商务谈判中沟通的基本技能——“倾听”，掌握“倾听”的技巧、原则和运用要点
实践内容	通过实践学习商务谈判中沟通的基本技能——“倾听”，掌握“倾听”的技巧、原则和运用要点。 1. 每组选 2 人，其中 A 为说话者，给大家做一个销售产品的介绍（产品自拟），限时 5 分钟。B 为聆听者，在 A 介绍完产品之后复述 A 的产品介绍或回答 A 的提问 2. 小组讨论 （1）为什么我们不能把产品的介绍记得非常清楚？ （2）我们没有认真听的原因是什么？我们该怎样改进聆听技巧？
实践要求	1. 应充分发挥每个小组成员的积极性，使其分别扮演好自己的角色。注意分工、协作与配合，互相学习，培养团队意识； 2. 建议各小组在每一实践环节开始前收集整理好相关的信息和资料，做好谈判准备； 3. 建立经验交流制度：每两组完成模拟实践后，其他同学及小组间可进行经验交流，教师可针对共性问题在课堂上组织讨论和进行专门的讲解； 4. 实践完成后提交实践报告
实践步骤	1. 分组并指定各组负责人，分发资料； 2. 教师介绍本次实践的内容和实践情景； 3. 教师讲解语言沟通的技巧以及注意事项； 4. 各组确定实践活动情景角色，包括说话者和聆听者； 5. 各组模拟实践； 6. 各组围绕实践组织讨论； 7. 教师点评

实践评价

完成以上实践后，认真填写表 4–2 的实践评价。

表 4–2 实践评价

评价内容	分值	得分
参与实践的积极性、主动性	25	
独立思考能力	25	
创新能力	25	
倾听并提取有效信息的能力	25	
教师点评：		

项目小结

1. 商务谈判的沟通过程是一个完整的双向交流过程。它的基本环节有：沟通主体（发出者）、信息、编码、沟通渠道、沟通客体（接收者）、解码、反馈。此外，整个过程易受到噪声的影响。

2. 商务谈判中的沟通技巧包括有效的口头表述、倾听、非语言沟通、电话沟通。

思考练习

1. 为什么说沟通时要做换位思考?

2. 有效倾听的障碍有哪些? 如何才能做到有效倾听?

3. 何为非语言沟通? 为什么说非语言信号所传递的信息往往比语言信号所传递的信息更为真实?

项目五

商务谈判的成交与签约

项目导读

在全球化日益加剧的今天，商务谈判作为商业活动中的重要一环，直接关系到企业的经济利益和发展前景。商务谈判的成交与签约是商务谈判的最终目标，也是商业合作关系的法律化体现。因此，本项目旨在深入探讨商务谈判的成交与签约环节，为企业提供一套科学、有效的商务谈判策略与签约方法，以提高商务谈判的成功率和合作效益。

学习目标

知识目标

1. 理解商务谈判成交的基本流程与关键节点。
2. 掌握商务合同的基本结构、主要条款及签约的注意事项。
3. 熟悉不同商务情境下的成交策略与技巧。

技能目标

1. 能够运用有效的谈判技巧促成交易并达成互利共赢的协议。
2. 熟练撰写和审查商务合同，确保合同内容准确、完整且符合双方利益。
3. 能够在签约过程中妥善处理突发状况，确保签约顺利进行。

素质目标

1. 培养学生诚信、专业的商务素养，树立良好的商务形象。
2. 增强学生团队协作与沟通能力，提升团队整体战斗力。
3. 培养学生具备敏锐的市场洞察力和应变能力，以应对复杂多变的商务环境。

思政目标

1. 培养学生具备诚信、公正、合作的商务谈判精神，理解并践行商业道德和职业操守，能够在商务谈判中维护企业和个人的利益，同时尊重对方的权益，实现互利共赢的目标。

2. 引导学生认识签约的重要性和法律效力，强化法律意识，遵守合同法规，确保商务谈判成果的合法性和有效性。同时，培养学生的责任感和契约精神，确保合同履行的质量和效率。

3. 通过传授商务合同的基本知识，使学生了解合同的构成、要素和签订流程，培养学生的合同意识和风险意识。同时，引导学生树立诚信守约的观念，遵循商业规则和道德规范，为未来的职业生涯奠定坚实的基础。

案例

未注明交货日期引发的纠纷

某电子商务购物平台与山东聊城的一家保健品厂家洽谈了电商渠道代理事宜，双方通过面谈，敲定了代理产品种类及价格，并一次性支付了100万元货款，双方口头约定所有货物将于9月1日前全部发货，但由于该厂家订单太多、生产能力有限，到中秋节只发了一半的货，导致该电商平台错过了销售旺季，丢失了很多客户的订单。为此，该电商平台总经理多次找到该厂家协商赔偿损失。厂家以合同中未注明交货日期为由，拒绝赔偿，只承诺剩下的货物将于节后陆续发货。因此该电商平台与该厂家完成这笔交易后便中断了与其一切业务往来。

课堂讨论：

1. 从该案例中能得到哪些教训？

2. 在签订谈判合同时应该注意什么事项？

任务一 商务谈判的成交

经过较长时间的讨价还价，反复磋商，谈判的中心议题已经基本解决，这时谈判已经接近尾声，应设法尽快促成谈判，达成协议，以取得圆满的谈判成果，以免节外生枝。

商务谈判的成交

一、促成谈判的七个主要条件

在谈判的结束阶段，客户对交易虽然有了一定的兴趣，但要达成谈判成交，还须具备以下七个主要条件。

1. 使对方信任谈判者和其公司的信誉以及其产品的声誉

信誉在商务谈判中至关重要。缺乏信誉，无论产品多好或谈判技巧多高，都难以达成满意协议。缺乏信任下，质量不佳的产品难以成功谈判，符合标准的产品也可能因信誉问题被拒绝。谈判者个人、所属企业及产品的信誉是商务谈判成功的基石。在谈判中，需始终维护并强化这些信誉，确保谈判顺利进行并成功。

2. 使对方完全了解企业的产品及产品的价值

在谈判过程中，谈判者应向对方提出一些检查性的问题，检查一下对方是否了解己方的产品，如果在谈判行将结束时，对方仍然对产品的优点没有充分认识，那么他们就会拒绝在合同上签字。

3. 对方必须有成交的欲望

谈判对方拥有成交的欲望，这是谈判能够顺利达成的一个必备的条件。所以，作为己方要充分地促使对方增加其成交的欲望，并使其在强烈的欲望驱使下做出成交的决定。

4. 发现并准确把握每一次成交的时机

作为一名成功的谈判者，准确地发现和把握成交时机是其成功的一个重要条件。

5. 明确促成谈判的各种因素

谈判者要明确是谁掌握着决策大权，对方拒绝成交的真正原因是什么，还有没有改变对方决定的可能性，是哪些因素促使对方做出成交决定的，他们将会做出什么决定，他们为什么要做出这样的决定等因素。

6. 不应过早放弃成交的努力

尽管对方否定回应，我们仍需坚持与耐心。事物多变，新情况随时出现。坦诚询问对方否定原因，增加了解，审视并修正自身疏漏，预防新问题。深入沟通或能转变对方观点。未成交非丢人事，但不知失败原因则不可原谅。积极寻求反馈，吸取经验教训，为下次谈判更充分准备。

7. 做好计划

从谈判的开始到谈判的结束，一定要做好通盘的计划。特别是在谈判结束阶段，如果事前没有做充分准备，就会有成堆的问题扑面而来，增加谈判的难度。问题解决得不好，就不会使谈判圆满结束。

二、如何确认对方是否有意成交

要想圆满地使谈判结束，辨认对方的信号是一个重要的先决条件，在此基础上再巧妙地向对方施加一些有效的谈判策略，可以轻松地使其购买欲望转化为购买的决定。

一般来说，谈判进入结束阶段，往往有以下两个明显标志。

（一）达到谈判的基本目标

经过实质性的交易磋商阶段，谈判双方都从原来出发的立场做出了让步，此时，谈判人员多会谈到实质性的问题，甚至亮出此次谈判的“底牌”。如果双方都确定在主要问题上已经达到了基本目标，谈判成功就有了十分重要的基础，这也说明促成谈判的时机已经到来。

（二）出现了交易信号

当谈判进入到将要结束的阶段时，谈判者将会发出某种信号，显示自己的真实主张。当双方收到这样的信号时，就会明白在这些主张的基础上有可能达成交易。

各个谈判者实际使用的信号形式是不同的，但要观察对方是否有意成交的意图也不难。如果对方在谈判中出现下面任何一种情况，那就是说明其已有成交的意图。

（1）向己方询问交货的时间。

（2）向己方打听新旧产品及有关产品的比价问题。

（3）对质量和加工提出具体要求。

（4）让己方把价格说得确切一些。

（5）要求将报盘的有效期延续几天。

（6）要求实地试用产品。

（7）提出了某些细节上的反对意见。

案例

小侯的成交秘诀

小侯是一家大型房地产公司的销售顾问，刚工作两年就成为该房地产公司销售部的金牌销售人员，几乎每个月都是销售冠军。可是经周围同事观察，她除了能说会道，热情诚恳之外，似乎也并无过人之处，直到实习生小王被经理派去跟小侯学习了一个月后，大家才知道，小侯有一套自己的“成交秘诀”。

原来，小侯的客户几乎都是她从房地产网上找到的有买房需求的目标顾客，并依据客户所浏览的户型和楼盘对他们进行分类整理，而且小侯几乎会亲自带每个客户去楼盘实地看房，当客户提出对户型的意见时，小侯总能提出建设性的装修意见。有一次，客户李先生陪父母去跟小侯看房，当李先生提出西边户型有西晒问题时，小侯立马拉住李先生的母亲说：“阿姨，这个户型的西屋是我们专门设计给老人住的，老年人喜欢看风景和晒太阳。您看，从西面窗户看下去正好是小区的花园，以后装修的时候，让李哥给您买一张躺椅或者舒服的单人沙发放到这里，既可以休息又可以看风景、晒太阳。特别是冬天，别提有多舒服了。说不定，一晒呀，您腰疼腿疼的毛病都能治好呢！”李先生的母亲一听，立马让他把这套房子给买了下来。

三、有效促成谈判的策略

（一）比较促成法

比较促成法，就是把对方同知名度较高的客户进行比较，即置对方于很高地位的成交法。典型语言如下。

（1）这种型号的产品 ×× 厂商已经订货了。

（2）最有实力的厂家刚开始总是购买三部，你们是否也登记订购三部？

（二）优惠促成法

优惠促成法：谈判中的高效结束策略，通过适度让步达成共识。当对方对价格不满时，可提供回扣、减价、优待券、赠品或抽奖等优惠，使对方感觉物超所值。例如，可提议提前付款享八折优惠或增加订购量再降价 5%，促使对方权衡利弊，尽快签约。

（三）宠物成交法

宠物成交法指的是，让客户实际地触摸或试用产品，让他们产生这个产品已经属于自己的那种感觉。

宠物成交法源于宠物店老板的技巧。小孩子常要求父母买宠物，父母虽不想养但常因孩子吵闹而到宠物店。当孩子喜欢某宠物时，父母常拒绝购买。此时，老板建议父母和孩子先带宠物回家相处几天，再决定是否购买。几天后，全家人往往爱上宠物并购买，这就是宠物成交法。“宠物成交法”在销售有形产品时比较适用。所谓的“有形产品”指的是那些可以看得到、摸得着、有具体形象的产品。

关于消费心理学的研究发现，当产品交到客户的手上并使用一段时间后，哪怕只是短短几天，在他的内心就会产生一种认为该产品已经属于自己的感觉。当业务员要再来把这种产品拿走时，他的心里总会有些不习惯。一旦他已经认为这种产品是属于自己的，就很容易做出购买的决定。

（四）利益促成法

利益促成法强调：若对方延迟购买所需产品，将错失当前时期的所有利益。例如：“犹豫或等待，你将失去产品带来的所有好处。你将来随时可能需要这种产品，现在购买并享受过渡期利益不是更好吗？”或“等待时，其他厂家将先于你们采用新技术，你们将失去当前优势。现在犹豫等于放弃当前和长远利益。”

（五）诱导促成法

诱导促成法主要有以下两种。

（1）诱导对方同意你的看法，最后迫使对方得出结论。

（2）诱导对方提出反对意见，从而导致尽快成交。

（六）检查性提问促成法

在商务谈判过程中，谈判者有很多机会提出一些带有检查性质的问题，特别是在最后阶段，这样做可以试探出马上签约的可能性。采用这种方法，不仅可以在困境中得到订单，而且还可以排除一切误解，有针对性地解决问题。

（七）冷冻促成法

冷冻促成法，实则是一种策略性的欲取先予手法。在谈判的情境中，当双方因条件差异显著而陷入僵局，却又出于各自的需求不愿让谈判破裂时，其中一方会巧妙地展示出一种轻松自如、从容不迫的姿态。即便对方表现得激动且强硬，这一方也能保持镇定，任其情绪宣泄，自己则不为所动。这种策略性的冷静与淡定，往往能让对方感到困惑，进而为后续的谈判铺平道路。

（八）必然成交促成法

必然成交促成法主要有以下几种。

1. 假定性成交

假定性成交是指谈判人员先假设客户一定会购买的成交方法。有了客户一定会购买的信念之后，谈判人员在向客户解说商品时，就会假设客户购买到产品后，会获得怎样的价值，如："假如您购买该产品，请问您将其摆放在何处？假如您要购买该产品，使用者是谁？"等。运用成交假设，让顾客进入一种情景，从而强化顾客购买的欲望。

在运用这种方法时，谈判人员注意不要硬逼客户购买，不要让客户觉得有压力，否则会惹怒客户，反而使成交更快地失败。假定性成交促成法可以采用下列形式。

（1）签字成交：向对方解释合同要点与条款，并请其签字，适用于简单交易。

（2）直接或间接表示：谈判者拿出合同或订单，填写时询问对方是否订货，若对方不阻止则可能成交。

（3）给对方选择：提供多种选择内容让对方决定，如颜色、数量等，减少拒绝风险。谈判中常用选择诱使对方决策。

2. 自信必然成交

自信必然成交是指若想让对方签合同，需坚信我方产品和条件正是对方所求。谈判中，需展现乐观自信态度。避免损尊严和人格的请求，不用过去恩惠影响决策。谈判尾声时，更要避免低级错误。

当感觉对方将作决定时，需保持冷静稳重，不宜急躁谈成交。越希望对方订货，越需谨慎。表达时，语速放慢，给对方思考空间。巧妙展现信心，促使对方早日决策。

3. 着眼于未来的促成法

着眼于未来的成交法主要是诱导对方放眼未来，向对方描述购买和使用产品后的情况，这一方法的特点是：绕过成交这一问题去谈成交以后的事情。也就是说，假设成交已经达成，现在至关重要的是成交的后续工作。例如：“如果明天进行第一次测试，你们就会知道这样一来能节省成本。”谈判者还应注意的是，不要把合同强加给对方，这只是谈判思路的变化，对方不一定会接受。

（九）书面确认促成法

书面确认是一项非常得力的方法，谈判者或在洽谈期间递交书面意见书，或在休会期间书写确认信，这样做有以下几点好处。

（1）书面形式比口头表述更为准确。

（2）书面材料有助于思考问题。

（3）书面材料可以增加可信度。

（十）趁热打铁促成法

趁热打铁促成法是指在第一次谈判达到高潮时，对方做出决定的可能性最大，洽谈的要点也最清楚，不能总是把成交机会留给明天，必须抓住可以成交的瞬间，趁热打铁，达成交易。如果错过了一次成交的机会，就要积极把握下一次。

（十一）歼灭战促成法

歼灭战促成法是一种高效的谈判策略，其核心在于集中力量攻克对最终决策具有决定性影响的关键问题，而非对所有议题都进行详尽无遗地阐述和解释。通过优先解决一两个核心议题，谈判双方能够迅速达成共识，从而顺利推进整体交易的达成。这种方法不仅简化了谈判的复杂性，还显著缩短了谈判所需的时间，为双方带来了实质性的便利和效益。

使用这种方法，就要抓住主要矛盾打歼灭战，只要在关键性问题上达到了预期的目的，交易就会很快达成。

（十二）车轮战术促成法

车轮战术促成法是在谈判接近尾声时，处于形势不利的一方为了扭转局面通常采用的一种策略。这一方法抓住对方急于求成，害怕节外生枝的心理，有意制造或利用某种“客观”原因，临时召回谈判负责人或某些重要成员，让其他身份地位相当的人替代，利用其作为新介入者的特殊情况改变谈判局面，使之朝有利于己方的方向发展。具体策略有以下两种执行方式。

（1）如果需要撤销以前不利于己方的承诺，替补者可以用新的加入者身份，否定前任负责人的允诺或让步条件，要求重新开始。

（2）如果对方成交心切，有求于己方，可以通过替补者的出现让谈判“从头开始”，给对方造成怕拖、怕变的心理压力，从而迫使对方改变策略，给出原来不愿意的让步条件，以达到己方目的和预期效果。

案例

车轮战术

日美两国商人举行了一次技术协作谈判，双方采取了不同的谈判形式，进行了四次交锋。

在谈判伊始，美方首席代表便拿着各种技术数据、谈判项目、设备费用等一大堆材料。滔滔不绝地发表了本公司的意见，完全不顾日方代表的感受。而日本代表则一言不发，仔细倾听并埋头记录。当美方讲了几个小时之后，向日本商人征求意见，日本公司的代表却显得迷迷茫茫，混沌无知，反反复复地说："我们不明白""我们没做好准备""我们事先也没搞技术数据""请给我们一些时间回去准备一下"。第一次交锋就这样不明不白地结束了。

第二次交锋的时候，日本公司以上次的谈判队伍不称职为理由，撤换了谈判的人员，另外派遣了一个代表团前往美国进行谈判。他们全然不知上次谈判的结果，一切犹如原来一样，日方代表显得在这个谈判项目中准备不足，最终以研究为名结束了第二轮谈判。

几个月后，日方又如法炮制了第三轮谈判，这样令美方人员大为恼火，认为日本人在这个项目上没有诚意，于是下了最后通牒：如果半年后日本公司仍然如此，双方的协定将被迫取消。随后美方解散谈判团，封闭所有的技术资料，准备以逸待劳，等待至少半年后的最后一次谈判。

谁料，几天之后，日本就派出由前几批谈判团的首要人物组成的庞大代表团飞抵美国，美方人员仓促应战，匆忙将原有的谈判团成员召集起来。在第四次谈判中，日本人带来了大量可靠的数据，对技术、合作分配、人员、物品等一切有关事项都做了相当精细的策划，甚至准备好了协议书的草稿，准备交给美方代表签字。这使美方代表非常被动。

（十三）最后通牒促成法

最后通牒促成法包括最后出价和最后时限两个方面，它是商务谈判中打破僵局，促成交易的一种非常规的谈判策略。最后通牒是一把双刃剑，谈判者实施它时需要一定的条件和技巧，使用时要慎之又慎，否则会导致谈判破裂。

在谈判中，如果碰到以下情况：己方认为只能坚持而不能降低某些要求；己方了解到对方无法承担失去这项交易后的损失；己方为了降低对方过高的期望值；己方为了加速对方的让步；己方为了试探对方的诚意和授权，而向对方发出不能再作出让步的最后声明时，都可以使用最后通牒促成法。例如："这是我方对这批货物的最后出价了，如果10天之内，你们还不下订单，我们就卖给别的客户了。"

此策略坚决明确，给对方施压并达成目标，但剥夺对方表达异议机会，可能引发反感、失望和对抗。美国通用电气公司曾长期采用此策略，但在某次谈判中，工人们挫败感爆发，引发罢工。因此，运用此策略需充分了解双方情况，避免过度使用。

综上所述，在实际谈判过程中有很多有效促成谈判的策略，谈判人员应根据谈判的具体情况灵活使用，选择最有效的策略，不要生搬硬套，还要注意多种策略配合使用，而且要注意变换形式，抓住机会，同时要在实践中总结、完善和发展。

任务二　商务谈判的签约

谈判双方经过认真谈判并达成一致意见后，就要签订合同或协议书、备忘录等形式的契约，以明确双方的权利和义务。因此，签约是谈判中的一个重要环节。

商务谈判签约是谈判双方将达成的目标、条件和意见，以契约（合同、协议书）的方式肯定下来，经双方签字后成为具有法律效力的谈判文件的过程。签订商务谈判协议或合同，是商务谈判的直接目的。

一、签约的仪式

为使有关各方重视合同、遵守合同，在进行合同签署时，应举行郑重的签约仪式（图5-1）。

图 5-1　签约仪式

（一）签约人与参加人

签约人通常由谈判各方商议确定，但各方签约人的身份应大体相等，所以有时主谈人不一定就是签约人。一般合同应由企业法人代表签字。参加签约仪式的人一般是各方参加谈判的人员，一方如果要增加其他成员应征得对方的同意，但各方参加人数应基本相等。

在目前的商务活动中，协议签字人的身份一般分为以下几种情况。

（1）对于交易金额较小且条款相对简单的合同，可由业务负责人和部门经理进行联合签署。

（2）当交易金额达到一定规模，但合同内容仍属于常规范畴时，应由部门经理负责签字确认。

（3）对于金额巨大且条款内容至关重要的合同，应由公司总经理或法人代表亲自审阅并签署。

（4）若合同涉及政府相关政策或影响范围广泛，需要由政府代表和企业代表共同审阅并签字确认，以确保合同的有效性和合规性。

有的国家、地区的厂商习惯在签约前，请签约人出示授权书。授权书由其所属企业最高领导签发。若签字人就是公司或企业的最高领导，可不出示授权书，但要以某种形式证实其身份。

（二）签约仪式的准备

1. 签约现场的布置

在谈判合同时，签约现场布置至关重要。布置应遵循庄重、整洁、清静的原则，营造正式规范的氛围。

国内常见布置方式：设置加长型条桌，覆盖深冷色台布，桌后放两张椅子供签约人使用。客方席位在右，主方在左。桌上整齐摆放合同文本和签字用具。

涉外签约需设国旗架，悬挂双方国旗，确保方向正确。国内签约可摆放席位牌，明确身份。

签字桌后留空间供人员站立，背墙上方挂条幅突出主题。前方保持开阔，如需媒体报道，预留空间和灯光设备。

2. 待签合同文本的准备

关于待签合同的正式文本，依据商界通行的规范，主方应承担起文本准备的责任。然而，为确保合同内容清晰无误，避免未来可能出现的歧义与纠纷，建议签约各方共同协商，指定专责人员协同负责合同的起草、定稿、校对、印刷及装订工作，从而确保合同文本的精确性与规范性。

此外，待签合同的文本应统一采用 A4 规格的白纸进行印刷，并装订成册，以便于翻阅与保存。除了作为各方正式签署的合同正本外，建议各方还各自留存一份副本，以备不时之需。这样既能保证合同文本的规范性和统一性，又能为未来的合同执行与管理工作提供便利。

对于涉外合同，要依照国际惯例应同时使用签约各方法定的官方语言撰写，或采用国际通行的语言文字撰写。

3. 座次安排

双方合同座次通常由主方安排，参照国际礼宾序列，右侧为尊。客方主签人坐右侧，主方主签人坐左侧，助签人在外侧。其他人员按职位高低中间向两边排列站立。多边合同若仅设一签字椅，则按商定顺序依次签字。

谈判仪式的繁简有时也取决于双方的态度。一般均按礼宾规格处理即可，有时由于对方是老朋友或表明特别重视对方，也可破格。此外，出于经济考虑，在某些情况下仪式也可从简。

知识拓展

会议室座位安排规则

会议室座位安排规则如下。

（1）以左为尊原则，即左为上、右为下，所以一定要分清左右。

（2）面门为上原则，指的是如果会议桌正对着门，那么最高领导的位置就应该是正面对门而坐。

（3）居中为上原则，要保证最高级别领导的位置在正中间位。

（4）以右为上原则，当按照顺序依次排列时，级别较高的领导在右边。

（5）前排为上原则，像大厅形式的会议室，参会人员较多时，领导级别高的位置应该在前排。

二、签约的程序

签约仪式有一套严格的程序，大体由以下步骤构成。

（1）参加签约仪式的双方代表及特约嘉宾按时步入签字仪式现场。

（2）签约者在签约台前入座，其他人员分主、客各站一边，按其身份自里向外依次由高到低，列队于各自签约者的座位之后。

（3）双方助签人员分别站立在自己签约者的外侧。

（4）签约仪式开始后，助签人员翻开文本，指明具体的签字处，由签字人签上自己的姓名，并由助签人员将己方签了字的文本递交给对方助签人员，交换对方的文本再签字。

（5）双方保存的协议文本都签好字以后，由双方的签字人自己郑重地相互交换文本，同时握手致意、祝贺，双方站立人员同时鼓掌。

（6）协议文本交换后，服务人员用托盘端上香槟酒，双方签约人员举杯同庆，以增添合作愉快气氛。

（7）签约仪式结束后，双方可共同接受媒体采访，退场时，可安排客方人员先走，主方送客后再离开。

三、签约仪式的礼仪

签约是洽谈结出的硕果。签约仪式上，双方气氛往往会显得轻松和谐，也没有了洽谈时的高度警觉和自律，但签约仪式礼仪仍不可大意，主要有以下几点。

（1）注意服饰整洁正式，体现尊重。

（2）签约者身份对等，人员站位有序，保持平和微笑。

（3）签字遵守国际惯例，轮换签字并互换文本。

（4）饮酒环节应文雅有风度，轻碰杯，浅抿一口。

四、签约应注意的事项

（1）当签约的对方提出签约仪式要求时，己方应尽力配合，不要为签约仪式产生误会或不快。

（2）重大合同签约仪式参加人员较多时，要注意安全。如入场凭证、交通的调度、安全警卫均要照顾周到。

（3）组织涉外合同的签约仪式，应事先安排好外文翻译。

（4）签约人员要有时间观念，切忌签约时迟到。

课后实践

学习完本项目的内容后，认真完成表 5–2 的实践清单。

表 5–2　实践清单

实践目的	通过实践使学生掌握有效促成谈判的策略，明确签约流程
实践内容	1. 案例：你所在的学校与奥克公司在计算机的配套设备以及价格上都已经达成了一致协议，假期马上就要结束了，学校要求在开学之前必须将一切准备工作完成，且在开学后一个月内奥克公司的所有计算机必须到位，时间很紧迫，而公司却对此表示难以实现。协议的签署又受到了严重的阻碍； 2. 你所在的学校要尽快联系奥克公司重新谈判，在时间问题上达成一致意见，并可以尽快签署协议 （1）制定谈判成交的计划和策略； （2）起草谈判协议 3. 模拟成交谈判和合同签署
实践要求	1. 各小组在实践开始前要准备好谈判的相关资料（企业资料、产品资料、前期达成的协议等）； 2. 应充分发挥每个小组成员的积极性，使其分别扮演好自己的角色。注意分工、协作与配合，互相学习，培养团队意识； 3. 建立经验交流制度：每两组完成模拟实践后，其他同学及小组间可进行经验交流，教师可针对共性问题在课堂上组织讨论和进行专门的讲解； 4. 实践完成后提交实践报告

续表

实践步骤	1. 分组并指定各组负责人，分发资料； 2. 教师介绍本次实践的内容和实践情景； 3. 各组确定实践活动情景角色； 4. 制定谈判成交的计划和策略； 5. 各组模拟实践； 6. 模拟成交谈判，签署合同； 7. 各组围绕实践组织讨论； 8. 教师点评

实践评价

完成以上实践后，认真填写表 5–3 的实践评价。

表 5–3　实践评价

评价内容	分值	得分
参与实践的积极性、主动性	25	
独立思考能力	25	
创新能力	25	
合同条文的严谨性	25	
教师点评：		

项目小结

1. 在商务谈判的成交环节，重点学习了如何有效沟通、掌握谈判技巧以及制定合理的成交方案。通过模拟商务谈判场景，学会了如何分析对方的需求、评估风险，并能够在谈判中灵活调整策略，最终达成双方满意的成交结果。

通过实践，认识到在商务谈判中，除了需要掌握基本的沟通技巧外，还需要具备敏锐的洞察力和决策能力。同时，保持诚信、尊重对方利益也是达成成交的关键。

2. 在商务谈判的签约环节，读者详细了解了签约的流程和注意事项。通过模拟签约场景，帮助读者学会了如何起草合同、审查合同内容以及确保合同的合法性和有效性。

在此过程中，帮助读者深刻认识到签约环节的重要性。一份合法、有效的合同不仅能够保障双方的权益，还能够为后续的商务合作提供坚实的法律基础。

3. 在商务合同的相关知识学习环节，系统学习了合同的种类、结构、基本条款以及合同的履行和纠纷解决等内容。通过案例分析，读者了解了不同类型合同的特点和应用场景，并学会了如何根据实际需求选择合适的合同类型。

思考练习

1. 在商务谈判中，如何有效地促成交易成交？请列举至少三个关键步骤或策略。
2. 在商务谈判签约阶段，有哪些重要的注意事项需要关注？请简要说明。
3. 商务合同通常包含哪些基本要素？请列举至少三个要素，并简要说明其作用。

项目六

谈判礼仪与谈判风格

项目导读

随着全球化进程的加速推进，商务谈判成为不同国家、地区和企业间实现互利共赢的重要途径。在这一过程中，谈判礼仪与谈判风格扮演着至关重要的角色。谈判礼仪不仅体现了谈判者的教养与素质，更对谈判氛围、进程和结果产生深远影响。而谈判风格则反映了谈判者的文化背景、思维方式和处事原则，直接决定了谈判的走向和结果。因此，深入研究和应用谈判礼仪与谈判风格，对于提升谈判效果、促进合作成功具有重要意义。

学习目标

知识目标

1. 掌握谈判礼仪的基本原则和实际应用技巧。
2. 了解不同文化和背景下的谈判风格及其特点。
3. 熟悉谈判过程中的基本礼仪要求和注意事项。

技能目标

1. 能够运用恰当的谈判礼仪，提升谈判的效率和效果。
2. 学会识别和适应不同谈判风格的对手，灵活调整谈判策略。
3. 提高在谈判中保持冷静、自信和专业的能力。

素质目标

1. 培养学生尊重他人、注重细节、善于沟通的谈判素质。
2. 增强学生跨文化交流的意识和能力，提升国际视野。
3. 塑造学生诚信、公正、负责任的谈判形象，树立良好个人品牌。

思政目标

1. 帮助学生了解并掌握基本的社交礼仪规范，提高学生的文化素养和社会适应能力，培养其成为具有良好道德修养和文明举止的公民。

2. 使学生了解商务谈判中应遵循的礼仪规范，提高学生的商务素养和谈判技巧，培养学生尊重他人、注重合作的精神，以促进商务谈判的顺利进行。

3. 使学生了解不同文化背景下谈判对手的禁忌和敏感点，增强学生的跨文化交流能力，避免在商务谈判中因不了解对方禁忌而造成不必要的冲突和误解。

4. 帮助学生深入了解各国商务礼俗和禁忌，增强其在国际商务场合中的应变能力和文化素养，促进学生树立尊重多元文化、包容差异的世界观。

5. 使学生了解并熟悉不同国家和地区的谈判风格，培养学生的跨文化谈判能力，使其能够在不同文化背景下灵活应对，实现有效的沟通和合作。

案例

柯经理与马经理的反差

某年夏天，H市木炭公司经理柯女士到G市金属硅厂谈判其木炭的销售合同。H市木炭公司是木炭专业生产厂，想扩大市场范围，对这次谈判很重视。会面那天，柯经理脸上粉底打得较厚，使涂着胭红的脸显得特别白嫩，戴着垂吊式的耳环、金项链，右手戴有两个指环、一个钻戒，穿着大黄衬衫、红色大花真丝裙。G市金属硅厂销售科的马经理和业务员小李接待了柯经理。马经理穿着布质夹克衫、劳动布的裤子，皮鞋不仅显旧，还蒙着车间的硅灰。他胡子拉碴，使脸色更显苍老。

柯经理与马经理在会议室见面时，互相握手致意，马经理伸出大手握着柯经理白净的小手，马上就收回了，并抬手检查手上情况。原来柯女士右手的戒指、指环扎了马经理的手。看着马经理收回的手，柯经理眼中掠过一丝冷淡。小李眼前一亮，觉得柯经理与马经理反差大了些。

双方就供货量及价格进行了谈判，G厂想独占H厂的木炭供应，以提升与别的金属硅厂的竞争力，而H厂提出了最低保证量及预先付款作为滚动资金的要求。马经理对最低订量及预付款原则上表示同意，但在“量”上与柯经理分歧很大。柯经理为了不空手而回，提出暂不讨论独家问题，那么预付款也可放一放，等于双方各退一步，先谈眼下的供货合同问题。马经理问业务员小李，小李没应声。原来他在观察研究柯经理的服饰和化妆，柯经理也等小李的回话，发现小李在观察自己不禁一阵脸红。但小李没提具体合同条件，只是将G工厂“一揽子交易条件”介绍了一遍。柯经理对此未做积极响应。于是小李提出，若谈判依单订货，可能要货比三家，愿先听H厂的报价，依价下单。柯经理一看事情复杂化了，心中直着急，加上天热，额头汗珠汇集成流，顺着脸颊淌下来，汗水将粉底冲出了一条沟，使原本白嫩的脸变得花了。

见状，马经理说道："柯经理别着急。若贵方价格能灵活些，我方可以先试订一批货，也让您回去有个交代。"柯经理说："为了长远合作，我们可以在这笔交易上让步，但还请贵方多考虑我厂的要求。"双方第一笔订单就做成了，并同意就"一揽子交易条件"存在的分歧继续研究，择期再谈。

任务一　基本社交礼仪

礼仪是交往的规矩，是用来维护自我形象，对他人表示尊重友好的惯例与形式。谈判活动中，如果双方表现出较高的礼仪素养，对于营造有利气氛，沟通感情.形成相互的尊重、信任有很大的帮助。另外，了解谈判中的禁忌和不同的谈判风格也是非常重要的。

一、寒暄

在社交和商务场合中，寒暄与交谈扮演着举足轻重的角色，它们作为人们情感表达的重要手段，维系着人与人之间的纽带。如同会客中的悠扬序曲，为后续的交谈铺设了温馨的氛围。而交谈，则是人们彼此接触与交往的桥梁，通过它，我们能够增进彼此的了解，加深友谊的纽带（图 6–1）。

图 6–1　互相寒暄

在今日市场经济蓬勃发展的背景下，交谈更成了一种重要的信息传递与情感交流的方式。为了使寒暄与交谈达到预期的效果，我们必须恪守一定的礼节规范，以展现自己的修养和尊重他人。

寒暄有很多种类型，比较常见的寒暄方式大体有以下几种。

（一）问候型

问候型寒暄的用语比较复杂，归纳起来主要有以下几种。

（1）表现礼貌的问候语。如“您好！”“早上好！”“节日好！”“新年好！”之类。交谈者可根据不同的场合、环境、对象进行不同的问候。

（2）表现思念之情的问候语。如“好久不见，你近来怎样？”“多日不见，可把我想坏了！”等。

（3）表现对对方关心的问候语。如“最近身体好吗？”“来这里多长时间啦，还住得惯吗？”“最近工作进展如何，还顺利吗？”等。

（4）表现友好态度的问候语。如“生意好吗？”“在忙什么呢？”等貌似提问的话语，并不表明真想知道对方的起居行止，往往只表达说话人的友好态度，听话人则把它当成交谈的起始语予以回答，或把它当作招呼语不必详细作答，只不过是一种交际的媒介。

（二）言他型

言他型是初次见面时较好的寒暄形式。“今天天气真好。”这类话也是日常生活中常用的一种寒暄方式。特别是陌生人之间见面，一时难以找到话题，就会说类似于“东北天气很冷吧？”之类的话，可以打破尴尬的场面。

（三）触景生情型

触景生情型是针对具体的交谈场景临时产生的问候语，比如对方刚做完什么事、正在做什么事以及将做什么事，都可以作为寒暄的话题。如早晨在家门或路上问：“早晨好，上班吗？”在食堂里问：“吃过了吗？”在图书馆或教室里问：“这么用功，还在读书啊？”这种寒暄，随口而来，自然得体。

（四）夸赞型

心理学家深入探索人性，发现真诚赞美他人是带来平和幸福生活的法则。在复杂社会，每个人都渴望得到他人认同与赞赏，这是人类情感交流的基本需求。

当同事小张穿新连衣裙时，你真诚赞美会让她感到温暖和认可。同样，当老李以新面貌出现时，你的赞美能让他愉悦并激发积极态度。

赞美不是奉承，而是基于真诚欣赏和尊重。学会用赞美眼光看待他人，能改善人际关系，营造和谐美好的生活环境。

（五）攀认型

初次见面时，寒暄攀认关系可建立友谊。俗话说：“山不转路转。”在人际交往中，双方常能发现各种“亲”“友”关系。如三国时，鲁肃通过攀认与诸葛亮建立情谊。现实中，如“我们是同乡”“我们是近亲”“我们是校友”等攀认型事例很常见。因此，在交际中，发掘共同点、从感情上靠拢对方很重要。

（六）敬慕型

敬慕型是对初次见面者尊重、仰慕、热情有礼的表现，如“久仰大名！”“早就听说过您！”“您的大作，我已拜读，受益匪浅！”“您也精神多了！”“小姐，您的气质真好，做什么工作的？”“您设计的公关方案真好。”

二、交谈

商界人士在交谈中，除了要使用文明的语言、保持谦和的态度以外，在谈话的方式方法上，还有一些细节性问题值得认真推敲。从商务礼仪上讲，应当明确在交谈中什么话当讲，什么话不当讲；在讲话时，应该怎样讲，不应该怎样讲等。

现实中存在的、在交谈之中有失礼仪的情况有如下几种。

（一）在交谈之中“闭嘴”

交谈中“闭嘴”会导致冷场和不良后果。保持沉默会被视为不感兴趣，甚至被视为抗议或厌倦。商务人员应尽快引出新话题或转移旧话题，以激发交谈者情绪。

（二）在交谈之中“插嘴”

交谈中“插嘴”是指在他人讲话时突然打断。商界人士一般不应打断他人讲话，以免显得喧宾夺主或自以为是。如想发表见解，应等对方讲完。补充他人话时，应先征得同意并说明，且“插话”不宜过长、过多。有急事打断他人时，要说“对不起”。与不相识者、异性、长者或上司交谈时，更不宜随意插嘴。

（三）在交谈之中“杂嘴”

交谈之中“杂嘴”，就是使用语言不标准、不规范。比方说，在国内的商务交往中，应使用汉语普通话，因为它是国人彼此之间理解与沟通的最佳手段。如果开口方言，闭口土语，不仅可能被他人误解，弄不好还会被视为做人不够开化。在对外商务交往中，应使用双方均能够接受的语言。

（四）在交谈之中“脏嘴”

交谈之中“脏嘴”，就是说话不文明，满口都是“脏、乱、差”的语言。

（五）在交谈之中“油嘴”

交谈中“油嘴”指说话油滑、无节制地乱开玩笑。幽默谈吐是高尚教养，意味着生动有趣且富含深意。适当使用幽默能使人摆脱拘束，变得轻松愉快，同时兼具审美、批评和讽刺作用。但幽默需区分场合与对象，顾及身份，过度使用可能沦为油腔滑调，引起反感。

（六）在交谈之中“贫嘴”

交谈之中“贫嘴”，就是爱多说废话，爱乱开玩笑。爱耍“贫嘴”的人，动不动就拿交谈对象调侃、取笑、挖苦一通。不是没话找话，话头一起就絮絮叨叨；就是不分男女、不论长幼、不辨亲疏地乱开玩笑。要“贫嘴”的人，好比作践自己，既令人瞧不起，又让人讨厌。

（七）在交谈之中“强嘴”

交谈之中“强嘴”，就是喜欢跟别人争辩，喜欢强词夺理。他们自以为“真理永远在自己手中”，自己永远正确。爱“强嘴”的人，“没理争三分，得理不让人”，这种人不受人们的欢迎。

三、中西语言交际

在中国，初次见面，就要请教尊姓大名、住址、年龄等，询问人家的底细不仅不被认为失礼，而且被视作交际场上应有的礼节。但欧美社会是建立在个人主义基础之上的，因此在和欧美人士交谈时，要特别注意不要问及对方的隐私。隐私，即不愿告诉他人或不愿公开的个人情况，通常包括个人的年龄、婚否、经济收入、地址、家庭等。在与欧美人士交际的过程中应特别注意以下几点。

（一）欣赏物品，莫问价值

假如你到西方人士家中做客，发现对方家中新购置了一个款式新颖的衣帽架，或一件工艺品，你应该表示欣赏，说些得体的话，但绝不要问：“你花多少钱买的？”因为西方人士只愿意议论一般的物价、行情，而不愿意你问及他家中某件物品的价值。其理由也许是：价值过低，有失身份；或者真的价值连城，又怕传出去被人“见财起意”。

（二）情同手足，莫问工资

西方人士忌讳别人问自己的收入，往往除夫妻互相了解工资情况外，连父母与儿女之间、兄弟姐妹之间，也互不知道对方工资是多少。“你每月挣多少钱？”尽管我们认为提这类问题只不过是为了加深了解、增进友谊，但欧美人士不这样看。我们应该尊重对方的习俗与感情。

（三）敬老尊贤，莫问年龄

我国古礼注重敬老尊贤，问人“贵庚”是常态。而欧美人，尤其是女性，不愿透露年龄，询问则显失礼。

因人种、地域等差异，西方人通常显得比同龄东方人老。少女在青春期如花似玉，但青年时便似我国中年妇女。然而，西方人七八十岁时仍显年轻，如五六十岁。

社会学家建议，猜测西方人年龄时要小心，尤其是中老年妇女。为讨其欢心，可称其看上去像二十七八岁。

（四）与人为友，莫问婚姻

出于对友人的关心，我们有时会问：“你的个人问题解决了吗？”这通常指婚姻问题。但问欧美人士时，他们会感到困惑。因为西方人不把婚姻看作终身大事，而视为个人隐私。要询问他们这方面的情况，需委婉表达。可以问：“你和家人一起住吗？”或“你家里人多吗？”如果对方只谈家人而不提配偶，可能意味着未婚或已离婚。

（五）与人约会，莫问住处

如果有欧美人士约你去喝茶或吃饭，你不用问他 Where do you live（你住哪儿）？因为他在请帖上一定会写得清清楚楚的。如果对方是商人，也不宜唐突地问他 What is your business（你做什么生意）？因为他的身份和生意，你在闲谈中自然可以明白的。如果他不说，那就表示他不愿意说，你也不要再问下去，因为那是个人的私事，以不详问为妙。

（六）关心他人，莫问身体

朋友之间一段时间未见，对方胖了，我们常会幽默地说："你发福了，恭喜恭喜。"因为我们的观念是：生活好了，忧虑少了，心宽体胖，这是好事。然而，西方人，特别是妇女，常常因自己发胖而苦恼，因此，你如果看到对方长得人高马大，恭贺"发福"，就会适得其反，令对方难堪。

（七）候致意，莫问吃饭

在我国，人们见面时习惯问："你吃了吗？"这反映了几千年来我国"民以食为天"的传统观念，表现了人与人之间的关切之情。外国人对我国的历史、民俗不太了解，对这样的问候语，自然觉得莫名其妙。若遇到英国人时热情地问："你吃了吗？"对方会理解你有意请对方吃饭，而对于未婚男女来说，这又可理解为你想和对方约会。

（八）有些语言，莫要直译

各国语言存在许多无法直接翻译的情况，硬性翻译可能导致误解。例如，"王胖子跳井，下不去"等表达需要采用通俗解释，以达到相应效果。不恰当的翻译如将"母鸡"译成"公鸡的老婆"，将"红娘"译成"红色女人"，将"身段好"译成"身上没有多余的肉"等。

由于不同文化习俗的影响，语言表达有时差异很大。例如，"一箭双雕"在俄文中译为"一枪打死两个兔子"，在法语中译为"一块石头打两处"，在英文中译为"一块石头打死两只鸟"，在德语中译为"一拍子打死两只苍蝇"。因此，翻译不仅需要过硬的外语功底，还需具备丰富的知识。

外语是进行交际的工具，翻译是沟通思想的桥梁。在外交活动中，对翻译的要求就更高了，往往一字之差，就会造成难以弥补的严重后果。

知识拓展

社交礼仪

社交礼仪是社会交往中使用频率较高的日常礼节。一个人生活在社会上，要想让别人尊重自己，首先要学会尊重别人。掌握规范的社交礼仪，能为交往创造出和谐融洽的气氛，建立、保持、改善人际关系。社交礼仪的基本原则为尊重、遵守、适度、自律。

一、问候礼仪

问候是见面时最先向对方传递的信息。对不同环境里所见的人，要用不同方式的问候语。

1. 和初次见面的人问候，最标准的说法是："你好""很高兴认识您""见到您非常荣幸"等。如果对方是有名望的人，也可以说"久仰""幸会"。

2. 与熟人相见，用语可以亲切、具体一些，如"可见着你了""好久不见"。

3. 对于一些业务上往来的朋友，可以使用一些称赞语："你气色不错"等。

二、称呼礼仪

在社交中，人们对称呼一直都很敏感，选择正确，恰当的称呼，既反映自身的教养，又体现对他人的重视。称呼一般可以分为职务称、姓名称、职业称、一般称、代词称、年龄称等。

1. 职务称包括经理、主任、董事长、医生、律师、教授、科长等。

2. 姓名称通常是以姓或姓名加"先生、女士、小姐"。

3. 职业称是以职业为特征的称呼，如：秘书、小姐、先生等。

4. 代词称是用"您""你们"等来代替其他称呼。

5. 年龄称主要以"大爷、大妈、叔叔、阿姨"等来称呼。

使用称呼时，一定要注意主次关系及年龄特点，如果对多人称呼，应以年长为先，上级为先，关系远为先。

三、介绍礼仪

介绍就基本方式而言，可分为：自我介绍、为他人做介绍、被人介绍几种。在作介绍的过程中，介绍者与被介绍者的态度都要热情得体、举止大方，整个介绍过程应面带微笑。一般情况下，介绍时，双方应当保持站立姿势，相互热情应答。

1. 为他人做介绍，应遵循"让长者、客人先知"的原则。即先把身份低的、年纪轻的介绍给身份高的、年纪大的；先将主人介绍给客人；先将男士介绍给女士。

2. 介绍时，应简洁清楚，不能含糊其词，可简要地介绍双方的职业、籍贯等情况，便于不相识的两人相互交谈。介绍某人时，不可用手指指点点对方，应有礼貌地以手掌示意。

3. 被人介绍时，应面对对方，显示出想结识对方的诚意。等介绍完毕后，可以握一握手并说"你好！""幸会！""久仰！"等表示友好。

4. 男士被介绍给女士时，男士应主动点头并稍稍俯身，等候女士的反应。按一般规矩，男士不用先伸手，如果女士伸出手来，男士便应立即伸手回应，并轻轻点头就合乎礼貌了。

5. 自我介绍，可一边伸手跟对方握手，一边作自我介绍，也可主动打招呼说声“你好！”来引起对方的注意，眼睛要注视对方，得到回应再向对方报出自己的姓名、身份、单位及其他有关情况，语调要热情友好，态度要谦恭有礼。

四、握手礼仪

握手是沟通思想、交流感情、增进友谊的一种方式。握手时应注意不用湿手或脏手，不戴手套，不交叉握手，不摇晃或推拉，不坐着与人握手。

1. 握手的顺序一般讲究“尊者决定”，即待女士、长辈、已婚者、职位高者伸出手之后，男士、晚辈、未婚者、职位低者方可伸手去呼应。

2. 平辈之间，应主动握手。

3. 若一个人要与许多人握手，顺序是：先长辈后晚辈，先主人后客人，先上级后下级，先女士后男士。

4. 握手时要用右手，目视对方，表示尊重。

5. 男士同女士握手时，一般只轻握对方的手指部分，不宜握得太紧太久。

6. 右手握住后，左手又搭在其手上，是我国常用的礼节，表示更为亲切，更加尊重对方。

五、名片礼仪

在社交场合，名片是自我介绍的简便方式，是一个人身份的象征，当前已成为人们社交活动的重要工具。

1. 递送名片。递送时应将名片正面面向对方，双手奉上。眼睛应注视对方，面带微笑，并大方地说：“这是我的名片，请多多关照。”名片的递送应在介绍之后，在尚未弄清对方身份时不应急于递送名片，更不要把名片视同传单随便散发。与多人交换名片时，应依照职位高低或由近及远的顺序依次进行，切勿跳跃式地进行，以免使人有厚此薄彼之感。

2. 接受名片。接受名片时应起身，面带微笑注视对方。接受名片时应说“谢谢”并微笑阅读名片。然后回敬一张本人的名片，如身上未带名片，应向对方表示歉意。在对方离去之前或话题尚未结束，不必急于将对方的名片收藏起来。

3. 存放名片。接过别人的名片切不可随意摆弄或扔在桌子上，也不要随便地塞进口袋或丢在包里，应放在西服左胸的内衣袋或名片夹里，以示尊重。

六、电话礼仪

电话是人们最常用的通信工具。打电话时，要考虑对方是否方便。一般应在早上八时后晚上十时前。拨通电话后，应首先向对方问好，自报家门和证实对方的身份。通话时，语言要简洁明了。事情说完，道一声“再见”，及时挂上电话。在办公室打电话，要照顾到其他电话的进出，不可以久占线。

1. 接听电话礼仪。电话铃响后，要迅速拿起电话机问候“您好”，自报家门，然后询问对方来电事由。要认真理解对方意图，并对对方的谈话作出积极回应。应备有电话记录本，对重要的电话做好记录。电话内容讲完，应等对方放下话筒之后，自己再轻轻放下，以示尊敬。

2. 手机礼仪。使用个性化手机铃声应注意场合，铃声要和身份相匹配，音量不能太大，内容要健康，铃声不能给公众传导错误信息。开会、上课或其他重要集会时应关机或设置静音。非经同意，不能随意动别人的手机或代别人接听手机。不要用手机偷拍。

七、网络礼仪

如同任何一种别的沟通方式一样，网上沟通同样存在着道德规范和文明礼仪。网络礼仪要遵循彼此尊重、容许异议、宽以待人、保持平静、与人分享的原则。

网上的道德和法律与现实生活是相同的。网上线下行为要一致。当着面不能说的话在网上也不要说；分享你的知识；尊重别人；平心静气地发表观点，不要人身攻击；对别人的回复应表示感谢；不要做有失尊严的事情；尊重他人的劳动和隐私权，不剽窃别人的作品。

任务二　商务谈判中的礼仪

商务谈判是参与双方通过协商的沟通方式调整双方的意见，协调双方的看法，进而达成某种协议的过程。商务谈判中的礼仪须紧扣活动的主旨，它是谈判的重要组成部分，绝不是可有可无的形式虚套。只有把谈判中的各种专业技能同礼仪良好地结合起来，才能顺利实现谈判的目的。

谈判礼仪

一、谈判地点和座次的礼仪

谈判的地点通常安排在会谈室或会客厅，场所的布置充分考虑到对方的文化背景、习惯禁忌，不能冒犯对方的信仰、民俗。一般要求谈判场所能做到使谈判有个轻松、愉快、庄重的环境。把自己的意志强加于人是不礼貌的，容易引起对方反感，从而妨碍谈判活动的顺利开展。良好的开端是成功的一半，我们不但要在人员礼节上予以注意，对谈判的场所安排礼节也要心中有数。

座次安排是谈判礼仪的重要方面，遵循国际惯例，以右为尊，右高左低。双边业务谈判常用长方形桌子，宾主相对而坐。主宾和主人居中相对，其余人员按职务高低和礼宾顺序分坐左右。记录员位于来宾后侧，翻译员位于主谈人右侧。避免总人数为十三，可增加临时陪坐。多边谈判采用圆桌，有时不满座以示尊重贵宾。座次排列需谨慎，可放置名签或引座员指引。

二、宾主相见礼仪

在正式谈判前，东道主应通知对方谈判时间、地点、安排及注意事项，以便对方准备。东道主应提前到达，做好准备工作，并主动在门口迎接客方，握手致意。握手应规范，时间适中，双眼注视对方，面带微笑，避免不礼貌行为。握手后，主人请客方先行入座，其他人员退出谈判场所。谈判期间，非参与者不得随意进出，保持环境严肃恰当。

三、谈判中的语言礼仪

语言是人类进行信息交流的符号系统。狭义的语言指由文字的形、音、义构成的人工符号系统。广义的语言包括一切起沟通作用的信息载体，不但说话、写字，就连距离、手势、眼神、体态、表情等都包括在内。谈判的语言能充分反映一个人的能力、修养和素质。

（一）用语

用语在谈判中关键，用于表明立场、观点和态度。谈判中常用五种用语：礼节性、专业性、弹性、幽默性和劝诱性语言。基本要求是清晰、完整、快速、确切表达。需注意，谈判中话语的字面与隐含意义可能不同，需透过字面识破对方真实意图。用语应准确、文雅，弹性语言需用得恰当，避免误解。

（二）语速、语调和音量

语速对意思表达有重要影响。说话太快会使对方难以抓住主要意思，难以集中注意力，导致交流不畅。有翻译时，应避免长篇大论。说话太慢或节奏不当易被认为不可信或紧张。因此，谈判中陈述意见时尽量平稳中速，特殊需要时改变语速。

语调、音量也对表达有影响。不同语调可表达不同含义，音量反映心理活动或暗含意思。谈判中，一般问题用正常语调，适当时候可调整语调、音量强调立场或观点。升调表达惊讶、不满，降调反映遗憾、失望。声音起伏表明情绪波动。需敏锐把握对手话语，控制自己表达，避免音调、音量失控。

（三）体态和手势

体态是身体语言，在谈判中能透露内心波动。人可通过语言和语气显示强硬和信心，但内心紧张时会无意识借助动作掩饰。谈判人员需自我控制，避免无意识动作。体态能微妙影响对方心理，如抱胳膊表示警觉，摸鼻梁表示思考，握拳表示信心不足。手势是重要的身体语言，能增强说服力和感染力。手势要自然、不过多，不越过双方距离中界线，与说话配合。手势力度要合适，表达自然。

（四）距离和面部表情

人们之间的空间距离与心理距离密切相关。在谈判中，距离变得更为敏感，合适的距离为 1 ~ 1.5 米。距离的变化可以反映交谈者的不同心态，如相互移近可能表示交流良好或有攻击性。面部表情是内心情感的重要体现，通过面部器官的动作展示内心情绪。在谈判中，不同的面部表情可以揭示出人的攻击性、游移不定或内在力量。眼睛是最富表现力的面部器官，视线接触对方脸部的时间应占谈话时间的 30% ~ 60%。在注视对方时，应采用散点柔视，避免瞪或盯等非常规目光。

四、谈判礼仪中的其他注意事项

正式谈判场合需注重形象塑造，日常交往也需遵守礼仪，否则可能影响谈判效果。商务交往中，赠送礼物是常事，须注意价值、类型、包装、方式等，根据地区文化差异选择合适的礼物。接受礼物时，应遵守规定，不能贪图小利。酒席谈话应避免隐私、政治和宗教问题，尊重主人习惯。私下交往要遵时守约，信用至关重要。初次见面时，介绍礼仪也需注意，以免引起不快。总之，正式谈判外的交际礼仪对谈判形象形成和氛围营造有重要影响。

任务三　不同谈判对手的禁忌

对于谈判对手，根据不同的分类标准可以划分成不同的类别，对不同类别的谈判对手谈判者应该采取不同的策略，并且注意一些禁忌。

一、根据自我追求划分

根据人们自我追求的不同，可以把谈判对手分为三类，即权力型、进取型和关系型。不同类型的谈判者会有不同的心理状态，会采取不同的行为，所以我们要研究不同类型谈判对手的心理，避免触犯某些禁忌。

（一）与权力型对手谈判的禁忌

权力型对手通常热衷于在谈判中施加影响力和掌控局势。他们并不特别追求极高的成功，也不特别重视与对方建立深厚的关系，同时他们的权力欲望也保持在中等水平。这类对手有能力与谈判伙伴建立友好的关系，并有效地主导谈判的进程。他们对于成功的期望是，只要谈判结果能够满足上级和同事的期望就足够了。在关键时刻，他们愿意做出适当的让步，以达成一个相对满意的协议，而不是让谈判陷入僵局。

与权力型对手谈判的禁忌：①试图去支配他、控制他；②压迫他做出过多的让步，提出相当苛刻的条件。

（二）与进取型对手谈判的禁忌

进取型对手追求成功与权力，对关系期望低。他们努力争取重要事物，通过强权获取利益。他们可能设定较低目标以轻松达成，甚至超越。与其谈判时，可让其负责准备程序，满足其权力欲，并让他先陈述以获特权感，但需控制整个谈判程序。

与进取型对手进行谈判的禁忌：①不让他插手谈判程序的安排；②不听取他的建议；③让他轻易得手；④屈服于他的压力。

（三）与关系型对手谈判的禁忌

关系型对手以与别人保持良好的关系为满足；对成功与保持良好的关系的愿望很高，对权力的期望很低。这类人更加期望对上司及公司的同事尽责，希望他带回去的协议能得到上司和同事的赞赏，同时也较多地注重与对方人员保持友好的关系。由于这类人热衷于搞好关系而不追求权力，他在谈判中更容易处于被动地位。

同关系型对手进行谈判的禁忌：①不主动进攻；②对他让步过多；③对他的热情态度掉以轻心。

案例

与意大利商人的谈判

北京Y公司与意大利F公司在北京谈判一套电子检测设备的买卖合同。Y公司认为F公司的产品性能不错，可以选用，关键是价格。F公司对该套检测设备的报价为38万美元，包括安装调试及备件费用。Y公司认为虽然该电子检测设备性能不错，但比国产同类设备价格贵了2倍。Y公司把此想法向F公司主谈安德鲁先生讲了并希望降价。安德鲁先生认为：好货好价，其报价是合理的。Y公司主谈牛先生介绍了中方用户的要求：价廉物美，目前是物美，但不够价廉。安德鲁先生表示可以降2%，牛先生认为不行，双方在相持中休会了。

过了一天，安德鲁先生约牛先生上午10:00到其下榻的友谊宾馆会面。双方见面后，彼此回顾了谈判的现状后，安德鲁先生问牛先生："贵方是真要订货还是假要订货？"牛先生回答："我们为什么来这儿？""若贵方诚心订货，我们意大利人讲义气，我把牛先生当朋友，请牛先生说个价给我，能行，就签合同；不行，我就回国。""我也很高兴把安德鲁先生当朋友，我的委托人真心想买贵方设备，但只肯出28万美元。""这太低了，我绝对没法同意。""那贵方最优惠的价格是多少？""为了朋友，我可以越权同意再降8%，即总价降10%，折3.8万美元。贵方同意该价，我马上可以签约。若不同意，我就走人。""这我不能马上回答贵方，直观地讲，我认为双方差距很大。但我必须向最终用户报告，听听他们的意见。""那好，我等到明天上午12:00。若贵方同意，我留下准备签合同；若上午12:00以前未接到贵方回答，我即乘下午14:30的飞机回罗马。"安德鲁先生拿出机票向牛先生亮了一下。双方就此告别。

牛先生一行回到公司与用户商量后，认为该价格仍很高，F公司产品虽好，但价格的确显得很高，至少还应降5%。可是安德鲁要求对其降价表态：行还是不行。要说不行，那他会不会走呢？牛先生与其公司同事研究应该怎么办。忽然，牛先生想起安德鲁的航班是明天下午14:30，他让助手向机场打电话，询问明天有几班航班飞罗马（直飞或途经）。同时研究明天什么时候以什么方式（去人面告或电话通告），回什么样的话给安德鲁先生。结论是：取决于航班的资讯。若真有该航班，则应早些回话，最好去人面告，说出Y公司的稍有余地的底线价：目标为降5万美元，即再降1.2万美元。若无航班，则可晚点回话，以电话方式回话。条件仍为再降7.6万美元，目标可高于5万美元。

调查结果是次日下午没有去罗马的航班。牛先生心中一阵暗喜，安排助手第二天上午11:00给安德鲁打电话，告知设计好的方案。按计划，牛先生的助手在次日上午11:00给安德鲁打电话，牛先生坐在一旁听。安德鲁接到电话后，表示："这个价格虽比贵公司第一个报价有明显的改善，但仍很难接受。""这是我方牛先生对用户做了许多工作后才得到的条件。""若贵公司诚心要购买，应有诚意出好价。目前的价格，我方难以接受。""我可以将您的意见告诉牛先生。不过，我个人认为，贵方再努努力不就成了吗？""这不公平，我方已做过两次努力，贵方刚做一次。""可我们一次的力度即与贵方相同。""可我们报的是合理价格，不能贬低我公司产品。""我想还存在双方相互理解的问题，若您不走，我认为双方可以再见面谈谈。""如果光说而无行动，就没意义。""这要看您与牛先生二人的态度了，如您愿意，我可以请牛先生与您通话。""好哇，我很高兴听听牛先生的意见。"

牛先生在电话里说："您好！我方意见您已听到了，行吗？若行，我马上到贵处与您签合同，免得您空手而归。"安德鲁爽快地回道："不行！虽然贵方做了很大努力，但离我方可以接受的条件还很远。""那就难办了，这个条件得之不易。要再提高，较难。只有您、我、用户一起谈才好探讨新的条件，您的日程有变化可能吗？""若贵方还愿意考虑我方要求，我认为一起谈是个好主意。""那您推迟机票日期，我去通知用户，今天下午到宾馆见您，继续谈如何？""可以。""不过，我也提醒您，您也应该准备新的条件。""彼此彼此。"

三方见面之后，谈判直奔主题：价格差距。牛先生主动先说："谢谢安德鲁先生改变行程与我方继续谈判。为表示诚意，我方同意贵方再降2.8万美元而非3.8万美元。""牛先生，谢谢您的慷慨，我反复核算最多只能再降0.3万美元，即降4.1万美元。"该数已接近Y公司成交底线。"安德鲁先生，您这是跟着我方步子走。一点也不大方。若这样，我也不为难您。干脆将余下的差距折中，一家承担一半，即6.2万美元各担3.1万美元，即贵方降6.9万美元，如何？""如贵方真想折中式地解决双方分歧，那么，就应以恢复谈判时双方的条件为基础。此时，双方立场相差10万美元，一家承担一半，则为5万美元。这样总价应降5万美元。”“哈哈，安德鲁先生真精明！行，就这样。”双方握手成交，准备合同。

二、根据性格划分

在谈判过程中，我们必须了解不同性格谈判者的心理特征，根据不同的心理采取不同的对策，极力避免触犯他们心灵中的禁忌，造成不必要的心理隔阂，阻碍谈判的进行。

（一）与迟疑的人进行谈判的禁忌

迟疑的人心理具有如下特点。

（1）不信任对方。这种人不信任你，没有特殊的理由，只是怕受骗上当。怀疑被他当作保卫自己的一种手段。要想令他相信，就要拿出确凿的证据。

（2）不让对方看透自己。希望自己有一块领地的想法不被人知晓，对方稍有靠近，他们就会敏锐地感觉到，并采取一些行动，误导对方的看法。

（3）极端讨厌被说服。要想一下子说服他是不可能的，即便你的话是真的，并没有骗他。你说得越多，他越不相信。

（4）不立即作出决定。这种人从来不仓促行事，做事要经过全面考虑才采取行动，不轻易相信别人，以至于有时会延误时机。他们完全根据自己的感觉、意志行事，头脑清晰，考虑问题多。

与迟疑的人谈判的禁忌：①在心理上和空间上过分接近他；②强迫他接受你的观点；③喋喋不休地说服；④催促他作出决定，不给他充分的考虑时间。

（二）与啰唆的人进行谈判的禁忌

啰唆的人心理具有如下特点。

（1）具有强烈的自我意识，喋喋不休地说，谈到最后也说不出个所以然。内心深处均有不堪一击的弱点，尽力想用说话来弥补这个弱点。

（2）爱刨根问底。凡事想通过自己来弄个明白，坚持自己的看法，好与人争辩。经常惹人厌烦，浪费别人时间。

（3）好驳倒对方。这也不行，那也不是，利用种种手段驳倒对方，看到对方被驳倒灰溜溜的样子，有一种满足感。

（4）心情较为开朗。唠叨是某些人的习惯，不唠叨就难受，把想说的都毫不客气地吐出来后，心情就会开朗。这种人并没有多少心机。

同啰唆的人谈判的禁忌是：①有问必答。这样会没尽头；②和他辩论。即使在道理上能胜过他，但买卖依然不能成交；③表现出不耐烦。不妨听之任之。④胆怯，想开溜。

（三）与沉默的人进行谈判的禁忌

沉默的人心理具有如下特点。

（1）不自信。由于不善言辞，生怕被别人误解或被小看，常常闷闷不乐，具有自卑感。

（2）想逃避。对于说话一事感到很麻烦，从来不会因为没有说话而感到不自在，自然而然地以听者自居。表现欲差，不愿在人多的场合出头露面，对事物的认识依赖直觉，对好恶反应极为强烈。

（3）行为表情不一致。当他面带微笑时，可能内心正处于一种焦虑和不耐烦的心态。

（4）给人不热情的感觉。这些人看似态度傲慢，其实内心深处也有一种愿为人做些事情的想法。因为答应不爽快，被认为是爱理不理的。

与沉默的人谈判的禁忌是：①不善察言观色；②感到畏惧；③以寡言对沉默；④强行与之接触。

（四）与顽固的人进行谈判的禁忌

顽固的人心理具有如下特点。

（1）非常固执。你说东，他谈西。你越想说服他，他却越加固执抵抗。这种人很难后退一步，合作起来会不愉快。

（2）自信自满。自以为无所不能，认识事物带有片面性，只按自己的标准行事，往往听不进别人的意见。

（3）控制别人。对某事拘泥于形式，深信自己的所作所为是绝对正确的，怕自己深信的一切被别人修正，相反，想让别人也按他的意志行事。

（4）不愿有所拘束，个性外向者居多。精力充沛，多半在外与众人接触，做起事来很有魄力。

与顽固的人谈判的禁忌是：①缺乏耐心，急于达成交易；②强制他，企图压服他；③对产品不加详细说明；④太软弱。

（五）与情绪型的人进行谈判的禁忌

情绪型的人性格特征如下。

（1）容易激动。看到新东西，有好奇心，如果很合他的意，马上就会表露出来。一般说来，很难掩饰内心的变化。

（2）情绪变化快。一开始被某件事吸引了，当对其他事情发生兴趣时，注意力又会马上随之转移。高兴时有股莫名的冲动，老沉不住气，对谁都笑容可掬；心情不好时，敏感的情绪会迅速变化，有时甚至失去控制，恶语伤人。

（3）任性，见异思迁。什么事情都希望由着他的性子办。情绪不稳定，一般没有知心的朋友，较为孤寂。

与情绪型对手谈判的禁忌是：①不善察言观色，抓不住时机；②达不到他的兴趣所在；③打持久战。

案例

考虑谈判对手的多重需要

人的需要是多重的，人们渴望通过谈判来满足的需要也有可能是多方面的，我们的眼睛不能只盯住一点，把其余的都给忽视了。

有一对夫妻花了3个月时间找到了一只他们异常喜爱的古玩钟，他们商定只要不超过1 000元就买回来。但是，当他们看清上面的标价是1 500元时，妻子犹豫了。丈夫决定试一试，希望通过谈判，用少点钱买下来，尽管他心里明白用1 000元买到这只钟的希望是很小的。

他鼓起勇气，亲自去对钟表售货员说："我看到你们有只小钟要卖，我看了上面的定价，还看到价标上有许多尘土，给它增添了古董的感觉。"顿了顿，他又接着说道："我想给你的钟出个价，这个价可能你会震惊，你要做好准备！"他停下来看看效果，"哎，我决定给你500元。"

钟表售货员连眼睛也没眨一下："给你，卖啦！"

丈夫反应怎么样？夫妻俩欣喜若狂了吗？不，事实的结果是难以想象的。"我多傻，这钟本来恐怕就值不了几个钱——或者肯定是里面的零件少了，为什么那么轻呢？"丈夫越想越懊恼。

后来，尽管他还是把钟摆到了客厅里，而且看上去美极了，似乎走得也不错，但是夫妻俩总觉得不值。

等他们退休以后，两人每晚都要起来三次，为什么？因为他们断定自己没有听到钟声。日夜不安的结果使他们的身体很快地垮了，并且患了高血压，其原因就是那个钟表售货员居然以500元把那只钟卖给了他们。

夫妻买钟，看来唯一的利益是钱，其实至少还有信任的需要，它是不自觉的，隐含着的，却绝对不是单单靠满意的价格所能提供的。售货员的错误在于他没有注意到对方需要的重要性，不知道简单的成交虽然使那对夫妇省了钱，但却因此带来了更大的精神痛苦。

类似的错误也有可能发生在买主身上。比如在正常情况下当事人用百元的大钞向别人买下仅值几元的鸡蛋。卖鸡蛋的会欣喜若狂吗？未必。说不定他会怀疑当事人拿走的是个价值千元的金蛋呢。

任务四　国际商务礼俗与禁忌

由于礼仪及习俗受国别、地域、宗教信仰、文化背景、民族特征、社会风俗和政治制度的影响而千差万别，因此，我们不仅要遵从国际商务礼俗，而且要了解与尊重有关国家的商务礼俗，做到因人施礼。

一、西方国家商务礼俗的主要禁忌

习惯上所称的西方，通常是指欧美各国，其文化源流、宗教信仰相近，在礼俗上虽因受各种复杂因素的影响而有差别，但共性较多。澳洲及南美地区，因在历史上深受欧美文化影响，其商务礼俗也与欧美各国存在许多共同之处。

（一）数字与日期禁忌

西方人普遍认为“13”这个数字是凶险或不吉利的，常以“14（A）”或“12（B）”来代替。在日常生活中，他们总是尽量避开这一数字。有的人甚至会在13日这一天产生莫名其妙的恐惧感，停止一切工作和活动。西方人最忌讳的还有13人同桌共餐。“星期五”和“3”这个数字，也为很多西方人所忌讳。特别是点烟时，忌用一根火柴或打火机连续点燃三支烟。若恰逢13日又是星期五，西方人更认为是“凶日”，称为“黑色星期五”，因为这一日是耶稣的受难日。在美国还有“零年灾难”之说。自1840年以来，凡是在年尾数为“0”那一年当选的美国总统，除里根外，都没有活着离开白宫的，其中有4人被刺身亡、3人病死。

（二）颜色与花卉的象征意义与禁忌

由于历史文化、传统习惯、政治宗教等原因，人们对某些颜色与花卉产生了推崇或禁忌，且各国与各地区的差异很大。归纳起来，西方人所忌讳的颜色与花卉主要有以下一些情况。

（1）在丧礼中使用的颜色和花卉。如黑色和菊花在西方许多国家是丧礼的象征。

（2）象征权威和尊严的颜色与花卉。如红色象征国家独立民族解放。许多国家的国旗均为红色或带有红色。

（3）代表不吉或是黑暗、邪恶、诅咒的颜色与花卉。例如，法国人认为黄色的花代表不忠诚；意大利人视紫色为消极色；比利时人最忌讳蓝色，但挪威、瑞士、荷兰对它又特别偏好；法国和比利时还忌用墨绿色，因为这两个国家被纳粹军占领过。在国际交往场合，忌用菊花、杜鹃花、石竹花及其他黄色的花献给客人。

在商务活动中，除上述三类颜色和花卉不宜使用外，一些用于表示爱情、探望病人或是表示绝交的花，均不能用于商务活动，否则将会产生严重的不良后果。

二、英国的商务礼俗与禁忌

在英国从事商务活动，应注意以下特殊礼俗和禁忌。

（1）不要随便闯入别人的家。但若受到对方的邀请，则应欣然而往，这无疑可理解为对方向你发出商务合作可能顺利实现的信号。

（2）给英国女士送鲜花时，宜送单数，不要送双数和13枝。

（3）不要以英国皇室的隐私作为谈资。英女王被视为其国家的象征。

（4）忌用人像作为商品的装潢。英国人喜欢蔷薇花，忌白象、猫头鹰、孔雀商标图案。

（5）忌随便将任何英国人都称为英国人，一般将英国人称“不列颠人”，或具体称为“英格兰人”“苏格兰人”等。

（6）英国人最忌讳打喷嚏，他们一向将流感视为一种大病。

三、美国的商务礼俗与禁忌

在与美国人开展商务谈判时，应特别注意以下几个方面的问题。

（1）与美国人做生意大可放手讨价还价，但在磋商中要注意策略，立足事实，不辱对方，若不同意美商的某些论点，可用美国人自己的逻辑进行驳斥，往往能收到很好的效果。美国人十分欣赏那些富于进取精神、善于施展策略、精于讨价还价而获取经济利益的人，尤其爱在“棋逢对手”的情况下与对方开展谈判和交易。自卑的人在美国社会受到普遍的轻视。

（2）美国商人法律意识很强，在商务谈判中他们十分注重合同的推敲，“法庭上见”是美国人的家常便饭。

（3）绝对不要对对方的某一个人进行指名批评，把以前在谈判中出现过的摩擦作为话题，或是把处于竞争关系的公司的缺点抖搂出来进行贬低，那都是违反美国商人的经商原则的。

（4）注意商品的包装与装潢。包装与装潢新奇的商品，往往能激起他们的购买欲。

四、加拿大的商务礼俗与禁忌

加拿大是和美国相邻的一个大国，但在礼俗上与美国人存在区别。与加拿大人进行商务交往时，应注意如下事项。

（1）赴约时要准时，切忌失约。

（2）日常生活中忌白色的百合花，喜欢枫叶，国旗上就印有五个叶瓣的枫叶，有“枫叶之国”之称。

（3）切勿将加拿大与美国相比较，这是加拿大人的一大忌讳。

（4）销往加拿大的商品，必须有英法文对照，否则禁止进口。

（5）当听到加拿大人自己把加拿大分为讲英语和讲法语的两部分人时，切勿发表意见，因为这是加拿大国内民族关系的一个敏感问题。

五、法国的商务礼俗与禁忌

在商务交往中，法国商人有一个十分独特的地方，就是坚持要求使用法语。在商务活动中，法国人若发现跟自己交谈的人会说法语，却使用了英语，他肯定会生气。但也忌讳别人讲蹩脚的法语，认为这是对其祖国语言的亵渎。若对法语不纯熟，最好讲英语或借助翻译。

法国人爱花，生活中离不开花。在他们看来，不同的花可表示不同的含义。百合花是法国人的国花。他们忌送给别人菊花、杜鹃花、牡丹花、康乃馨和纸做的花。

法国人喜欢有文化和美学素养的礼品，唱片、磁带、艺术画册等是法国人最欣赏的礼品。他们非常喜欢名人传记、回忆录、历史书籍，对于鲜花和外国工艺品也颇有兴趣，讨厌那些带有公司标志的广告式礼品。

公鸡是法国的国鸟，它以其勇敢、顽强的性格而得到法国人的青睐。野鸭商标图案也很受法国人喜爱。但他们讨厌孔雀、仙鹤，认为孔雀是祸鸟，并把仙鹤当作懒汉的代称。法国人不喜欢无鳞鱼，所以也不爱吃它。

对于色彩，法国人有着自己独特的审美观。他们忌黄色、灰绿色，喜爱蓝色、白色和红色。

六、德国的商务礼俗与禁忌

在商务谈判中，德国商人不仅讲效率，而且准备周详，不喜欢缺乏准备的对手；擅长在商谈前准确地做好谈判议程安排；在谈判中表现得较为固执，难以妥协，因而交易中很少让步。但他们重合同、讲信誉，对合同条文研究得极为透彻，合同一旦签订，任何对合同的更改要求都不会得到他们的理会，他们执行合同也十分严格。

德国人在交谈中很讲究礼貌，他们比较看重身份，特别是看重法官、律师、医生、博士、教授一类有社会地位的头衔。对于一般的德国人，应多以“先生”“小姐”“夫人”等称呼相称，但德国人没有被称为“阁下”的习惯。

德国人口味偏重，香肠、火腿、土豆是他们比较爱吃的东西。他们还爱饮啤酒，但在吃饭、穿衣、待客方面都崇尚节俭。

给德国人赠送礼品，务须审慎，应尽量选择有民族特色的礼物。不要给德国女士送玫瑰、香水和内衣。因为它们都有特殊的意思，玫瑰表示“爱”，香水与内衣表示“亲近”，即使女性之间，也不宜互赠这类物品。用刀、剪和餐刀、餐叉等西餐餐具送人，有“断交”之嫌，也是德国人所忌讳的，在服饰和其他商品包装上禁用此类符号。德国人忌讳茶色、黑色、红色和深蓝色。

七、俄罗斯的商务礼俗与禁忌

俄罗斯是一个重礼好客的多民族国家，其礼俗兼有东西方礼仪的特点。俄罗斯人整体文化素质很高，许多家庭都有极丰富的藏书。他们的“见面礼”是亲吻与拥抱，即使在商务活动中也是如此。

俄罗斯人做生意比较谨慎。在谈判桌上，他们从不吝惜时间，擅长讨价还价，在生意场上显得有些拖沓。

与俄罗斯人交往，应特别注意以下特殊礼俗与禁忌。

（1）日常交往中主动问好是起码的社交礼仪。

（2）在称呼上，“您”和“你”有不同的界限，“您”用来称呼长辈、上级和熟识的人，以示尊重；而“你”则用来称呼自家人、熟人、朋友、平辈、晚辈和儿童，表示亲切、友好和随便。

（3）送礼和收礼都极有讲究。俄罗斯人忌讳别人送钱，认为送钱是一种对人格的侮辱。但他们很爱外国货，外国的糖果、烟酒、服饰都是很好的礼物。如果送花，要送单不送双，双数是不吉利的。

（4）对颜色的好恶与东方人相似，喜红忌黑；对数字，他们却和西方人一样，忌讳“13”，但对“7”这个数字却情有独钟。

（5）俄罗斯人豪爽大方，忌讳别人说他们小气。

（6）俄罗斯人很爱整洁，随便乱扔东西会受到众人的鄙视。喜欢向日葵商标图案。

（7）忌讳以历史上的某些有争议的领袖人物及当前的改革等作为话题。

任务五　不同国家的谈判风格

随着我国加入世界贸易组织，中外之间的交流变得越来越频繁，与各国之间的经贸谈判也越来越多，由于世界各国之间在历史传统、文化背景、风俗习惯和价值观念等方面存在明显的差异，这种差异反映在商务谈判中，就形成了不同的谈判风格。一个合格的谈判者必须熟悉各国文化的差异，尊重不同国家客商的感情和传统，做到左右逢源，掌握谈判的主动权，取得谈判的成功。

此外，商务谈判中，深入洞察对方价值观、思维方式、行为模式及心理特征，并巧妙运用，可占据主动权，更可能取得优势。

值得注意的是，同一国家、民族的不同个体间也存在显著差异，难以用单一标准衡量。民族文化、习俗对谈判人员影响深远，塑造行为举止，影响思维方式和价值观，成为影响谈判结果的重要因素。

因此，了解并熟悉不同国家、民族、地区的谈判风格对实现谈判成功至关重要。深入研究和学习可提高谈判成功率和效果。

一、美国商人的谈判风格

美国作为经济超级大国，在国际贸易中影响重大，其谈判方式也极具影响力。美国历史虽短，但早期拓荒者的开拓精神使美国人具有强烈进取精神。作为移民国家，美国人口流动大、开放程度高、现代意识强。移民们的社会等级变化不定，使得权威和传统观念无法支配他们。这种背景培养了美国人强烈的创新意识和竞争意识。此外，受犹太民族商业利益追求的影响，美国人重实际、功利、信用和效率。

美国人总是十分自信地步入谈判会场，不断地发表自己的见解和权益要求。他们外露直率，能直接地向对方表露出真挚、热忱的情绪。他们充满了自信，随时能与别人进行滔滔不绝的长谈。他们把物质利益上的成功作为获胜的标志。

他们非常赞赏那些精于讨价还价、为取得经济利益而施展手法的人，尤其是“棋逢对手”时，更易于谈判。在商务谈判中，美国人认为我的商品好、质量高，就要出高价，便宜不卖，但他们也不是等待顾客上门，而是积极采用各种方式进行宣传，使谈判对手知道他的商品好在什么地方，并且心甘情愿地出高价买下来。

在谈判过程中，我国可以利用技巧让美商之间产生竞争，以此达到更有利的谈判结果。我国总是能够让客人感受到自己的真诚和友好，使得客人在一开始的时候往往不好意思直接进行正式的商务谈判。同时，我们也会巧妙地让客人感到是我们是有所乞求的，从而促使客人主动展示其产品或设备的性能。

通过这样的策略，我国既能够展现出他们的热情好客，又能够在商务谈判中取得更有利的结果。

美国人的法律意识非常强，生活中的一切方面都可以诉诸法律。美国是四只轮子上的国家，人口不断流动，无法建立稳固和持久的社会关系，因此，人们只能用不以人际关系为转移的法律作为保障生存和利益的有效手段。

以上是美国人谈判的一般特点。由于美国很大，它不仅地域宽广，而且种族众多，人口颇多。因此，有必要把美国分成不同的地域，分别研究美国人的处事方式、商业习惯，这样才能在谈判中得心应手，取得成功。

二、德国商人的谈判风格

德国人非常自信，他们对本国的产品极有信心，在商务谈判中，他们常常会用本国的产品作为衡量的标准。他们在商务谈判中，坚持己见，权利与义务划分得清清楚楚。不但在商业活动中是这样，就是在日常生活中，权利与义务的意识也很强。

德国谈判人员喜欢直接表示他希望做成的交易，准确地确定交易的形式，详细地规定谈判的议题，全面地拟定一份涉及所有议题的报价表。德国人的思维很有系统性和逻辑性，在商务谈判中，他们的陈述和报价都非常清楚、明确、坚决和果断。如果谈判对手的思维混乱，往往会引起他们的反感和不满。

德国人以其卓越的系统性和逻辑性闻名，因此在商务谈判之前，他们总是力求做到详尽无遗的准备工作。他们不仅会对你希望购买或销售的产品进行深入研究，更会对你的公司进行细致入微的分析，以评估你作为潜在商业伙伴的可靠性和合作潜力。

在财务方面，德国人向来秉持谨慎和稳健的态度，不愿轻易冒险。因此，在谈判的筹备阶段，他们会特别关注你公司的财务状况和信誉记录，以确保你的提案与这些要素相符。

如果你计划与德国人开展商业合作，那么在谈判前务必做好充分的准备工作。你需要准备详尽的资料，以便能够回答关于你公司和提案的各种问题。这样的准备不仅有助于建立信任，还能提高谈判的成功率。

德国人倾向于周密准备但缺乏灵活性和妥协，这在报价阶段尤为显著。一旦他们提出报价，往往显得不可更改，讨价还价空间小。与德国人做生意时，应在报价前摸底并陈述立场，但需迅速行动，因德国人会迅速进入磋商阶段。签订合同前，德国人可能试图压价，需保持警惕，可拒绝或做出最后让步。

德国人有“契约之民”的雅称。他们崇敬合同，严守合同信用，因此，他们对合同条文研究得比较仔细，要求谈判协议上的每个字每句话都十分准确。一般说来，订了合同之后他们就绝对会履行，不论发生任何问题也决不毁约。例如，尽管有时他们未在发票上签字，但到了付款日期，也一定会汇款过来。因此，他们之中很难找到背信弃约的人，如有的话，那是要追究责任、要求其承担赔偿损失的。

德国人有很强的时间观念，如果你在谈判时迟到，那么德国人对你那种不信任的反感心理就会溢于言表。在签订合同之后，应严格遵守交货日期或付款日期，任何要求宽延或变更都是不会被理睬的。

三、法国商人的谈判风格

法兰西民族在近代史上有其社会科学、文学、科学技术上的卓越成就，民族自豪感特别强，他们具有戴高乐的依靠坚定的“不”字以谋取自己利益的高超谈判本领。

法国人认为法语是世界上最高贵的语言，在大多数的交易中，即使他们的英语讲得很好，往往也会坚持用法语来谈判，只有恰好他们是在国外而且在商业上对你有所要求时，他们才会做出让步。因此，如果你想和法国人长期做生意，最好学一些法语，或者在谈判时选择一名好的法语翻译。

法国人开朗、注重人情，珍惜交易中的人际关系。这种性格影响商业交往，法国人通常不会与未成为朋友的人做大笔生意。因此，与法国人谈判需建立友好关系，需长时间努力。在社会交往中，法国人也会顾全对方面子。例如，一位法国经理邀请日本商人到家做客，日本商人误喝洗手指的水，主人示意孩子也喝，以顾全对方面子。

法国商人常用横向式谈判，即先勾勒协议轮廓，达成原则性协议，再确认各方面内容。这与美国人的逐项磋商方式不同。法国人喜欢书面纪要或备忘录，为后续谈判和正式协议奠定基础。

法国人摸底时坦率，能提出建设性意见。与法国人谈判时，多谈社会新闻和文化艺术等话题可活跃气氛。法国人喜欢谈论政治、文化和艺术。

法国人依赖自身力量和资金经营，不勉强办事，不逾越财产范围。若谈判中有足够经济实力，法国人不会手软。若协议有利，他们会要求严格遵守。

法国的时装领导世界潮流，法国的男士和女士都穿戴得极为考究。在他们看来，衣着代表一个人的修养和身份。因此，同法国人谈判生意时，你要尽可能穿上你最好的衣服。

另外，每年的 8 月，法国全国都在放假，在巴黎，除了旅游者外几乎别无他人。法国人喜欢度假，任何劝诱都无法使法国人错过一个假期来谈生意。甚至在 7 月的最后一个星期或者 9 月初，法国人的心思也仍在度假中。

四、英国商人的谈判风格

英国谈判者除了说英语以外不会讲其他语言，因为有不少国家都将英语作为第二语言，所以他们设想世界上其他人都会讲英语或想学会讲英语，并以之为自豪。在与英国人做生意时，应尽可能使用英语。

英国人比较讲究绅士风度，对对方的修养和风度也很关注。如果能在谈判中显示出你很有教养和风度，就会很快赢得对方的尊重，并为谈判成功打下良好的基础。

同时英国人的等级观念是非常严格而深厚的。与英国人谈生意时，在人员选择上应注意级别对等原则，以示平等和尊重。

英国人善于交往、讲究礼仪、对人比较友善和容易相处。当你受到英国人款待之后，一定要写信表示谢意，否则你会被认为是不懂礼貌的人。要约会的时候，假如过去没有见过面，一定要写信告诉他面谈的目的，然后再定时间。

英国人在谈判中比较灵活，他们常常在开场陈述时十分坦率，愿意让对方了解他们的立场和观点。他们能够提出积极性意见，并对别人提出的建设性方案做出积极的反应。在谈判中即使形势对他们不利，他们仍会保持诚实。

英国在民族感情上有些微妙之处。英国现在仍是君主制的国家。“二战”后，英国经济发展迟缓，国力相对下降。因此和英国人交谈时，注意不要涉及爱尔兰的前途、共和制和君主制的优劣、乔治三世、治理英国经济的方法以及大英帝国的崩溃原因等政治色彩较浓的问题。比较安全的话题是天气、旅游、英国的继承制度和皇室家族等。

英国人的家庭收入比较高，生活比较优裕，他们往往会在节假日全家出去旅行。英国每年冬、夏两季有 3 ~ 4 周的假期，他们常常利用这段时间出国旅游，往往要到很远的国家。因此，在夏季以及从圣诞节到元旦这段时间内，英国人较少做生意。英格兰从 1 月 2 日开始恢复商业活动，而在苏格兰，则要等到 4 日以后。因此，如果要与英国人谈判生意，就要注意避开这些节假日。

五、俄罗斯商人的谈判风格

如果你对俄罗斯的文化和艺术做过研究，他们便会非常尊重你，这会给谈判营造出友善的气氛。俄罗斯人很注意仪表，在公共场合比较注意举止，从不把手插在口袋或袖子里，也不轻易地脱下外衣。在商务谈判中，他们比较欣赏对方友好的仪表，如果你不修边幅来进行谈判，会使他们反感。俄罗斯人的文明程度较高，不仅家里搞得比较整洁，而且很注意公共卫生，极少有人在公共场所乱扔果皮核，如果有人违反，不仅会受到谴责，还要被罚款。

在同俄罗斯人做生意时，要有耐心，不要急于求成。尽管他们有时行事迟缓，但在谈判中却非常精明，总是准备充分。为了压低价格，他们常采用以下方法：一是“欲擒故纵”，假装无法与你谈判，实则想让你降价；二是“降价求名”，承诺低价可获更多订单，但实则希望价格永远保持低水平；三是“虚张声势”，通过大声抗议或离开谈判桌来迫使对方降价。面对这些策略，要保持冷静，不要轻易降低价格。

俄罗斯人不容易改变自己的看法。在价格谈判时，无论对方的价格多么低，他们总是不会接受你的第一次报价。所以在谈判过程中，你要具有一定的灵活性。你可以事先特地为俄罗斯人印好一份标准价格表，这份表上的所有的价格实际上都有适当的溢价。这样做能给后面的谈判留下余地。

六、非洲商人的谈判风格

非洲有 50 多个国家，面积仅次于亚洲，是世界第二大陆。非洲大陆绝大多数国家政治上已独立，但内部冲突和外部战争连年不断；经济不发达，严重依赖大国；教育水平落后，人民卫生状况较差。非洲可分为北非、东非、西非、中非和南非五个部分。不同地区、不同国家的人民由于在种族、历史、文化等方面存在极大的差异，因此，他们的国情、生活习俗方面也各具特色。非洲大陆各民族有不同的语言、习惯和文化；在其国内，存在许多部落，各部落之间对立意识强。国家在感情上所占的地位比不上部落。

在非洲进行生意谈判是比较艰难的，这主要表现在以下几个方面。

（1）非洲各部落内部具有大家庭色彩，认为有钱人帮助无钱人是天经地义。因此，一旦他们获得工资，亲戚们会纷纷索取，导致很少有人积极求职。这种风俗导致工作效率低、时间观念差。

（2）非洲人的权力意识强烈，小权力者也可能利用权力索取财物。在护照查验、房间预订和餐厅就餐时，给予小费或好处可能影响服务质量和待遇。与非洲人谈判时，为避免行贿嫌疑，可准备礼物以符合其喜好。一位外销员在非洲某国推销丝绸时，得知采购员需要资金，便商定以全价销售并给予回扣，交易迅速达成，双方合作逐渐扩大。

（3）在非洲，有很多生意假象。许多非洲商人很积极地找你谈判生意，在谈判中，他们会接受你的建议和条件，但他们这么做只是为了能够搞到必要的许可证，然后转手卖出去，或者能拿到你提供的样品。因为非洲国家法制不健全，你很难依靠法律追究他们的责任。所以在同非洲人谈判生意时，一定当心做假生意的商人，否则只能是枉费一番心血，落个自认倒霉的结果。

知识拓展

商务谈判风格国别差异的影响因素

1. 经济因素

经济指标如国内生产总值、产业结构、收入和消费能力等，都是衡量一个国家经济状况的关键。这些经济指标无疑会对商务谈判的风格产生影响。通常，那些收入和消费能力较高的个体，对生活品质有更高的追求，因此他们更重视个人时间。个人时间是指可以自由支配，用于个人兴趣和活动的时间。这样的人往往更注重时间管理，倾向于高效、迅速地完成谈判，以确保谈判能够按时开始和结束。相反，收入和消费能力较低的人可能更专注于收入问题，对时间的敏感度较低，谈判过程中可能会显得较为拖拉。

除了对时间的态度，经济水平还可能影响人们对隐私和个人空间的需求。一般来说，经济水平较高的人可能对隐私和个人空间有更高的要求。以日本为例，作为一个资源依赖进口的岛国，其经济结构自然倾向于外向型。这种经济特性促使日本企业必须具备开放的心态和对外交流的能力，特别是在国际商务谈判方面。因此，日本在国际商务谈判中的高超技巧是全球公认的。

2. 政治因素

政治是上层建筑，它体现了经济基础，并受到经济现象的影响。同时，政治也会对经济产生反作用。政治因素，如国家体制、政策和法律等，都会对商业谈判的风格产生影响。在单一政党执政的国家，商人们在政治议题上的立场和反应往往较为统一。相比之下，多党制国家中的商人则表现出更多样化的态度和反应。法律体系的差异同样会导致谈判风格的不同，比如在界定正常招待与贿赂的界限时，不同国家的法律标准会导致谈判者在行为上表现出显著差异。

3. 历史传统因素

风格反映了一种文化传承，它与一个国家的历史紧密相连。那些历史上长期遭受压迫的国家，其人民的行为往往更为谦逊，面对利益冲突时，他们倾向于采取间接和温和的表达方式。相反，历史上长期强大的国家，其人民则更可能展现出外向和直接的性格，倾向于公开讨论问题，并追求透明和公正。除了国家的实力背景，文化传统同样在塑造行为风格上扮演着关键角色。例如，东亚国家深受儒家文化的影响，倾向于内敛、忍耐，强调集体利益高于个人利益，个人的权利相对较小。与此相对，西方文化则更倾向于表现个性，直接表达，强调个人权利和自由。

4. 自然环境因素

自然环境因素众多，其中气候和地形是最基本的，它们进一步影响了土壤、水资源、生物多样性和农业实践。这些自然条件的差异又导致了文化和行为方式的多样性。在这些因素中，气候的作用尤为显著，尤其是温度和降水量。例如，多雨地区的人往往性格内敛。在温带海洋性气候的西欧，英国人通常表现得温和而含蓄。而在冬季温暖湿润、夏季炎热干燥的地中海气候区，如法国南部、意大利、葡萄牙和西班牙，居民则倾向于表现出热情、开放和浪漫的性格。

生产方式受自然环境影响，进而塑造了人们的行为风格。在中国东北，广阔的土地和寒冷的气候意味着人们更倾向于粗犷和豪放的生活方式。由于冬季漫长，人们有更多的时间社交和交流，因此往往善于言辞。需要注意的是，这些描述是基于一个国家或民族的一般特征，个体差异可能会很大。

课后实践

学习完本项目的内容后，认真完成表 6–1 的实践清单。

表 6–1 实践清单

实践目的	通过角色模拟进行交谈，并在交谈中展现适宜的社交礼仪
实践内容	1. 案例：B 公司经理从北京前来上海洽谈设备采购事宜，作为上海 A 公司的业务员，林先生去上海虹桥机场接机，并安排前来的客户入住酒店； 2. 待客户休息调整后，A 公司业务员开始与 B 公司经理进行商谈
实践要求	1. 各小组在实践开始前要准备好迎接客户到来的话术，以及商谈过程中所需资料； 2. 应充分发挥每个小组成员的积极性，使其分别扮演好自己的角色。注意分工、协作与配合，互相学习，培养团队意识； 3. 建立经验交流制度：每组完成模拟实践后，其他同学及小组间可进行经验交流，教师可针对共性问题在课堂上组织讨论和进行专门的讲解； 4. 实践完成后提交实践报告
实践步骤	1. 分组并指定各组负责人； 2. 教师介绍本次实践的内容和实践情景； 3. 各组确定实践活动情景角色； 4. 思考迎接客户的话术和注意事项； 5. 各组模拟实践； 6. 各组围绕实践过程中的礼仪进行讨论； 7. 教师点评

实践评价

完成以上实践后，认真填写表 6–2 的实践评价。

表 6–2　实践评价

评价内容	分值	得分
参与实践的积极性、主动性	25	
独立思考能力	25	
创新能力	25	
商谈过程中的语言及非语言得体程度	25	
教师点评：		

项目小结

1. 基本社交礼仪，包括寒暄、交谈和中西语言交际等方面。

2. 商务谈判中的礼仪，包括谈判地点和座次的安排、宾主相见礼仪、谈判中的语言礼仪以及女性礼仪等方面。

3. 不同谈判对手的禁忌，通过分析不同人群的自我追求和性格特点，学会了在谈判中避免触及对方的敏感点，从而更有效地推动谈判进程。

4. 国际商务礼俗与禁忌，特别是针对西方国家和亚洲国家的商务礼俗进行了重点剖析，有助于参与者在跨国商务谈判中避免因文化差异而引发的误解和冲突。

5. 探讨不同国家的谈判风格，通过对比分析各国商人的谈判特点，参与者能够更好地理解和适应不同文化背景下的谈判方式，提高谈判的灵活性和成功率。

思考练习

1. 比较常见的寒暄方式有哪几种？
2. 在安排谈判地点和座次时应注意哪些事项？
3. 根据性格的不同可以把谈判对手划分为哪几类？与他们谈判的禁忌分别是什么？

项目七

网络商务谈判

项目导读

网络商务谈判是指通过互联网或其他网络平台进行的商务交流和协商的过程。随着互联网的快速发展，越来越多的企业开始将商务活动转移至线上，网络商务谈判也因此成为企业开展商务活动的重要方式之一。通过网络商务谈判，企业可以突破地域限制，与全球范围内的客户进行合作，从而节约时间和成本，拓宽商务合作渠道，提高企业的竞争力和效益。

学习目标

知识目标

1. 了解网络商务谈判的作用和形式。
2. 掌握网络商务谈判的基本流程。
3. 熟悉网络商务谈判的风险。

技能目标

1. 能够收集、分析、整理与网络商务谈判相关的信息。
2. 掌握网络商务谈判中的风险，在实际应用中能够有效规避风险。
3. 能够利用互联网，进行网络商务谈判。

素质目标

1. 正确认识网络商务谈判，培养学生网络风险意识。
2. 培养学生将网络商务谈判知识应用于实践活动中，做到知行合一。
3. 提升学生法律意识，做到自觉守法，依法办事。

思政目标

1. 培养学生具备网络商务谈判的基本概念、原则和特点的认识，了解网络商务谈判在现代商业交流中的重要作用，增强学生对网络商务谈判的重视程度。

2. 通过学习和实践，使学生掌握网络商务谈判从准备到实施再到结束的一系列流程和关键环节，培养学生在网络商务谈判中能够有序、高效地进行沟通和协商的能力。

3. 帮助学生识别网络商务谈判中可能存在的风险，如信息泄露、合同陷阱等，并教导学生如何有效预防和应对这些风险，增强学生的风险意识和应对能力，以保障商务谈判的顺利进行和企业的利益。

案例

中国—东盟商贸洽谈会

由中国—东盟商务协会总会、中国亚洲经济发展协会品牌管理专业委员会主办，北京领讯时代文化传媒有限公司、马来西亚发林集团、亚洲星云品牌管理（北京）有限公司承办的“第二届中国—东盟商贸洽谈会”于2021年11月8日在线上开幕。

在本次线上洽谈会上，来自中国、马来西亚、新加坡、印度尼西亚、缅甸等国的商会和企业代表分别发言，交流商机。本次线上洽谈会还设置了物流运输、汽车零配件、食品饮料、跨境电商等多个专题对接会，企业可通过视频进行洽谈，推进投资合作事宜，实现“云互动”。本次线上洽谈会助力各国企业匹配商机，实现多方共赢，提前为2022年《区域全面经济伙伴关系协定》（RCEP）生效搭建区域间经贸合作的商业信心和友好氛围。

本次“中国—东盟商贸洽谈会”是中国—东盟建立贸易合作关系30年以及建立战略伙伴关系18年来取得成就的一个缩影。会议打破了新冠肺炎疫情带来的物理阻隔、满足海内外经贸企业的商业合作需求，同时加强了中国和东盟之间的经贸文化交流，将有力地促进亚太地区的经济发展，对区域的和平与发展起到重大的促进作用。

课堂讨论：

1. 你对网络商务谈判了解多少？
2. 你认为网络商务谈判的优势是什么？

任务一　网络商务谈判的知识

网络商务谈判是借助于互联网进行协商对话的，是伴随着电子商务的兴起而出现的一种新型谈判方式。网络商务谈判为谈判双方提供了丰富的信息资源，降低了谈判的成本，因而具有强大的吸引力。了解网络商务谈判的基础知识能够更好地为网络谈判服务，促成签约（图 7–1）。

网络商务谈判

图 7–1　网络谈判

一、网络商务谈判的作用

1. 提高谈判的客观性

网络商务谈判能够让谈判双方进行跨区域谈判沟通，双方谈判人员不必面对面交谈，在某种程度上提高了谈判的客观性。

首先，网络商务谈判的优势在于高效的信息互通，节省时间成本，有助于深入研究并反馈谈判进展，形成客观科学的决策。

其次，网络商务谈判减少主观因素干扰，双方更专注于谈判条件和结果，消除偏见和误解，提高客观性，更易达成互利共赢协议。

2. 降低谈判成本

与传统的商务谈判相比，网络商务谈判能够大大降低谈判的成本。

在网络商务谈判中，谈判人员不需要四处奔走，双方仅需要通过互联网就可以确定谈判议程，实现询价、报价、讨价还价等环节。此举能够减少双方在食宿、通信等方面的开支。此外，若谈判期限较长或地点较远，网络商务谈判还能够节省时间成本。

3. 提高谈判效率

网络商务谈判能够最大限度地缩短谈判时间，使谈判双方获取更全面的信息资源，提高谈判效率。

传统的商务谈判需要花费大量的时间在分析情况、制订谈判方案、组建谈判队伍上。同时，在前期做背景调查的过程中，可能会存在资源、时间受限等因素。但是，借助互联网庞大的信息库，谈判人员就能够有更多的信息来源，掌握更全面的信息，从而节省谈判时间，提升谈判效率。

案例

网络谈判促成的合作

欧洲A公司原定2021年1月到日本B公司就进口工程设备进行谈判磋商。但由于国内外疫情形势严峻，不能如期成行。基于此前双方有过友好合作，且对双方公司的基本情况有一定的了解，双方决定采取视频会议的形式进行在线谈判。

谈判开始，B公司谈判人员首先从设备性能、优势方面进行了阐述，并向A公司在线传送了一份设备详细价目表。A公司认为B公司的价格偏高，告诉对方："在贸易方面，我们曾有过良好的关系，我们也很有进一步合作的诚意，我希望贵方的价格可以再降些。"

B公司谈判代表闻言说："鉴于我们双方之前的合作很愉快，这样吧，我们再降10万美元。"A公司谈判代表说："实不相瞒，我们对市场上同样的设备做了对比分析，也了解价格行情，如果贵公司同意，我们打算后续继续订购此设备，希望贵公司能报最优惠的价格，这是我们此次打算订购的数量及后续订购的安排。"B公司代表听完后向A公司发送了一份设备订购明细。

A公司在综合考虑了B公司的条件后，同意了B公司的要求，将价格在原始报价的基础上降了18万美元。待各项条款都谈妥后，双方在线签订了协议，比原定计划谈判时间缩短了两周。

二、网络商务谈判的形式

根据不同的沟通工具来划分，网络商务谈判可以分为以下两种形式。

1. Email 谈判

Email 谈判是指谈判双方利用电子邮件进行信息交流的谈判，属于书面谈判。Email 谈判的优势主要有以下两个方面。

（1）制造"缓冲区"

在传统谈判中，谈判双方通常是面对面使用语言进行信息交流的，需要在有限时间内做出决策。双方一旦停止交流，就可能是谈判出现了僵局。而 Email 谈判能够制造一个"缓冲区"，给谈判双方留有足够的时间和空间进行周密的思考。

（2）提高决策科学性

借助 Email 进行联系和沟通时，谈判人员不仅能够有更多的时间和空间进行思考，提出更多的解决方案，还能够有时间向企业领导或决策机构咨询意见，有利于慎重决策，提高决策的科学性。

然而，Email 谈判也有弊端。首先，缺乏非正式交流机会，不易建立信任，冲突和误会易升级。其次，无法利用身体语言探寻对方心理，沟通效果有限。最后，反馈不及时，存在时间延迟。

需要注意的是，在进行 Email 谈判之前，双方应就沟通方式、回复时限、是否允许转发等问题提前进行讨论；在使用 Email 进行谈判时，要尽量做到内容精练、表达清晰。

2. 即时通信谈判

即时通信谈判是指利用聊天工具建立一个智能会议空间，从而实现即时通信的一种谈判。通常来说，即时通信谈判常用的即时通信工具主要包括 QQ、微信、Skype 等。即时通信谈判的优势包括以下几个方面。

（1）获得即时信息

即时通信谈判能够让谈判双方获得即时信息。在即时通信谈判中，谈判双方同时在线，可以对对方的要求进行及时反馈，也可以及时提出自己的要求。

（2）交流方便、顺畅

即时通信谈判特点在于信息量大且方便快捷，促进顺畅交流。利用即时通信工具，可传输文字、语音、视频，迅速准确传递文件、图片，仅需几分钟甚至几秒即可完成。

（3）突破时间、空间限制

即时通信谈判可以 24 小时全天进行，不受时间和空间的限制，降低了谈判的成本。

此外，即时通信谈判和 Email 谈判一样，也存在一些弊端。一方面，谈判双方不容易建立信任关系，双方的交流和沟通存在障碍，很容易产生误会和矛盾。另一方面，由于传统的面对面谈判需要双方付出人力、物力、财力成本，因此双方都会各尽所能促成交易。而即时通信谈判的成本远远小于面对面谈判的成本，双方选择的余地也更多，所以只要稍不满意，一方就可能结束谈判，转而寻找下一个谈判对象。

任务二　网络商务谈判的流程

网络商务谈判的基本流程包括寻找谈判对象、进行信息调研、组织谈判和签订合同。

一、寻找谈判对象

寻找谈判对象是进行网络商务谈判的第一步。当前网络信息高速发展，利用互联网寻找潜在谈判对象能够弱化信息的不对称性和不完全性，有效降低搜寻成本。一般来说，谈判人员可以通过以下两种途径寻找谈判对象。

1. 主动搜索

买家或卖家使用搜索引擎或专门的电商网站，根据自身需求寻找合适的交易对象。当找到符合条件的目标后，通过筛选和比较选定谈判对象。

2. 网络推广

网络推广是指使用一定的方法通过互联网来推广自己，让潜在客户主动联系自己。可以在搜索引擎或相关论坛上发布相关信息，还可以在目标客户聚集的行业知名网站上对自己的产品进行推广，从而提高知名度。这种方法相对来说较为被动，但使用这种方法找到的客户可能合作的意向更强。

二、进行信息调研

商务谈判的成败在一定程度上取决于对信息资料的掌握程度，对信息资料掌握越多，在谈判中就越得心应手。因此，在选定谈判对象之后，谈判人员要通过各种渠道进行信息调研。

在网络商务谈判中，谈判人员利用互联网进行信息调研。他们访问对方官网或使用搜索引擎，获取对方需求、信用、合同执行等关键信息，并了解对方谈判团队组成、权限及谈判策略。同时，借助企业内部管理系统，梳理己方情况，明确优势和劣势，制定精准策略。此外，关注新闻资讯、参与论坛讨论，获取贸易环境最新动态，助力谈判提供有力支持。

三、组织谈判

1. 选择谈判形式

网络商务谈判形式多样，选择时需综合考虑多种因素。如时间或精力不足，可选择Email谈判；若急需交易且双方可在线，可用即时通信工具谈判。

2. 确定人员构成

在进行网络商务谈判前，双方需确定谈判团队构成。网络商务谈判不受谈判人数限制，人员组织灵活。谈判人员可根据形势变化随时更换和补给，发挥集体智慧。

3. 制订谈判方案

在网络商务谈判中，常采用纵向谈判方式。制定谈判方案时，应强调逻辑性，按主次顺序排列问题，并在解决主要问题后再进入下一环节。此方式能避免多头牵制、议而不决，提升谈判效率。

4. 开始谈判

待完成各项准备工作后，谈判双方开始进行网络谈判。首先由卖方报价，买方回应，之后双方进入讨价还价阶段。在经过多个回合的交锋后，根据双方意向可进入电子合同的签约阶段。

四、签订合同

同传统商务谈判一样，双方达成交易意向后进入签约阶段，确定权利义务关系（图 7–2）。

图 7–2 签订合同

在网络商务谈判中，双方一般采用电子合同形式签约，电子合同是通过电子邮件和 EDI 明确权利义务关系的协议。

电子合同签订过程简单快捷，一方编辑合同内容并导入，双方填写交易信息并确认，盖上电子印章即生效。

任务三 网络商务谈判的风险

在网络商务谈判中，风险是不可避免的。只有正确认识网络商务谈判中的风险，才能更好地规避风险、减少损失。在网络商务谈判中面临的风险主要有信用风险、信息风险和法律风险。

一、信用风险

信用风险源于商务活动中合同义务未履行。网络商务谈判中，双方通过网络沟通，可能导致背景调查不全或遗漏。这种遗漏增加了身份确认和信用评估的难度，导致判断对方真实意图和履约能力更难，进而增加信用风险。尽管充分调查交易者信用可降低风险，但网络中的恶意炒作也可能误导双方。因此，网络商务谈判时，双方需高度警惕，多渠道核实对方信用，确保交易顺利。

此外，与传统的商务谈判相比，网络谈判虽然可以有效降低成本，但因其虚拟性可能会导致谈判过程中信息的不对称。作为买方只能通过网上所呈现的文字或图片来了解商品，但可能收到的商品质量达不到预期，同样，作为卖方，也无法确认买方是否会支付相关款项。

案例

网络谈判的陷阱

小李想买一台电脑，这款电脑的官方售价是5 800元，某二手平台上的转卖价是4 000元左右。小李在该平台上偶然看到一个二手卖家只卖3 300元，在联系卖家之后，小李添加了该卖家的QQ，双方在QQ上谈好以3 200元的价格成交。随后，小李点进了卖家发给他的链接。小李在付款后发现此链接是假链接，才意识到被骗了。

二、信息风险

任何形式的谈判都必须要保证信息安全，确保企业的机密不被泄露。网络商务谈判是借助于互联网而展开的，由于互联网的开放性及虚拟性，网络信息的传播更自由、即时，所以在网络商务谈判中难免会存在信息风险。一般来说，网络商务谈判中的信息风险主要由以下原因引起。

1. 网络安全隐患

网络安全是保护网络系统硬件、软件和数据免受破坏、更改、泄露，确保网络系统持续正常工作的状态。随着互联网用户增多，网络安全风险也不断增大。不当使用互联网进行聊天或收发邮件，可能导致信息泄露，给企业带来损失。网络黑客侵入数据库和系统，盗取商业信息，同样给企业造成巨大损失。

2. 计算机病毒传播迅速

网络在为人们带来便捷的同时，也隐藏着巨大的危机。一些计算机病毒传播迅速且破坏性较大，会在用户打开网页时攻击计算机系统，导致数据混乱、系统不完整或系统失效等，严重影响网络商务谈判的信息安全。

3. 数据加密技术不完善

在网络商务谈判中，涉及的企业数据、合同和用户支付信息均为机密，需采取加密措施确保安全。目前，数据加密技术被广泛用于数据保密，通过加密钥匙和函数将明文转为密文，接收方再解密。但该技术存在密钥过短、保密性不强等缺点，数据仍面临非法窃取、泄露等风险。

4. 谈判一方获取的信息不完整

在网络商务谈判中，信息传输可能遇到丢失、重复、次序不同等问题，导致双方信息不对等。保持信息一致性和完整性是谈判成功的关键。因此，必须确保信息不被随意修改或删除，并统一传送次序，防止数据丢失或重复发送。

三、法律风险

法律风险是指企业由于法律法规因素所需要承担的潜在经济损失或其他损害的风险。

网络商务谈判的虚拟环境不同于传统商务环境，会产生很多传统商事法律难以调整的新问题，进而引发法律风险。其主要表现在以下两方面。

1. 电子合同的法律效力

电子合同与书面合同法律效力相同，但电子形式具有特殊性，尤其在签名效力及信息安全方面。此外，因非面对面签署，还会遇到身份确认、信息输入错误等问题。需特定法律法规规范，以保障电子合同与书面合同的同等法律效力。

2. 程序法上的风险

电子商务活动范围广泛，不受地域限制。在网络商务谈判中，解决纠纷可能面临高成本和管辖权不确定的问题。为应对这些风险，谈判双方可通过合同预先约定管辖法院和适用法律。

课后实践

学习完本项目的内容后，认真完成表 7–1 的实践清单。

表 7–1　实践清单

实践目的	通过网络购物，了解网络商务谈判的流程，并学会规避网络商务谈判中的风险
实践内容	1. 案例：北京某职业技术学院文学院打算购买一批文具，其中包括文件夹 300 册、记事本 300 本、签字笔 100 盒； 2. 请同学们通过购物网站寻找合适的商家，就购买价格与商家进行谈判
实践要求	1. 在网络中搜集所需物品的价格信息； 2. 制定相应的话术进行还价，以达到双方满意的价格
实践步骤	1. 分组并指定各组负责人； 2. 教师介绍本次实践的内容和实践情景； 3. 选定商家： （1）在各类购物网站上利用关键词搜索相关的商家； （2）从商家的企业网站及买家评论等多个渠道，了解商家的资信能力、经营作风及产品质量； （3）经过各方面对比分析，选定谈判对象 4. 与商家谈判： （1）登入网站； （2）与商家进行价格磋商，并通过录屏记录谈判过程 5. 各组围绕实践过程中出现的僵持点进行讨论； 6. 教师点评

实践评价

完成以上实践后，认真填写表 7–2 的实践评价。

表 7-2　实践评价

评价内容	分值	得分
参与实践的积极性、主动性	25	
独立思考能力	25	
创新能力	25	
谈判开始前的组织能力	25	
教师点评：		

项目小结

1. 网络商务谈判是借助于互联网进行协商对话的，是伴随着电子商务的兴起而出现的一种新型谈判方式。

2. 网络商务谈判的作用：提高谈判的客观性、降低谈判成本、提高谈判效率。

3. 网络商务谈判的基本流程包括寻找谈判对象、进行信息调研、组织谈判以及签订合同等多个环节。

4. 网络商务谈判可能遇到的风险。这些风险主要包括信用风险、信息风险以及法律风险。信用风险主要源于对方的履约能力和意愿问题；信息风险则可能由于信息不对称或虚假信息导致；法律风险则涉及合同法律效力的确定和争议解决等方面。

思考练习

1. 网络商务谈判相比传统商务谈判有哪些主要优势?

2. 在进行网络商务谈判时，如何有效地管理沟通以避免误解和冲突?

3. 在网络商务谈判中，如何评估对方的信誉和可靠性?

项目八

合同签订及纠纷谈判

项目导读

随着市场经济的不断发展，企业间的合作日益频繁，合同签订成为保障双方权益、确保业务顺利进行的重要环节。然而，由于各种因素的存在，合同履行过程中可能会出现纠纷，需要双方进行谈判协商。为了提高合同签订效率和纠纷谈判水平，本项目旨在为企业提供专业的合同签订及纠纷谈判服务。

学习目标

知识目标

1. 掌握合同签订的基本法律知识和流程。
2. 了解合同纠纷的常见类型及处理方式。
3. 熟悉合同法律条款及其含义。

技能目标

1. 能够独立进行合同文本的起草和审查。
2. 具备有效的合同谈判和纠纷调解技巧。
3. 学会运用法律手段解决合同纠纷。

素质目标

1. 培养学生良好的法律意识和合同风险意识。
2. 提升学生逻辑思维和语言表达能力，在谈判中保持冷静和理性。
3. 强调诚信原则，培养学生遵守职业道德和法律法规。

思政目标

1. 通过了解合同的种类和形式，增强对合同法律制度的认识，培养学生法治意识，遵守合同法律法规，维护合同双方的合法权益。

2. 通过掌握合同签订的程序和注意事项，培养学生诚信意识和契约精神，确保合同的合法性和有效性。

3. 通过了解合同纠纷谈判的技巧和方法，培养学生解决问题的能力，维护合同双方的合法权益，促进和谐稳定的合同关系。

案例

国际货物买卖口头形式合同是否有效的争议案

某年3月，我国浙江省某进出口公司的一位美国客户在与该公司业务员会面时，口头向该公司下了一笔订单，由于时间较为仓促，加上该客户是公司老客户，与之洽谈的业务员未要求与对方当场签下书面合同，只是请对方回国后再发一份传真以便留档。客户回国后，并未发来传真，我方业务员也未坚持催要，同时，我方根据客户要求已开始备货，当货物将要备齐，我方请客户确认汇款时，客户告之，当时由于较为匆忙，未充分考虑，以至下了口头订单，回国后，仔细加以核算，发现无法成交，加上我方请其以传真确认，则认为不发传真订单合同不正式成立，而且，根据其对于中国的了解，中国在国际货物买卖中是不承认口头形式合同的。所以，客户提出：对于由于其未及时通知我方取消口头订单造成的损失表示遗憾，但仅此而已。我方得知客户态度后表示，中国已经适用新《合同法》，在其中明确了口头形式合同的有效性，美国客户的说法纯粹是一种托辞，无任何法律依据，所以坚持向客户索赔。

任务一　合同的种类和形式

合同是商品生产和商品交换发展到一定历史阶段的产物，合同制度是商品生产和商品交换经济关系在法律上的表现，是反映市场经济的一种法律制度。随着市场经济的发展，合同也越来越广泛地被采用。对于采用合同这一法律形式的企业来说，就面临合同签订谈判以及由此而产生的合同纠纷谈判等一系列问题，本任务将就这一系列问题展开论述。

一、合同的种类

依据不同的标准，可以对合同进行不同的分类。在我国具有法律意义的分类有以下几种。

1. 双务合同与单务合同

双务合同是当事人双方互负对待给付义务的合同，如买卖、租赁、承揽、运输等合同。单务合同则是合同当事人中一方负有义务，另一方不负有相对义务的合同，如赠予合同。

2. 有偿合同与无偿合同

有偿合同是指一方履行合同义务，对方需支付相应代价以获得利益的合同，是商品交换的法律形式，多数交易合同属于有偿合同。无偿合同则是指一方给予对方利益，对方无需支付报酬的合同。

3. 有名合同与无名合同

有名合同是法律上已命名并设定规则的合同类型。《中华人民共和国合同法》以下简称《合同法》列举了 15 种有名合同，每种都有明确的法律定义和规则。

与有名合同相反，无名合同在法律上未获特定命名和固定规则。但基于合同自愿原则，只要不违反法律禁止性规定且不损害公共利益，当事人可自由订立。

对于无名合同的处理，《合同法》规定：当未明文规定某类合同时，应首先适用总则规定。同时，可参照相近规定确保合同合法有效。

4. 要式合同与不要式合同

要式合同是依法律规定或当事人约定需采用书面等形式成立或生效的合同，如贷款合同、长期租赁合同、融资租赁合同等。非自然人间的部分合同为法定要式合同，当事人也可约定采用书面等方式。不要式合同则是无需特定形式，除法律另有规定或当事人另有约定外，均为不要式合同。

5. 诺成合同与实践合同

诺成合同是指当事人双方意思一致即成立的合同，多数合同均为诺成合同。实践合同则需交付标的物才成立，仅凭意思一致不能产生法律效果，属于特殊合同。自然人之间的借款合同、保管合同是实践合同，需按法律特别规定订立。根据《合同法》，借款合同自提供借款时生效，保管合同自交付保管物时成立，除非另有约定。

6. 有效合同、无效合同、可撤销合同与效力待定合同

根据合同的效力状态，合同可分为以下几类。

（1）有效合同：已成立，具备完整法律效力，对双方有约束力，可依法执行。

（2）无效合同：虽形式成立，但违反法律或损害公共利益，法律上无效力，双方不受约束，无法律保护。

（3）可撤销合同：法律上有效，但存在瑕疵如欺诈、胁迫，一方或双方有撤销权。若行使，合同失效或变更；若不行使，保持有效性。

（4）效力待定合同：已成立，但效力尚未确定，可能因条款争议或需特定条件生效。

分类合同效力时，需准确判断构成条件，依据不同规则处理，确保合法性、有效性和公平性，维护当事人权益。

有效合同必须满足下列三个条件。

（1）合同当事人应当具有民事权利能力和民事行为能力。

（2）订约当事人订立合同的意思表示要真实，必须出于主体的自愿，而不能是在违背其真实意思的情况下订立的。

（3）合同不能违反法律与社会公共利益。一般的合同如符合上述条件依法成立则在成立之时生效。但是合同应办理批准、登记等手续的以及合同附约定生效条件、生效期限的则应在批准、登记时或条件成熟、期限届至时生效。

有效合同生效之后，对合同当事人就产生了法律约束力，当事人必须按合同的约定履行义务，否则可能要承担违约责任。

根据《合同法》的规定，下列合同是无效合同。

（1）一方以欺诈、胁迫的手段订立，损害国家利益的合同。

（2）恶意串通，损害国家、集体或第三人利益的合同。

（3）以合法形式掩盖非法目的的合同。

（4）损害社会公共利益的合同。

（5）违反法律、行政法规强制性规定的合同。

《合同法》对于一方欺诈、胁迫另一方订立的合同，并非完全认定为可撤销或无效。损害国家利益的合同为无效，其他则为可撤销，效力由当事人决定。无效合同分全部和部分无效，部分无效不影响其他部分。无效合同自始无效，但解决争议条款仍有效。无效合同导致损失，适用过错责任。

可撤销的合同由《合同法》明文规定为三种：第一种是因重大误解订立的合同；第二种是在订立时显失公平的合同；第三种是以欺诈、胁迫手段或乘人之危使对方在违背真实意思的情况下订立的合同。可撤销的合同其实质是一方当事人显失公平、违反了公平的法律原则。但是可撤销的合同不能强制撤销，其撤销权属于可能受到不公平待遇的一方当事人。当事人可以选择变更或撤销合同，由人民法院或仲裁机构作出裁决，撤销权的行使有一定期限，具有撤销权的当事人自知道或应当知道撤销事由之日起一年内没有行使撤销权或者知道撤销事由后明确表示或者以自己的行为放弃撤销权的，撤销权消失。

效力待定合同是生效要件有瑕疵的合同，其效力须进一步确定。这类合同又可具体划分为以下三种：一是无行为能力或限制行为能力人依法不能独立订立的合同；二是行为人没有代理权，超越代理权或者代理权终止后以被代理人名义订立的合同；三是无处分权的人处分他人财产的合同。

二、合同的形式

《合同法》第 10 条规定：“当事人订立合同，有书面形式、口头形式和其他形式。法律、行政法规规定采用书面形式的，应当采用书面形式。当事人约定采用书面形式的，应当采用书面形式。”根据这一规定，合同形式可以分为书面形式、口头形式或其他形式。

1. 书面合同

书面合同是指当事人采用书面文字表述方式确定相互之间权利义务关系的协议。《合同法》第 11 条规定：“书面形式是指合同书、信件以及数据电文（包括电报、电传、传真、电子数据交换和电子邮件）等可以有形地表现所载内容的形式。”书面合同是当事人双方意思表示一致的书面记载，它通过文字条款形式体现着合同内容，完整地反映了当事人的权利义务关系。

在书面形式的合同中，我们通常会看到主体和附件这两个部分。主体部分，主要是指那些详细列出合同主要条款和一般条款的文件，它们可以是合同书本身，也可以是信件、电报或电传等通讯形式。而附件，则是那些用来说明和补充合同主要条款的图表或文字材料，如与合同履行相关的可行性论证报告、操作规范，以及各类图纸、表格、照片等。附件同样是合同中不可或缺的一部分，对于确保合同的完整性和明确性具有重要意义。

当事人采用合同书形式订立合同的，自当事人双方签字或盖章时合同成立。当事人是法人或是其他组织的，应在合同上加盖单位公章或者合同专用章，并由法人的法定代表人、其他组织的负责人或者他们授权的其他人签字；当事人是自然人的，应由其本人或者其代理人在合同上签名。

2. 口头合同

口头合同是指当事人用口头语言为意思表示，通过对话方式确定相互之间权利义务关系的协议。口头合同包括以电话和交谈等形式订立的合同。凡是法律、行政法规没有规定采用特定形式，当事人也未作特别约定的合同，均可以采用口头形式订立。但是，由于口头形式缺乏书面文字依据，一旦出现纠纷，难于举证，不易分清责任。

3. 其他合同

其他合同是指当事人并非或者不完全以书面文字表述或者以言语对话方式为意思表示，而是通过其他方式确定相互之间权利义务关系的协议。合同的其他形式可以由法律直接规定或者由当事人约定。

任务二　合同的签订

合同签订是商务谈判中常见的一项内容，谈判者必须了解《合同法》对订立程序的规定以及对合同内容的规定，才能保证所签订的合同受到法律的保护（图 8-1）。

合同的签订

图 8-1 签订合同

一、合同订立的程序

合同订立是指当事人之间就合同的主要条款进行协商、议定，最终确定和认可其内容的过程。《合同法》第 13 条规定：“当事人订立合同，采取要约、承诺方式。”因此，合同的订立包括要约和承诺两个阶段。

1. 要约

要约是指希望和他人订立合同的意思表示。要约的特征表现为以下几方面：第一，要约是以订立合同为目的的意思表示，表现为要约人主动要求与受要约人订立合同；第二，要约的内容具体确定，即要约的内容应当包括合同得以成立所必需的条款；第三，表明经受要约人承诺，要约人即受该意思表示约束，要约一经受要约人接受，合同即可成立。

2. 承诺

承诺是受要约人向要约人表示同意要约的意愿。作为对要约的回应，承诺具有以下几个显著特征。

第一，承诺的发起者必须是受要约人。这意味着只有接收到要约的人才有权作出承诺，其他人无权代表受要约人进行承诺。

第二，承诺的传递方向是从受要约人至要约人。这确保了承诺的针对性和有效性，使得要约人能够明确知晓受要约人的意愿。

第三，承诺的内容应当与要约的内容保持一致。这意味着受要约人不能随意更改要约中的条款，除非要约人同意或要约本身允许一定的变更空间。对于合同中的关键要素，如标的、数量、质量、价款、履行期限、地点和方式、违约责任以及争议解决方法等，任何变更都可能被视为对要约内容的实质性变更。

第四，承诺还必须在要约规定的期限内到达要约人。这是对承诺时间性的要求，确保了承诺的及时性和有效性。如果承诺超过了要约规定的期限，要约人可能会视其为无效承诺，从而导致要约失效或双方需要重新协商。

第五，承诺的有效性还取决于其是否对要约内容进行了非实质性变更。如果承诺仅对要约内容进行了非实质性的微小调整，且要约人未表示反对或要约本身未明确禁止此类变更，则该承诺仍然有效。在这种情况下，合同的内容将以承诺的内容为准。

如同要约可以撤回一样，承诺同样可以撤回。撤回承诺的通知应当在承诺通知到达要约人之前或者与承诺通知同时到达要约人。但是，承诺不得撤销。

承诺意味着受要约人同意要约的意思表示，标志着合同的成立。《合同法》第25条规定，承诺生效时合同成立。关于承诺生效的时间，《合同法》第26条规定，承诺通知到达要约人时生效。

二、合同的成立

合同成立是当事人订立合同所追求的初步目标，合同的成立即意味着当事人的意思表示已经达成了一致。《合同法》第25条规定“承诺生效时合同成立”，因此，合同成立的时间取决于承诺生效的时间。

承诺以通知的方式作出的，承诺到达时合同成立；根据交易习惯或者要约表明可以通过行为作出承诺的，作出承诺行为时合同成立。此外，关于合同成立的时间还应注意以下两种情形：第一，当事人采用合同书形式订立合同的，自双方当事人签字或者盖章时合同成立；第二，当事人采用信件、数据电文等形式订立合同的，可以在合同成立之前要求签订确认书，签订确认书时合同成立。

必须指出的是，合同的成立仅仅是当事人的意思表示达成了一致，并不表明合同必然能够生效。只有依法成立的合同才能成为有效合同，而且，只有有效的合同才能受到法律的保护。

三、合同的一般条款

《合同法》第12条对合同一般包括条款作了规定。这些条款包括如下几个方面。

1. 当事人的名称或者姓名和住所

这一条款也可以称为当事人条款，为合同的履行提供方便，同时住所也是判断当事人履行情况的依据。在发生纠纷之后，当事人的住所还可以成为确定受诉法院的依据。

2. 标的

标的即合同权利义务指向的对象。标的可以是物，包括有形物和无形物。前者可以是实物或者货币。合同的标的必须准确无误，标的的名称、型号、规格、品种、等级、花色等都应当规定清楚，避免发生错误。

3. 数量

数量是标的在量的方面的具体化，是计算和衡量合同当事人权利义务的尺度。在数量条款中，应当根据标的的种类，规定计量标的的单位和方法。此外，还应当考虑可能发生的误差幅度和自然损耗程度等问题。

4. 质量

质量是标的的质的规定性，涉及标准和技术要求。国家对此有多项规定，当事人需明确并可根据合同目的约定特殊标准。质量条款应明确检验标准、产品质量责任期限和条件、检验时间和方法等。

5. 价款或者报酬

价款是指由受领标的物的当事人为取得标的物而应当向对方当事人支付的货币。报酬则是指应当向提供劳务或者完成特定工作的当事人支付的货币。在这一条款中，应当明确约定价格条件、支付金额、支付方式、计价单位等内容。此外，由于价款和报酬并不能够等同于运费、保险费、装卸费、保管费等费用，因此在合同中约定这些费用应当由哪一方当事人负担。

6. 履行期限、地点和方式

履行期限是债务人履行合同义务和债权人接受履行的时间界限，用于判断迟延履行。期限可以是确定的日期或时间段，必须明确具体。履行地点是合同履行的具体场所，决定验收地点、交付、所有权转移、风险承担，还可能影响价款、报酬和解决争议法院的确定。履行方式包括交货、验收、付款和结算等具体操作。

7. 违约责任

违约责任是指当事人不履行合同义务或者履行合同义务不符合约定而应当承担的民事责任。违约责任的形式多种多样，主要有继续履行、采取补救措施、赔偿损失、违约金责任等。

8. 解决争议的方法

在解决争议条款中，若当事人无法和解或调解，可诉讼或仲裁解决。仲裁与诉讼互斥，即不可同时选择。选择仲裁时，当事人可依据协议向仲裁机构申请。涉及外方当事人的合同，也可选择我国或其他国家的仲裁机构。若无仲裁协议或协议无效，当事人可向人民法院提起诉讼。当事人应遵守并履行法院判决、仲裁裁决和调解书。拒不执行者，另一方可申请强制执行。

9. 格式条款

格式条款是当事人预先拟定并重复使用的，订立合同时未与对方协商的条款。提供方应遵循公平原则确定权利义务，并合理提请对方注意免责或限责条款，按要求进行说明。若格式条款违反《合同法》第 52、53 条规定，或免除己方责任、加重对方责任、排除对方主要权利，则无效。对格式条款的争议，按通常理解解释，有多种解释时，应不利于提供方。格式条款与非格式条款不一致时，应采用非格式条款。

案例

合同的成功签订

日本某化学产品生产销售公司（以下称日方）与我国某进出口公司（以下称中方）在某几种化工产品上有进口合同，并有几年的交易历史。2024 年，上海一家化学产品经销公司（以下称上海公司）欲与日方谈判，将原来的交易转到上海公司做。此消息传到中方，中方邀请日方到中方公司会谈。日方利用其他业务机会顺访了中方公司。

中方业务人员从日方代表（一名负责该项业务的副科长）离开日本时起就一路电

话追踪，对该代表在我国其他城市办完事到中方所在地的航班了如指掌。

日方代表到中方所在城市的航班是凌晨3点以后才到，由中方业务人员开车到机场去接，安排住宿，晚上还安排去宵夜。次日早上，派车接他到公司，业务部门总经理与他进行了会谈。

会谈中，部门总经理倾听了日方代表对当前与中方业务的看法，征求了日方对中方工作的意见。在证实上海公司的存在后，双方坦率地进行利弊分析。至于结论，中方谈判代表请日方自己做。中方利用上午的谈判也充分介绍了己方的工作实力和态度。

中午，部门总经理安排公司领导宴请日方代表。席间，公司领导回顾了他带队去日方公司访问的情景及此后两家公司高级领导推动双方发展合作的过程，认为几年来略有成果，但离要求还差得远。日方代表汇报了他与中方业务人员的合作情况。公司领导肯定了日方代表所做的工作，又直率地提出了上海公司的问题。日方代表说："上午已与业务部门进行了坦率深入的讨论，双方表现了友好诚恳的态度，贵公司的人员没有压我，反而让我自己做结论。对此，我很感动。现在，我向您表态，我公司领导强调推动双方的合作，这是两家大公司之间的合作。"公司领导表示感谢日方的决定，同时，又强调："推动和加强两家公司的合作是两家公司共同的战略利益，各级人员应积极贯彻。这次你的行为值得赞赏，我希望我的同事向你学习。"

结果，中方成功地避免了一次业务的流失。从其谈判组织看，采取的策略很明确：让对手满意。所以在接待上很周到，礼遇较高。谈判时表现了极大的理解和耐心，绝对不抱怨对方、强求对方，当然也不放松接触，从而使谈判达到预期效果。

任务三　合同纠纷的谈判

合同纠纷一般是指双方当事人在依法签订合同之后，履行合同义务的过程所产生的意见分歧或争议。

签订合同的双方当事人在执行合同的过程中发生争议的情况是常见的，即使双方在拟订合同时，尽量注意把合同条款订得周密严谨，也难以完全避免争议的发生。

一、合同纠纷产生的原因

产生合同纠纷的原因是多方面的，主要表现在以下几个方面。

（1）因企业转产、停产、撤销、合并或分立，导致经济合同无法完全履行，引发合同纠纷。

（2）因当事人对对方实际情况缺乏了解，盲目签约，与无合法资格或诈骗活动者、无履行能力方签订合同，导致合同纠纷。

（3）因当事人法制观念淡薄，随意变更、撕毁合同，引发经济纠纷。

（4）因合同内容草率、简单，产品质量、规格等不明确，导致数量短缺、质量、包装问题，引发经济纠纷。

（5）因拒付、少付货款、逾期付款、价格变动等原因，导致经济纠纷，特别是需方收到货后拒付或少付货款。

（6）因企业下属人员携带空白合同乱签导致无法履行，引发经济纠纷。

（7）因企业超出自身设备、资金能力签订合同，导致无法按期、按质、按量交货，引发经济纠纷。

（8）因企业或单位用不当手段强迫对方签订不公平合同，导致中小企业或集体所有制企业违心签约，引发经济纠纷。

那么，签订了合同而又发生合同纠纷，应当如何处理呢？《合同法》第48条规定：“合同发生纠纷时，当事人应及时协商解决。协商不成时，任何一方均可向国家规定的合同管理机关申请调解或仲裁，也可以直接向人民法院起诉。”可见，对合同纠纷的处理，可以采取协商、调解、仲裁和审理四种法定方式。

案例

工程承包合同执行纠纷的谈判

某业主单位将一办公楼工程整体交由某建筑集团总承包，该建筑集团又将其中的绿化工程分包给某绿化工程公司。分包合同约定，由总包人付给分包人工程款，工程验收由总包人进行。合同签订后，分包人完成了工作内容，但其间，绿化工程均是由业主方委托的监理单位进行的，中间工程亦是如此，且工程未经过总包方最终验收。该整体工程于2022年3月完工。在分包工程进行过程中及工程完工后，总包方先后共向分包人支付过3笔工程款（尚欠工程款10万元未付清，经分包人多次索要无果，但索要过程均无有效证据证明），其中最后一次付款时间是2023年3月。但这3次付款均是由第三方代为支付的，且不知何故分包人在收到款后给总包人的发票底根显示“付款人”并非总包人。2023年12月分包人给总包人去过一封催款函，有人签收，但地址并非总包人的登记注册地。

2024年8月，分包人方才找到本律师，委托本律师代理其对总包人提起诉讼。在听取了分包方当事人有关情况介绍、审阅了相关材料之后，主要发现了以上问题，这些问题中，最核心、最关键的是诉讼时效问题。在充分分析案情、给当事人明确的诉讼风险提示后，该当事人仍坚持起诉。于是接受委托，向法院提起诉讼，将总包人告上法庭，要求偿还尚欠的工程款，同时，提前做好了针对庭审中可能出现的各种情况的应对准备。

如先期所料，总包人在法庭上提出了一系列的问题，其中，对于3次付款情况明确表示否认，提出我方已超过诉讼时效。我方遂不失时机地递交了调查取证申请，要求法院到业主方调查了解该工程完工时间、业主方证明我方一直以来都在向总包人主张工程款，并且业主单位还在2023年协助我方向总包人催过款等情况。法院接受了该调查取证的申请。

休庭后，根据我方当事人反映的情况，业主单位该工程的有关负责人与总包人关系密切，所以即便法院去调查取证，业主方未必能够提供对我方有利的证据。这时，我方敏锐地察觉到总包人的全权代理人有协商解决的意愿，于是抓住这一时机，运用策略，巧妙地与对方谈判，最终达成了协议，及时由法院制作调解书结案。该调解书明确，由总包人在20日内支付分包人全部工程欠款及利息，且不再向分包人主张工程管理费，诉讼费由总包人承担。如此，不仅化解了诉讼时效的风险，而且调解结案，缩短了诉讼时间，尽快取得了生效的法律文书，为早日实现债权提供了保证。

二、合同纠纷的协商

合同纠纷的协商是在合同发生纠纷时，由双方当事人在自愿、互谅的基础上，按照《中华人民共和国合同法》以及合同条款的有关规定，直接进行磋商，通过摆事实、讲道理，取得一致意见，自行解决合同纠纷。

双方当事人在协商解决合同纠纷的过程中，应注意以下问题。

（1）双方的态度要端正、诚恳。应本着与人为善、解决纠纷的态度协商解决，本着实事求是的精神，既不要缩小自己的责任，也不要扩大对方的责任。

（2）通过协商达成的协议，一定要符合国家的法律、政策。否则，即使达成了协议也是无效的。为此，各个经济组织都应是执行政策、法令的模范，任何违反政策、法令的行为都是不允许的。对在合同纠纷过程中所发现的投机倒把、买空卖空、欺诈行骗等违法行为，要毫不留情，坚决揭露。

（3）协商解决纠纷一定要坚持原则，决不允许损害国家和集体的利益，特别是不能影响国家计划的完成。

（4）协商一定要在平等的前提下进行。签订合同的双方当事人在法律地位上都是平等的，决不允许任何一方享有特权，坚决反对以大压小、以强欺弱，对那些只要求对方履行义务，不规定自己应负责任的“霸王合同”，应予抵制。

（5）在协商解决合同纠纷中，还要防止拉关系、搞私利等不正之风。有些地方在协商解决合同纠纷中，出现慷国家之慨以饱私囊的情况。对于这种损害国家和集体利益的行为必须坚决反对，凡情节严重的，须依法惩处。

总之，合同双方当事人要在坚持友好、平等、合法原则的前提下，从有利于国家利益，有利于加强团结协作，有利于发展生产经营出发，互谅互让，协商解决合同纠纷。

三、合同纠纷的调解

合同纠纷的调解，简单来说，就是在双方当事人因合同问题产生分歧且协商无果时，其中一方当事人可以提出申请，在国家规定的合同管理机关的主导下，通过对双方进行耐心的沟通和引导，促使双方各自作出一定的让步，并以双方自愿达成和解协议为前提，从而达成解决纠纷、消除矛盾的目标。通过调解方法使问题得到适当的解决，是合同管理机关解决合同纠纷的基本方法（图 8–2）。

图 8–2 法庭调解

（一）合同纠纷调解的程序

合同纠纷的调解应按以下程序进行。

1. 提出调解申请

当合同发生纠纷时，当事人任何一方都可以向对方所在地合同管理机关申请调解。先由提出调解要求的一方填写《合同纠纷调解申请书》，要求表中的原诉单位和被诉单位的名称必须与合同中的名称一致，申诉代表人必须与合同中的签约代表一致。如果签约代表更换，或委托别人代为出面参加调解，必须在申请书中注明。

2. 接受调解申请

合同管理机关收到《合同纠纷调解申请书》后，先登记案情，审查合同内容。做好调查，确定受理范围。如受理，则发出《合同纠纷调解通知书》及《调处合同纠纷代表资格证明书》给双方当事人，并传送原诉方申请书给被申诉方，通知答辩准备。最后，通知双方指定时间和地点调解。

3. 进行调解

双方参加调解的代表需持盖有本单位公章的《调处合同纠纷代表资格证明书》。若一方未按时到指定地点接受调处，则视为自动接受调处协议并立即执行。

调解时，需客观、细致、实事求是地做好当事人思想工作，明确纠纷原因、争执焦点及各自责任。调解需双方自愿，不得强迫，确保问题得到公平合理解决。调解结束后，应制作调解笔录和调解书。

4. 制作调解书

合同管理机关通过调解方式达成协议后，制作具有法律效力的文书，即调解书。调解书是按自愿、合法的原则制作的，与仲裁书具有同等的法律效力，双方当事人必须执行。

调解书应写明以下内容：当事人的名称、地址；代理人姓名、职务；纠纷的事实、责任；协议内容和费用的承担等。调解书由仲裁员署名，代理人签字，并加盖合同管理机关的印章，分发给双方。

5. 产生法律效力

调解书经双方当事人签字、合同管理机关盖章后生效，具备法律约束力。如对调解协议反悔，可在收到调解书后 15 天内向国家管理机关申请仲裁或向法院起诉。若当事人未在此期间申请仲裁或起诉，则应自动履行调解书。

（二）合同纠纷调解的方法

由于合同关系错综复杂，合同纠纷也必然会多种多样。因此，必须针对不同的情况，采取不同的调解方法。

1. 当面调解

当面调解，就是请双方当事人开调解会，当面协商，兼听双方意见，鉴别有关依据，经过反复多次的协商调解后，在事实清楚、责任明确的基础上达成协议。这是一种比较常用的方法，主要用于工商合同。

2. 现场调解

现场调解是对农副产品中的鲜活品种，以及某些工业品的规格质量验收中发生的合同纠纷，召集争议双方和有关单位到现场，用合同条款和《中华人民共和国经济合同法》的规定与实物对照的办法协商调解，这种方法解决纠纷及时准确、说服力强。

3. 异地合同，共同调解

对那些本地单位与外地企事业部门签订的合同发生的经济纠纷，请外地当事人到所在地或仲裁机关调解不便。为便于调解，对异地合同，可发公函或派人请双方所在地工商局与主管部门配合调解，有利于问题及时解决。当地主管部门参与，协议也易执行。

4. 通过信函进行调解

对于矛盾比较单纯、是非责任比较明确、金额不大、申诉方远在省外的，可以通过信函进行调解。但事先要根据申诉书对申诉方进行调查，弄清情况，分清是非，按合同条款，取得被诉方的解决意见后，才可发函商调。这样既节省申诉方的人力、物力，也能使纠纷较快解决。

5. 分头解决和会合调解穿插进行

有的合同纠纷案件事实清楚、责任分明，但申诉一方调子很高，被诉一方则推卸责任，消极应诉。对于这种情况，一般可采取分头调解，多做双方工作，进行说服疏导与法制宣传，使双方坐下来协商。这种方法有利于缓和矛盾，促进安定团结，便于纠纷顺利解决。

6. 根据需要分别采用开会调解和开庭调解

对案情较为简单、双方态度诚恳、容易解决纠纷的，一般可采用开会的方式进行调解。如遇案情复杂，而且纠缠不休的经济纠纷案件，可采用单独开庭调解，如调解达不成协议，则做好开庭判决的准备。

四、合同纠纷的仲裁

仲裁，亦称“公断”，是指双方当事人对某一问题或事件争执不决时，由无直接利害关系的第三者做出具有约束力的裁决。

合同纠纷的仲裁，就是由国家规定的合同管理机关，根据合同当事人的申请，对合同纠纷在查清事实、分清是非的基础上，根据法律，做出仲裁，制作仲裁决定书，交双方执行。

仲裁程序，是指从仲裁案件启动到最终结案的一系列步骤和规定。在这个过程中，涉及仲裁机构、仲裁庭、仲裁员、申请人、被申请人等各方参与者的互动与协作，同时，也涵盖了与法院之间的关联和配合。结合我国的实践情况，合同纠纷的仲裁程序大致遵循以下流程。

1. 提出仲裁申请

经济纠纷发生后，当事人应及时协商解决，或者请上级主管机关调解，协商不成时，可向仲裁机关提出仲裁申请。申请仲裁合同纠纷案件必须按规定内容填写并递交申请书及其副本，同时抄送被诉单位及其有关单位。

申请仲裁应从知道或应知道权利被侵害之日起一年内提出，超过期限的，一般不予受理。

2. 接受仲裁申请

仲裁机关在接到申请书后，应做以下准备工作：审查申请手续、送交仲裁申请书副本给被申请人、限期答辩和提供证据、审查答辩和证据、告知辩护和回避权利。如认为案情重大或需高一级仲裁机关处理，可请求移送。

3. 进行答辩

被诉单位在接到申请书副本的 10 天内提出书面答辩。答辩内容要针对申诉方所提出的问题，并提供人证、物证及有关材料。无论申诉或答辩都必须不夸大、不缩小，坚持实事求是的原则。

4. 调查和取证

仲裁员需审阅申诉和答辩书，开展调查，收集证据，明确纠纷详情及争议焦点。若当事人、证人、关系人在外地，可委托所在地管理机关代为调查，需明确调查内容和要求，受托机关应及时认真办理并回复。

仲裁机关有权调阅企业与案件有关的文件档案资料和原始凭证。需要现场勘查或对物证进行技术鉴定时，应通知有关人员到场，必要时可邀请有关单位派员协助。在处理案件时，为避免造成更严重的财产损失，仲裁机关还可根据当事人的申请做出保全措施的裁定。

5. 进行调解

仲裁机关在处理案件时，应当先行调解，调解可以由仲裁员一人主持，也可以由仲裁庭主持。调解笔录和达成的协议应由当事人和参加调解的人员签名盖章，对某些重要调解案件，根据协议可由仲裁机关制作调解书，加盖公章后发给当事人，调解书和仲裁书具有同等效力。

6. 组织仲裁

合同纠纷调解无效后，可由仲裁小组裁决。通知当事人裁决时间和地点，按时参加。申请仲裁人两次通知不到视为撤诉，被申请仲裁人可作缺席仲裁。仲裁庭听取陈述、辩论，出示证据，征询双方意见，调解不成则仲裁庭裁决。制作仲裁决定书，加盖公章后通知双方。

在仲裁合同纠纷案件过程中，发现需要追究刑事责任的，可由仲裁机关移交当地司法机关处理。

7. 仲裁的监督和执行

工商行政管理局的局长、副局长对已发生法律效力的裁决，发现确有错误，可以指令重新裁决。上级仲裁机关对下级仲裁机关已发生法律效力的裁决，发现确有错误，有权撤销原裁决，指令重新裁决。重新裁决时，应当另行组成仲裁庭进行。

已发生法律效力的仲裁决定，应由仲裁机关监督执行，如当事人拒不执行，应通知有关银行从当事人账户中扣留或划拨需支付的款项。

五、合同纠纷的审理

所谓合同纠纷的审理，是指经济审判机关根据当事人一方的请求，依法处理合同纠纷案件而进行的职能活动。

合同纠纷无论是否仲裁，当事人可直接向法院起诉，法院应受理。法院经济审判庭接申诉后，依《中华人民共和国民事诉讼法》处理案件。审判庭会深入调查，搜集核实证据，明确事实后依法调解或判决。这是法院为当事人提供法律保障的重要执法活动。

课后实践

学习完本项目的内容后，认真完成表 8–1 的实践清单。

表 8–1 实践清单

实践目的	通过模拟签约流程实践，使学生掌握合同签订的基本步骤、注意事项及法律风险防范措施，提高学生的实践能力和职业素养
实践内容	1. 了解签约双方的基本情况，包括公司名称、地址、法定代表人等； 2. 掌握合同的主要条款，包括合同标的、数量、质量、价格、付款方式、履行期限等； 3. 熟悉合同的签订流程，包括要约邀请、要约、承诺、签约等环节； 4. 学习合同风险的识别与防范，包括合同条款的合法性、公平性、完整性等； 5. 掌握合同文本的审查与修改技巧，确保合同内容准确、完整、合法

续表

实践要求	1. 严格遵守实践纪律，认真完成实践任务； 2. 积极参与模拟签约流程，充分发挥团队协作精神； 3. 认真审查合同文本，确保合同条款的合法性、公平性和完整性； 4. 实践结束后，提交实践报告，总结实践经验与收获
实践步骤	1. 实践准备：分组进行，每组 4 ~ 5 人，选定模拟签约项目，明确签约双方的角色与职责； 2. 双方协商：模拟双方就签约事项进行协商，确定合同主要条款； 3. 起草合同：根据协商结果，起草合同文本，确保条款清晰、准确、合法； 4. 合同审查：双方对合同文本进行审查，提出修改意见，完善合同条款； 5. 签订合同：双方代表在合同文本上签字盖章，完成签约流程； 6. 实践总结：对实践过程进行总结，分析存在的问题与不足，提出改进措施

实践评价

完成以上实践后，认真填写表 8–2 的实践评价。

表 8–2　实践评价

评价内容	分值	得分
参与实践的积极性、主动性	25	
独立思考能力	25	
创新能力	25	
合同文本的规范性、完整性、合法性	25	
教师点评：		

项目小结

1. 合同的种类：双务合同与单务合同、有偿合同与无偿合同、有名合同与无名合同、要式合同与不要式合同、诺成合同与实践合同、有效合同、无效合同、可撤销合同与效力待定合同。

2. 合同的形式：书面合同、口头合同、其他合同。

3. 合同的订立包括要约和承诺两个阶段。

思考练习

1. 有效合同必须满足什么条件？

2. 合同的主要形式有哪些？

3. 合同纠纷产生的原因有哪些？

项目九

货物买卖谈判

项目导读

随着国内外市场的不断扩大和贸易往来的日益频繁，货物买卖已成为企业间交流合作的重要形式。通过货物买卖谈判，双方能够就价格、质量、数量、交货期等核心条款达成共识，从而实现互利共赢的目标。本项目旨在通过专业、高效的谈判，为双方企业创造更多商业价值，推动双方长期合作关系的建立。

学习目标

知识目标

1. 深入理解货物买卖谈判的核心内容。

2. 熟悉签订货物买卖合同的流程与要点。

技能目标

1. 能够根据货物买卖的实际情况，灵活运用谈判技巧，达成互利共赢的协议。

2. 深入研究和理解卖方在货物买卖谈判中的核心利益与诉求，制定有针对性的谈判策略。

素质目标

1. 提升学生沟通能力。在货物买卖谈判中，无论是询盘、发盘、还盘还是接受，都需要双方具备良好的沟通能力。通过清晰、准确地表达自己的意图和需求，以及倾听对方的观点和关切，可以建立互信，促进谈判的顺利进行。因此，提升沟通能力是货物买卖谈判中至关重要的素质目标之一。

2. 增强学生谈判技巧。在货物买卖谈判中，买方和卖方都需要掌握一定的谈判技巧，以便在谈判中争取到最有利的条件。例如，买方可以运用拖延战术、沉默战术等策略来迫使卖方让步；而卖方则可以运用强调优势、展示产品特点等策略来增强自己的谈判地位。通过不断学习和实践，增强谈判技巧，有助于在谈判中取得更好的结果。

3. 培养学生合作精神。货物买卖谈判的本质是双方的合作与共赢。因此，培养合作精神是另一个重要的素质目标。在谈判过程中，双方应尊重对方的权益和利益，寻求共同的解决方案，以实现双方的利益最大化。通过培养合作精神，可以建立长期稳定的合作关系，为双方带来更多的商业机会和利益。

思政目标

1. 引导学生树立正确的价值观，强调诚信、公平、合作等原则在货物买卖谈判中的重要性。

2. 培养学生的社会责任感，使其认识到货物买卖谈判不仅关乎个人利益，更关乎国家经济发展和社会稳定。

3. 增强学生的法治意识，使其在谈判过程中遵守法律法规，维护市场秩序和公平竞争。

案例

成交价最高纪录

有一次，我进入一个新的行业，到一家新的公司去工作。该公司只给我们一张价目表，如果需要让价，必须去请示销售经理。有个客户准备和我签订一个比较大的订单，因为金额较大，客户提出要优惠，并且指出我们的报价比同行高很多，于是，我就去和销售经理商量。销售经理是一个久经沙场的家伙，他很严肃地告诉我说：“咱们公司报的都是实价，从来都不让价，不过看在你是新人的份儿上，我给你2 000元的余地。”2 000元，几乎和没让价差不多！没办法，我不知道行情，认为那真的是底价，便底气十足地告诉客户我们只能让2 000元，并且这还是特批的。为了获得订单，我只能拼命吸引客户关注我们的优势，让其觉得选择我们的产品会比选择其他公司的产品好。

最后，我得到了订单。月底的销售会议上，销售经理笑着看着我说：“王云创造了今年以来成交价最高纪录！”新人创造了如此业绩，自然非常令人瞩目，于是，会议室里立即响起了掌声，但是我的心情却很复杂。如果销售经理不跟我说那是底价，我不可能创造这个纪录。

任务一　货物买卖谈判

货物买卖谈判是最常见的一种商务谈判活动，如何更好地进行货物买卖谈判，是商务人员必须具备的知识。本任务主要介绍货物买卖谈判的内容程序及其策略。

货物买卖谈判

一、货物买卖谈判的内容

国内与国际货物买卖谈判均包含基本内容，但国际谈判更复杂。国际谈判双方通常相距遥远，常通过函电进行，且看不到全部商品。即使当面谈判，部分事项仍需函电联系。此外，法律制度、币制、度量衡、贸易习惯和做法各异，长途运输产生费用和风险，履行过程中可能发生意外事故和争议。因此，国际货物买卖谈判内容较国内更为复杂。本文先描述国内外谈判的共同点，再进一步论述国际谈判的特殊内容（图 9–1）。

图 9–1　货物买卖谈判

（一）品质条件

任何交易中的商品都有特定的质量标准，这些标准影响商品的实际效能和使用体验，是消费者选择商品的重要参考。商品质量不仅决定价格，还影响市场接受度和企业信誉。因此，在货物买卖谈判中，买卖双方都非常重视商品的质量。

协商交易时，双方会根据商品实际质量确定价格，确保价格与品质相符。在签订合同时，也会详细列明对商品质量的具体要求，明确双方的权利与义务，以保障交易顺利进行。

质量条件是货物买卖合同中的一项主要条件，是卖方交货和买方验收货物的依据。卖方如果未按合同规定的质量交货，就算严重违约，买方有权拒收货物，并可向卖方提出赔偿损失的要求。

在货物买卖谈判中，表示商品质量的方法通常有以下几种。

1. 凭规格、等级或标准的买卖

在货物买卖中，很多商品是按照特定的规格、等级或标准来交易的。当交易基于这些规格、等级或标准时，卖方必须提供与合同规定相符的货物。如果货物不符合规定，买方

有权要求扣价、赔偿损失或拒收货物。

商品规格是描述商品主要质量特征的关键指标，包括成分、含量、纯度、性能、尺寸和精细程度等。规格交易便捷且质量描述精确，在货物买卖中得到广泛应用。

商品的等级指的是同类商品在规格上的差异所导致的品质不同，如大小、轻重或一、二、三等级。在买卖时，如果双方熟悉各等级规定，则品质条款中只需列明等级，无需详细描述。

商品的标准则是将商品的规格和等级进行标准化，标准分为国际、国家、部颁和企业等不同类型。在国内买卖中，各种标准均可采用；而在国际买卖中，更多采用国际标准。为了减少争议，应明确所采用的标准的年份和版本。

2. 凭说明书的买卖

对于复杂性能的机器设备、电器、仪器等产品，难以用简单指标衡量质量，因此需通过详细说明书、图纸和照片等来具体说明其性能、构造、用材和操作方法。这种基于说明书的买卖方式在合同中不仅包含品质检验条款，还增加了品质保证和技术服务内容。卖方需确保产品质量符合说明书要求，如发现问题，需承担解决责任和费用。若卖方未履行义务，买方有权提出索赔。此规定旨在保障买方购买到符合说明书要求的高品质产品，维护其权益。

3. 凭牌号或商标的买卖

在货物买卖谈判中，有些质量稳定的名牌商品适宜于采用凭牌号或商标进行买卖。凡采用凭牌号或商标进行买卖时，卖方必须在交售的商品上贴有合同规定的商标。这种表示商品质量的方法，不仅简单易行，而且便于做广告，便于消费者认牌购货。这种表示品质的方法已被广泛采用。

4. 凭样品买卖

在货物买卖谈判中，对于某些特定商品，如工艺品、服装等，由于其品质难以明确界定，常采用凭样品买卖方式交易。样品是从商品中挑选或特别设计制造的少量实物，代表整体品质，作为交货品质标准。样品可由卖方或买方提供，双方达成共识后，以此样品作为交货品质依据。在合同中应明确规定，卖方交货品质不得低于样品，否则买方有权索赔或拒收货物。

5. 凭商品的产地名称买卖

某些具有地方特色的传统产品已在市场上树立了良好的声誉，在出售此类商品时，可凭商品的产地名称表明其品质。

（二）数量条件

数量条件是货物买卖谈判的核心要素之一，对于买卖双方交接货物具有重要意义。卖方所交付的货物数量必须严格符合约定的标准，否则买方有权拒绝接收。

在货物买卖中，我们采用多种计量单位来衡量货物数量，如重量、个数、长度、面积、容积和体积等，选择取决于货物性质和双方约定。

在国际货物买卖中，度量衡制度选择也至关重要。国际市场主要采用公制、英制和美制。国内通常采用公制，但在国际交易中也会尊重对方习惯，采用对方惯用的计量单位，体现合作精神和灵活性。

有些商品因特性或运输、包装限制，实际交货数量不易符合合同规定。为避免争议，买卖双方可约定机动幅度，即短溢装条款。按此条款，卖方可在规定幅度内多交或少交，货款按实际收货数量计价。

（三）包装条件

包装条件一般应视商品的性能、特点及其所采用的运输方式而定，不同运输方式和不同商品，其包装的规定也各不相同。有些简单的包装条款，也可以同数量条款合并。有些合同对包装条款只作原则性的规定，如使用习惯包装等术语。但此类规定太笼统，往往会因理解不同而引起争议，因此应尽量避免使用。

为了有效实施合同，在包装条款中，我们通常需要对以下内容进行详细而明确的规定。

（1）包装的方式：明确说明采用的包装形式，如纸箱、木箱、托盘等，以适应货物的特性和运输要求。

（2）包装用料和规格：详细描述包装材料的选择和尺寸，确保包装能够充分保护货物并满足运输过程中的安全要求。

（3）包装重量或数量：规定每件包装所承载的货物重量或数量，以便合理安排装载和运输。

（4）填充物料和加固设备：明确包装内部使用的填充物和加固措施，以减少货物在运输过程中的振动和碰撞。

（5）包装标志：规定包装上应标明的内容，如产品名称、规格、数量、生产日期、生产厂家等信息，以便识别和追踪。

（6）包装供应和费用：明确包装材料的提供方和包装费用的承担方。通常情况下，包装物料和费用包含在货物价格中，但如有特殊要求，可另行商议并明确标注在合同中。

此外，如果买方对包装材料或方式有特定要求，合同应明确规定这些要求，并确定包装费用的支付方式。若合同规定由买方提供包装或包装材料，则还需明确买方提供的时间和因逾期提供可能导致的责任分配。

在国际货物买卖中，各国对进口包装用料、包装重量、包装标记都有不同的规定和要求，同时，各国对包装的造型、包装装潢的图形、色彩的文字说明等的喜好也有很大差异。在谈判中应充分考虑有关包装问题的法律规定和消费习惯。

（四）价格条件

货物买卖双方在谈判价格条件时，可以根据不同情况，分别采用下列各种作价办法。

1. 固定价格

货物买卖谈判中，一般采用固定作价的办法。按此办法成交时，买卖双方应按约定价格交接货物和收付货款，即使约定价格与实际价格相差很大，任何一方也无权要求变更原价。

2. 暂不固定价格

买卖双方谈判交易时，若对价格变动趋势一时难以看准，可先签订活价合同，约定成交的品种、数量和交货期，价格则待以后商定，也可约定以某种标准作为确定实际价格的依据。按此作价办法成交时，买卖双方都不承担价格变动的风险。

3. 部分固定价格，部分暂不作价

在大宗交易并分期交货的情况下，买卖双方为了避免承担远期交货部分的商品价格变动的风险，可只约定近期交货部分的价格，而远期交货部分的价格则留待以后商定。

4. 暂定价格

买卖双方在对某些价格瞬息万变的商品进行交易时，可在合同中暂定价格，作为开立信用证的依据，待到交货前一定时期或装运时，商定正式价格后再进行最后清算，多退少补。

5. 滑动价格

对某些生产时间长的机器设备和原料性商品，买卖双方常采用滑动价格以规避价格变动风险。滑动价格即在规定价格的同时，加入价格调整条款。该条款以签订合同时的价格为基础，再根据工资、原材料价格上涨或下落的指数进行调整，确定最终价格。调整价格的具体办法应在价格条款中明确。

案例

生活中的谈判——购物砍价

受两位朋友之邀前往电脑城，陪同砍价的项目是某品牌笔记本电脑一台。在出发之前，我们了解到另一个朋友买了相同的一款电脑，价格是8 300元。同时，我查询了有关资料，发现该款电脑的市场价格有很多，其中最低的一家价格是7 200元。此外，我还问想买电脑的朋友S，今天是否一定要购买到笔记本电脑。朋友S说："下定决心了。"

我们到了电脑城，一起去的两个朋友只是随便逛逛而已。我们逛了两家很大的电脑店铺，朋友S对电脑不大懂，只是左看看，右看看，并不知道买什么样的机子比较好。然后我建议他说，"电脑款式你来选，电脑配置我们来跟你说明，最后决定权在你手里。"看了很多款电脑以及询问了很多关心的问题后，我们把目标锁定在朋友S比较看好的两款笔记本电脑上。

进入砍价部分，我开始正式跟卖电脑的业务员说："很感谢你今天花了很多时间给我们作有关笔记本电脑方面的说明。现在我们看中这两款电脑，你能否给我们再详细介绍它们的区别？"听他介绍完，朋友S又问了他关心的一些问题。最后，朋友S决定了所选的机子。然后，我跟业务员谈。我说："今天我陪朋友过来买电脑，是因为他们很信任我，认为我在电脑方面懂得还是比较多的。今天，我们决定把电脑买好，只要价格比较

优惠的话。朋友看中了这款电脑，你看能以多大的幅度给我们优惠？”他回答说：“嗯！你们既然选好了这款机子，我这边报个实价给你，给你们7 900元，优惠400元。”我接着问他：“很感谢你，你不仅服务态度好，一直为我们挑选笔记本电脑忙前忙后。同时也感谢你给我们优惠了400元。不过我觉得还是很贵。据我了解到的情况，有其他商家比你们价格要低得多。你看看，你这边是否还能再优惠？”他反问我说：“那你说吧，你想多少钱买下来？出个价。”我回答他：“我出的价怕你一下子接受不了，这样吧，我们想知道你还能给我们一个什么样的优惠价？”他说：“这个价格已经是很低了，那家给你们那么便宜的话，你们为什么不到他们那儿去看看？”我回答他：“我们看中了你们的服务和公司的规模，要是价格能跟他们差不多的话，我们就不用跑他们那边去了，毕竟花时间和精力。”他说：“那你说说吧，他们给你们是多少价格？”我回答他说：“是跟你们有一定的差距，他们给我们的价格是6 800元。”我一报价格，这位业务员就一副很吃惊的样子答：“不可能的，我们这里没卖过这个价格。”然后，我接着说：“这样吧，我们看你今天为我们服务得这么好，也挺辛苦的，我知道这么低的价格对你来说，是很难作出决定的，你看这样，你请示一下你们经理看看？”听了我说的话，他就找他们经理去了。

他们经理过来，问怎么回事。我回答说：“电脑很好，你们的服务态度也很好，为我们忙前忙后的，所以我们决定今天一定要把电脑买回去！不过，现在就剩下价格没谈妥了。”他说：“你们想要什么价？”我回答说：“刚才我跟你们业务人员已经说过了，我们是了解到有一家商家可以卖到6 800元的，机子型号、配置都是一模一样的。”他一听，回答说：“这样，我看一下我们仓库的进库单，核实一下进货成本。”5分钟过后，他们俩回来了。经理说：“这样吧，给你们7 100元。”我迟疑了一下，说：“这样吧，我们也商量一下，等会儿给你们答复。”我跟朋友S说：“我再尽力一次，看能不能谈到7 000元成交，要是实在不行，这个价格也可以考虑的。”朋友S告诉我说：“这个价格他比较满意。”然后，我们回来说：“这样吧！经理，你看，我们把零头去掉，7 000元整，可以的话，我们马上付钱。”他回答说：“不行，我给的价已经到位了，不然，真的没办法。”最后我说：“为了感谢你们的业务人员这么专业，态度这么认真，我们决定就按照7 100元买了。”

（五）交货条件

怎样使货物按合同规定及时完整地交付买方，这是卖方的重要责任和义务，也是双方谈判时的内容之一。交货条件的谈判主要包括以下内容。

1. 运输方式

运输方式包括水上运输（内陆水运及海洋运输）、铁路运输、公路运输、航空运输、邮政运输及联合运输等。

水上运输运载能力大，成本低，但周期长，受天气等自然因素影响，有风险；海洋运输是国际贸易主导方式；铁路运输不受天气影响，连续稳定，风险小，但成本高；公路运输灵活便利，适合短距离门到门运输，对大宗货物长途运输和运费较高；航空运输速度快，安全性高，适合鲜活和紧急货物，但运价高昂；邮政运输手续简便，成本高，对物品重量和尺寸有限制；联合运输结合多种运输方式，提高效率。集装箱应用促进其发展，使运输更便捷高效。因此，在谈判货物买卖交货条件时，需综合考虑货物性质、数量、运输距离和成本预算，选择最合适的运输方式。

2. 交货时间

在货物买卖合同中，应明确规定具体的交货期限，合同签订后必须保证按期交货，否则对方有权撤销合同并要求赔偿损失。交货期限的规定要留有余地，不宜订得太死，以免出差错。

3. 装运地和目的地

装运地是货物起始装运的地点，目的地是货物的卸货地点。装运地应接近货源地，卸货地应接近用货部门。

4. 是否分批装运和转运

货物是否分批装运，由买卖双方根据成交数量、运输条件、备货情况市场需要及资金周转和调拨等因素来商定。如双方商定需分批装运，应在合同中规定分批装运条款；如不同意分批装运，也应在合同中订上“不准分批装运”的限制性条款。

如果货物运输中需要在途中转换运输工具，亦需在谈判中商定，并讲明转运所需费用。

（六）保险条件

在国际货物买卖的运输过程中，常常会碰到各种自然灾害和意外事故，而引起各种各样的损失。因此，交易的商品一般都需要办理运输保险，并在买卖合同中做有关规定。

保险条款包括保险投保人和保险公司的确定、保险类别、保险金额和保险费的负担等内容。

1. 保险投保人和保险公司的确定

如果中方是卖方，且是按装运港船上交货（free on board，FOB）或成本加运费（cost and freight，C.F.R.）条件成交，则由买方负责保险，中方也可代买。如果中方是卖方，且是以成本加保险费加运费（cost insurance and freight，CIF）成交，则由中方向中国人民保险公司投保。如果中方是买方，在一般情况下多由我方自办保险。无论是哪一种情况，都必须在合同中注明。

2. 保险类别和保险费的约定

中国人民保险公司的保险类别主要分为以下几种。

（1）平安险。其责任范围涵盖被保险货物在运输途中因自然灾害（如暴风、雷电、海啸、地震、洪水）或运输工具事故（如搁浅、触礁、沉没、碰撞、失火、爆炸）以及装卸过程中的意外事故（如货物落海）导致的全部损失。此外，还包含由上述事故引发的共同海损的牺牲、分摊和救助费用。

（2）水渍险。其责任范围除包括上述平安险的各项责任外，还负责被保险货物由于恶劣气候、雷电、海啸、地震、洪水等自然灾害所造成的部分损失。

（3）一切险。其责任范围除包括平安险和水渍险的所有责任外，还包括货物在运输过程中，因各种外来原因所造成的保险货物的损失。不论全部或部分损失，除对某些运输途耗的货物，经保险公司与被保险人双方约定在保险单上载明的免赔率外，保险公司都需给予赔偿。

按 C.I.F. 条件成交时，运输风险由买方承担，但保险费常由卖方承担。三种险别保费递增。C.I.F. 价格中不包括特殊附加险费用，如战争险。若买方要求加保特殊附加险，费用需自行承担。若双方约定卖方投保并承担费用，为避免费率上涨风险，卖方常要求在合同中规定，费率增加时，增加部分由买方承担。

3. 保险金额

按国际贸易惯例，如果合同中未规定保险金额，习惯上按 C.I.F. 价格的 110% 投保。因为保险金额关系到卖方的费用负担和买方的切身利益，最好在合同中具体订明。

（七）支付条件

货款支付关系到买卖双方的切身利益，必须在合同中予以明确。

1. 支付方式

无论是国内还是国际货物买卖，经常采用的支付方式主要有以下三种。

（1）汇付。即买方将货款通过银行支付给卖方，而卖方自行将货运单据寄交买方的支付方式。

（2）托收。托收方式是卖方在装出货物后，开具汇票连同全套货运单据，委托本地银行通过其在买方当地的分行或代理行向买方收取货款。

（3）信用证。信用证是银行应买方的请求和指示，向卖方开立一定金额，并在一定期限内凭规定的单据承诺付款的书面文件。

2. 支付货币的选择

在国际货物买卖谈判中，选取合适的支付货币至关重要。由于金融市场波动和汇率变动，支付货币选择直接影响双方经济利益。不当选择可能导致重大经济损失。因此，应优先考虑稳定性和可兑换性较佳的货币。

在出口交易中，使用硬货币计价通常有利；而在进口交易中，宜选择软货币计价。但判断货币软硬需依赖谈判人员对汇率走势的预测，存在风险。因此，双方应审慎选择支付货币，以降低汇率风险。

（八）检验与索赔条件

1. 检验条件

检验条款的主要内容包括检验时间与地点、检验机构、检验证明、检验标准与检验方法等。在国际货物买卖中，一般以装运港检验机构出具的检验证书作为结汇的凭证，但同时规定货物到达目的港后买方有复验权。因此，合同中的检验条款还应规定复验结果有出入时的处理办法。

2. 索赔条件

在货物买卖合同执行中，常有一方要求另一方赔偿损失的情况。索赔是合同一方向违约方提出赔偿要求的行为。合同另一方对索赔的处理称为理赔。索赔和理赔是同一问题的不同方面。通常，索赔多涉及交货期、品质和数量问题，买方向卖方索赔的情况较多。但如买方违约，卖方也可向买方索赔。

索赔条款的主要内容包括：索赔的期限索赔所必须具备的证据、出证机构及解决索赔的办法等。

（九）不可抗力条件

货物买卖中的不可抗力事故，是指在合同履行期间，非因合同当事人过失而导致的无法预见、预防、避免和控制的意外事故。为明确责任和避免争议，买卖合同通常包含不可抗力条款，规定因不可抗力导致一方无法或延迟履行合同，该方可免除责任，对方不得要求赔偿损失。

不可抗力事故包括两种情况：一是自然原因引起的，如水灾、旱灾、风暴、冰雹、地震等自然灾害；二是社会原因引起的，如战争行为、政府禁运等。

不可抗力条款的内容主要包括：不可抗力事故的范围、处理原则和方法、不可抗力事故发生后通知对方的期限、出具证明文件的机构、不可抗力事故的后果等。

不可抗力事故发生后，一般有两种处理办法，即解除合同或延迟履行合同。究竟按何种办法处理，视事故对履行合同的影响而定。一般认为，如不可抗力事故使合同履行成为不可能，则可解除合同；如不可抗力事故只是暂时阻碍了合同的履行，则只能延迟履行合同。

（十）仲裁条件

在货物买卖合同签订以后，由于种种原因影响合同的履行，从而引起争议时，可以通过友好协商、仲裁和诉讼三种方式解决。当双方同意用仲裁方式解决争端时，就必须订立仲裁条款，其内容包括：仲裁地点、仲裁机构、仲裁程序、仲裁费的负担和仲裁解决的效力等。在国际货物买卖中，一般习惯于采取仲裁的方式解决争端。

在国际货物买卖谈判中，在商订仲裁条款时，特别要注意仲裁地点的选择。这是因为，仲裁地点与所适用的法律有关，同一仲裁条件，由于仲裁地点不同，其所适用的仲裁法规不一，也就可能出现不同的仲裁结果。一般来说，在合同中应力争规定在我国仲裁，如果约定在第三国仲裁，则应选择政治上对我友好、办事公正、有业务能力的第三国仲裁机构进行仲裁。

任务二　货物买卖谈判程序

无论是国际货物买卖谈判还是国内货物买卖谈判，无论是面对面的直接谈判方式还是以信件、函电形式进行的间接谈判方式，货物买卖谈判的程序均可抽象为询盘、发盘、还盘、接受及签订合同。

一、询盘

询盘（又称询价）是指买方或卖方为了谈判交易而面向对方提出有关交易条件的询问，其目的在于邀请对方发盘。在实际业务中，通常由买方主动向卖方询价的居多。询盘的内容繁简不一，可以只询问价格，也可以询问其他某项或若干项交易条件。

二、发盘

发盘（又称发价）是指交易的一方向另一方提出交易条件，并愿按此条件成交的一种表示，它可以采用口头或书面的方式进行。在实际业务中，通常是卖方在收到买方的询盘后向买方提出发盘，但买方主动向卖方发盘的情况也不少见。这种由买方提出的发盘，习惯上称为递盘。不论是由卖方发盘还是由买方发盘，其法律后果是一样的，即发盘一经对方无条件接受，就算达成交易，买卖合同即告成立，买卖双方即应受合同的约束。

发盘是有条件的。一个有效的发盘，一般要满足下列三个条件。

（1）必须明确表示愿按发盘所列条件订立合同的意思。

（2）发盘内容明确、肯定，并包括合同的主要条件，只要对方接受，就是签订合同。

（3）发盘必须传达到受盘人才能生效。

三、还盘

收到发盘后，受盘人需判断其性质，即虚盘或实盘。根据内容，受盘人可做出响应。若完全接受条件，应尽快发出接受通知确立交易意向。若对条件不满或存在异议，可选择还盘，即拒绝原发盘并提出新条件。交易协商常需多次还盘和再还盘，双方调整条件以寻求共同利益。每次还盘后，原发盘失效，由新发盘替代。当原发盘人接受新发盘时，交易达成。

此外，如受盘人对对方的发盘虽表示“接受”，但附加了某种条件，或在复述对方发盘内容时，对其中某些条件做了若干修改，这种做法称为有条件的接受。有条件的接受，不是真正的接受，实际上是对发盘的拒绝，仍属于还盘的一种形式，发盘人对这种有条件的接受，可以同意，也可以拒绝。

四、接受

接受是指受盘人无条件地完全同意发盘人在发盘中所提出的各项交易条件，并愿按此条件达成交易的一种肯定的表示。发盘经受盘人在有效期内接受，即达成协议。

有效的接受必须满足下列条件。

（1）接受只能由受盘人做出。

（2）接受必须是无条件地完全同意发盘所提出的各项交易条件。

（3）接受必须在发盘规定的有效期内做出，如接受的时间晚于发盘的有效期，这种迟到的接受不能算作有效接受，而只能视为一项新的发盘。

（4）接受的传递方式必须符合发盘所提出的要求。如果发盘中对接受的传递方式未做具体规定，则受盘人一般可按发盘所采用的传递方式发出接受通知。

五、签订合同

货物买卖双方经过交易磋商，达成有效接受后，需签订书面合同。书面合同能详细列明交易条件，确保双方共同信守。签订书面合同是交易谈判的最后环节。

书面合同形式主要有正式合同和确认书。正式合同详细列明商品信息、交易条款及一般性条款，有利于明确双方权利、义务和责任，适合大额复杂交易。确认书只载入主要交易条款，省略一般性条款，适用于双方长期合作、金额小且内容简单的场合。

在签订合同时要注意合同内容的完整、具体明确以及合同条款之间的相互一致性。

任务三　货物买卖谈判的策略

从货物买卖谈判的整个过程看，买和卖、采购和销售，是相同交易行为中对立的两个方面，但当双方站在特定的买方和特定的卖方的角度来观察问题时，就会发现，买和卖又不是一回事了。以下分别从买方和卖方的角度讨论货物买卖谈判的策略。

一、买方的谈判策略

采购人的职责在于确保己方在合理的价格内取得良好的货品和服务。在货物买卖谈判中，采购方可以通过以下办法更好地达到目的。

（一）买方必须学会货比三家

选择对己方有利的谈判对象或谈判重点很多买主都希望卖主们的商品可以像挑选苹果般地比较选择，但他们很少如愿。卖主们的商品不只是价钱不同，连同类产品的品质、规格、包装、性能等也不一样。这么多的差异使买主无法客观进行比较，以至于最后所做出的决定总是基于少许的资料和大部分内在感受。

称职的采购人员会知道问题的所在。在采购商品数目较大时，他会以一种从事艰苦工作的态度来进行比价，会请工程和成本分析专家将资料调整成可以比较的形式。为此，他不单从每个卖方那里取得报价单，只要有可能，他还尽量设法获得其他的详细资料，然后介绍给专家们听。专家通过各种量化、打分，计算出该商品的质量价格比、性能价格比等数据，然后选定对己方采购最有利的卖主作为正式谈判对象或谈判重点。

（二）买方必须学会让卖主相互竞争

这是一个商品极其丰富的时代。就大多数商品而言，都存在许多同类产品或替代产品，任何一个卖主都很难垄断某个商品的市场。采购人员应利用这一点来引发卖主之间的竞争，以便使己方从中得到好处。即便是通过货比三家，选定了某卖主作为正式谈判对象，也不要断了与其他卖主的联系，应以此为砝码向对方压价。

（三）掌握卖方定价依据，从而提高己方讨价还价的效率

卖方报出的价格并非不可讨价还价的不二价，而且在很多场合，其制定价格并不是依据科学计算方法，而是出于谈判策略上的考虑。因此，探究对方报价的方法很重要，可以根据这些技巧采取针锋相对的办法。比如，有的卖主勇于运用出尔反尔这一招。当其提出的价格遭到压力时，他就压低价格。这个新价格与市场相差很多，要低得多。但等到时机成熟，他又重新提高价格。如果买方洞察出对方这一花招，就不那么容易被卖方所左右了。

当然，采购人员还应了解自己公司的经营状况、己方可以做出哪些让步，并熟悉各种付款方式等，唯有如此，才能成为一名出色的采购人员。

案例

货比三家

天津某厂半导体器件生产线需改造，委托某公司（以下称甲方）协助谈判。经过与美国公司（以下称乙方）和香港公司（以下称丙方）谈判后，由于乙、丙两家态度与交易条件各异，甲方择优选了乙方为成交对象并草签了合同，双方约定待补充某些设备资料、落实进出口许可证后再正式签约。不想丙方通过工厂的上级主管单位要求甲方继续与其谈判，再给一次竞争机会。天津工厂的上级也托人把意见转到了甲方。为了尊重工厂上级主管，稳妥处理“草签合同”的法律问题，甲方将工厂代表、工厂上级主管代表、乙方代表、丙方代表同时请到公司来，分别安排在三个会议室，进行了一次“货比三家”后的再比货的谈判。

在天津工厂及其上级主管代表所在的会议室，甲方说明了现状以及“草签合同”的法律意义，并与他们达成评选乙、丙两方的标准。

在丙方所在的会议室，甲方再次解释了没有选择与其成交的原因，同时要求对方拿出最优惠的竞争条件，双方约定“这是最后机会”。

在乙方所在的会议室，甲方解释了在“草签合同”后发生的问题，行政意见与

"草签合同"法律意义的统一性，以及重开谈判的合法性与必要性。同时重申甲方做事的原则，希望乙方能积极配合。开始乙方抱怨，后在甲方安抚下，知道再抱怨也没用，要想拿到交易，还需做一番努力，甲方让乙方考虑新的可能方案，自然不强迫。竞争又开始了，由乙方自主决定是否再次应战。

甲方回到丙方会议室，问丙方新的方案是否已拟出。丙方给出了一个新方案，该方案条件与乙方草签协议的条件靠近，没有明显优势。甲方当即告诉丙方："该条件不行。若还有改善的可能，可给贵方时间再准备；若没有改善的可能，则谈判到此结束。"丙方做了一些解释，意思是该条件具有竞争性。甲方反驳了丙方观点，郑重做出竞争不力的结论，但表示可以再给一次机会。丙方看到甲方态度坚定，只好请求再给一次机会。甲方离开丙方会议室让其准备改善方案。

甲方到了工厂会议室通报了与乙方和丙方谈判的情况，并征求他们的意见。工厂和其上级代表认为甲方做得很好，也同意甲方建议，若丙方拿出的方案不优于乙方的方案5%以上，则不选择与丙方成交。

甲方回到乙方会议室，问乙方的方案准备得如何？乙方回答："价格难以调整，但价格条件可以改善，如可以将5人的培训费免去。"甲方问乙方还有什么条件，乙方表示暂时没有。

甲方再与丙方接触，丙方此时拿出了与乙方的价格条件一样的方案。甲方对丙方追加意见："贵方确有改善，但由于贵方是第二次谈判，要击败乙方，贵方必须有明显优势才行。凭贵方现有条件，我只能讲是'相当'"。丙方讲："劲已使完，希望与工厂上级代表见面谈一谈。"甲方表示同意。

甲方与工厂及其上级代表交换了意见后，一致认为：若丙方力已使尽，那么其条件不具竞争力。作为策略，待甲方再与乙方谈判后，安排与丙方的见面。

甲方到乙方处，郑重地告诉乙方："丙方已两次改善价格条件，不知贵方还有什么要说的。"这句话太中性了，一下子让乙方怔住了。乙方代表想了想说："若丙方条件很优惠，我也只好遗憾，自愧不如。要是说我还能做什么，坦率地讲可做的不多，我方可以增加一点试车材料，也可以连续3年代销30%该生产线生产出的产品。"甲方说："我能理解这两个条件是资方最后的改善吗？""是的。剩下的事就由贵方做结论了。"甲方请乙方稍候，待与工厂及其上级代表商量后再告诉他结果。

工厂与其上级代表听到乙方再次改善条件，很高兴地与甲方一道先会见了丙方。对丙方积极参加竞争表示感谢，对其条件缺乏竞争力表示遗憾，对双方的友谊表示珍惜，希望今后有机会再合作。丙方见甲方、工厂上级代表对他都很尊重，只好自认竞争不力。送走了丙方后，大家一齐再见乙方。一方面对让其再次投入竞争的谈判表示抱歉；另一方面对他做出的努力表示赞赏，然后宣布了甲方最后的抉择——与乙方成交，不过今天提到的5人免费培训、增加试车材料与连续3年代销30%的产品等条件均应加到草签的合同中。

对于“货比三家”策略，甲方运用得很好。备货、运货、谈判组织以及选择等环节做得顺乎其然，毫无错位，通过再次谈判，扩大了策略战果。

二、卖方的谈判策略

与采购人员相对应，一个称职的销售人员该掌握以下这些行之有效的方法。

（1）推销是一种主动型的谈判，需要销售人员积极主动地去开发客户，而不是一味地等客上门。为此，销售人员必须制定一段时期（如1个月、1个季度或1年）的销售目标以及实现这一目标的手段。在每次走访可能买主之前，他必须先深思熟虑一番，他必须十分熟悉自己产品和企业的情况，熟悉当时的市场行情，以使自己的劝购行为具有充分的说服力。

（2）一般来说，如果销售人员拜访的客户对其推销的产品既不热心也无兴致，那么他的任务就是唤起客户的购买兴趣，刺激客户的购买欲望。客户并不总是正确的，然而销售人员并非批评家，他的目的在于推销出商品，所以在业务谈判中，与顾客争论是不明智之举。即使销售人员是争论的胜方又有什么用，他将失去一个可能的买主，意味着其推销工作的失败。积极推销并非强力推销，其关键在于疏导可能买主的购买欲望。

（3）销售人员成功推销的关键在于有效展示产品和赢得客户信任。产品展示对推销至关重要，直接影响客户认知和购买意愿。销售人员可采用多种方法展示商品，如当面试验、照片、模型、录像带等。当面试验可让客户亲身体验产品，增强印象和好感。对于不易携带的产品，可用形象化证据和书面材料展示。销售人员应尊重并赏识产品，传递信心和热爱，激发客户共鸣和购买欲望。

（4）推销的潜力在于回头客，老客户不仅可能再购公司的产品，还可能为销售人员介绍新客户因而，销售人员应充分尊重客户的利益，言而有信，搞好各种售后服务，注意发展与客户的友谊。同时，应着手建立客户档案，记载客户公司的各种情况及客户本人的兴趣、爱好、事业、家庭情况，以便以后进一步开展推销业务。

（5）推销工作需要顽强的毅力，不要怕碰钉子。再优秀的销售人员也不可能每次拜访客户都能谈成交易。一次拜访失败，应及时总结原因，看问题出在哪儿，如果有必要，应当再次甚至多次拜访。“精诚所至，金石为开。”也许下一次拜访便是成功的时候。

课后实践

学习完本项目的内容后，认真完成表 9-1 的实践清单。

表 9-1　实践清单

实践标题	采购谈判训练
实践目的	采购谈判的具体内容 . 谈判策略和技巧的运用
实践内容	材料 1：浙江 XX 学院拟建立两个机房，每个机房 60 台计算机，并配备服务器、电脑桌椅通信设备等其他相关设施设备。具体设备的型号、规格由采购方确定。 材料 2：江门 XX 学校拟举行校运动会，15 物流班积极响应，决定要在校运动会中一展风采，现需要给每位同学配一套服装，具体服装的颜色、款式由采购小组确定 任务： 1. 选择一份材料，制订采购计划和谈判方案 2. 角色分工撰写谈判脚本 3. 模拟采购谈判过程 4. 签订采购合同
实践要求	1. 确定谈判目标，包括期望的价格、数量、质量标准、交货期限、付款条件等； 2. 设定可接受的最低条件和最优条件； 3. 确定团队成员的职责和相互之间的沟通协作方式
实践步骤	1. 了解当前市场状况、供应商信息以及产品或服务的市场价格； 2. 收集所有相关资料，包括历史交易记录、成本分析、预算限制等； 3. 根据目标和市场研究，制定谈判策略，包括让步空间、底线、优先级等； 4. 选择合适的团队成员，并选择一个对双方都方便的时间和地点进行谈判； 5. 按照既定策略进行谈判，注意倾听对方观点，保持沟通畅通； 6. 详细记录谈判过程中的关键点和达成的协议； 7. 教师点评

实践评价

完成以上实践后，认真填写表 9-2 的实践评价。

表 9-2　实践评价

评价内容	分值	得分
参与实践的积极性、主动性	25	
独立思考能力	25	
创新能力	25	
是否有效控制了采购成本，实现了采购目标	25	
教师点评：		

项目小结

1. 货物买卖谈判的内容包括品质条件、数量条件、包装条件、价格条件、交货条件、保险条件、支付条件、检验与索赔条件、不可抗力条件、仲裁条件。

2. 货物买卖谈判程序包括询盘、发盘、还盘、接受、签订合同。

思考练习

1. 在货物买卖谈判中，询盘环节的重要性体现在哪些方面？如何进行有效的询盘以获取所需信息，并为后续谈判奠定基础？

2. 发盘和还盘是货物买卖谈判中的关键步骤，请分析这两种行为在谈判中的不同作用及其对谈判结果的影响。同时，讨论在实际谈判中如何灵活运用发盘和还盘策略，以达到理想的谈判效果。

3. 买卖双方在货物买卖谈判中应采取哪些具体的谈判策略？

项目十

合资合作谈判

项目导读

随着全球化进程的加速推进，企业之间的合作与竞争日益激烈。为了实现资源共享、优势互补和共同发展，合资合作成为许多企业寻求增长与突破的重要途径。本项目旨在通过合资合作谈判，促成双方或多方企业在特定领域或项目上建立合作关系，共同开拓市场、提升竞争力，实现互利共赢。

学习目标

知识目标

1. 掌握合资合作谈判的基本概念和原则，了解不同文化背景下的谈判风格与习惯。
2. 熟悉合资合作谈判中涉及的法律、税务、财务等相关知识，能够正确解读合同条款。
3. 了解市场趋势和行业发展动态，把握合资合作的商业价值和潜在风险。

技能目标

1. 提高谈判技巧和沟通能力，能够运用有效的沟通技巧进行信息交流和观点阐述。
2. 培养分析问题和解决问题的能力，能够针对谈判中的关键问题提出合理的解决方案。
3. 锻炼团队协作和协调能力，能够与团队成员共同制定谈判策略并有效执行。

素质目标

1. 培养学生跨文化意识和全球视野，尊重不同文化背景下的价值观和思维方式。
2. 增强学生诚信意识和责任意识，遵守职业道德规范，维护公司形象和利益。
3. 提升学生创新精神和学习能力，不断适应市场变化和行业发展，持续提升自身素质和竞争力。

思政目标

1. 培养学生的国际视野和跨文化交流能力，使其能够在中外合资企业设立谈判中充分理解并尊重不同文化背景下的商业习俗与谈判规则。

2. 培养学生的团队合作精神和沟通能力，使其在中外合作经营企业谈判中能够与其他团队成员有效协作，共同达成谈判目标。

3. 培养学生的全球视野和国际竞争力，使其在中方对外投资设立企业谈判中能够充分展示我国的经济实力和企业文化。

4. 培养学生的国际人道主义精神和社会责任感，使其在国际劳务合作谈判中能够关注劳务人员的权益和福利。

案例

中美公司的合资谈判

我国上海工业仪表公司和美国福克斯波罗公司经过两年的谈判，于1982年4月12日签订了为期20年的合资协议，成立了上海福克斯波罗有限公司（SPCL）。该企业是美国和我国最早成立的高新技术转让合资企业之一。

这场谈判双方实力与地位的差距是悬殊的。美国福克斯波罗公司创建于1908年，到1985年已经是在各种型号与不同复杂程度的气动和电子操纵仪器以及计算机控制系统方面领先的全球供应商。1984年公司销售额超过5亿美元，在世界生产过程——控制设备市场拥有最大份额。而20世纪80年代初期的我国在高新技术机械产品领域尚处在落后状态。而且，由于这一谈判涉及极为敏感的高技术转让，美国出口管理部门严格限制福克斯波罗公司向我国转让的产品和技术的种类。因此，对于中方谈判者来说，谈判对手的实力是强大的，谈判中所存在的阻力与障碍又将使谈判的进行困难重重，要想取得谈判的成功是非常不容易的。为此，中方谈判者在充分了解对手和分析对手需要的基础上，首先由我国国家仪表和自动化局与美方进行初步接触并向美方发出邀请，请他们组成代表团到我国进行实地考察。在考察过程中，中方巧妙地利用各种方式向美方展示了我国机械和汽车产品领域的光辉前景，力求使美方确信，双方如果合作成功，将使福克斯波罗公司顺利占据世界上最后一个且是最大一个在电子操纵设备和计算机控制系统等业务方面尚未被开发的市场，而这正是福克斯波罗公司所迫切需要的。紧接着，中方为了表示合作的诚意，为美方特意选择了一个最佳的合资伙伴上海仪表工业公司。这使美方既省去了进行选择的费用，又深感满意。随着谈判进入实质性磋商阶段，中方又抛出一个“香饵”：根据我国法律，合资公司将享受最优惠的税收减免待遇。通过这一系列行动，使中方逐渐扭转谈判中的被动局面，得到了“大鱼”：通过成立合资公司，中方获得了先进的过程——控制仪器生产技术。

在双方刚刚接触的时候，赫尼威尔（Honeywell）、费舍（Fisher）控制公司以及其他同行业的跨国公司也正在虎视眈眈地盯着我国市场。中方之所以选择福克斯波罗公司，一方面当然是由于该公司在技术方面的领先地位和丰富的专业化管理经验，另一方面是由于该公司运用了相应的策略，它首先让中方确信，美方将保证使合资企业获得最先进的数字技术；其次美方向合资企业提供的“学习产品”（即最初转让的产品）是投入应用仅9年且仍旧处于更新换代中的先进产品——电子模拟生产线200型。正是这些满足了中方的需要，才使福克斯波罗公司最终甩开了其他竞争对手，获得了我国大陆这一富有潜力的巨大市场。

对外开放是我国长期的基本国策，是我国现代化建设的重要的战略措施。吸引外国投资者来华举办中外合资经营企业、合作经营企业，对外投资在国外设立企业，以及国际间的劳务合作和工程承包等，是我国对外开放政策的重要组成部分。因此，如何更好地进行合资合作业务的谈判，是一项关系国计民生的大事。

任务一　中外合资企业设立的谈判

根据《中华人民共和国中外合资经营企业法》的规定，中外合资经营企业是指经过我国政府批准，在我国境内建立的、取得我国法人地位的一种国际性的联合经营的企业，它是由中外各方在商定的期限内共同投资、共同经营，受我国法律管辖的有限责任公司。设立合资经营企业的谈判是项极为艰巨的工作，为了做好这件工作，需要对中外合资经营企业设立谈判的有关问题有较深入的了解（图 10–1）。

合资合作谈判

图 10–1　战略合作

一、合资经营企业谈判项目的选择和评估

合资经营企业谈判项目的选择与评估，往往是和一个合资经营企业能否成功紧密相连

的。不论是由我方主动选择的要与国外投资者合资经营的项目，还是外方投资者提出供我方选择的项目，都存在一个如何选择和评估的问题。

选择和评估一个合资经营谈判项目，应注意以下几点。

（一）是否与市场需求和国民经济发展战略相适应

合资经营企业在实施项目时，确实需要在多个方面寻求中国的资源支持，特别是在项目配套、资金筹措、物资原料和能源供应等关键环节。为确保合资企业的顺利运营和长远发展，我们必须充分考虑我国的资源现状及其潜在的发展能力，确保与国家的国民经济发展战略保持高度一致。

此外，我们还要密切关注市场需求的变化趋势，确保合资经营企业的产品或服务不仅能够满足当前的市场需求，还能在未来相当长的一段时间内保持竞争力，与国家的国民经济发展战略保持同步。

（二）否有良好的经济效益

经济效益的好坏是评价合资经营企业成功与否的关键。对于这一点，必须作详尽的可行性研究。归纳起来，应着重注意以下几条原则。

（1）是否能对现有的企业进行较快的技术改造和更新。

（2）是否有利于提高生产技术或产品的质量和产量。

（3）是否有广阔的市场潜力。

（4）是否有利于降低产品原材料的消耗和生产成本。

（5）是否有利于提高企业的管理水平。

（6）是否符合投资少、见效快的原则。

（7）是否有利于增加出口创汇。

（三）是否有局部利益和全局利益相矛盾的情况

目前，我国为了更好地实行对外开放、对内搞活，正逐步扩大地方和企业的自主权。因此，各地方在选择合资经营项目时，应处理好局部与全局的关系。如果一个项目在地方上、局部上是可行的，可是对于全局却不利，则不应予以考虑。

二、合资经营谈判对象的确定

中方在选定谈判项目后，在选择谈判对象时，不能局限于个别地区和国家，应根据情况尽可能同时与几个可能成为合资对象的外国投资者接触，认真分析每个外商的优势、劣势和合作诚意，均衡各种条件，反复衡量对比，从中选择最有利的合资对象。

合适的合资对象应具备以下条件。

（一）必须是具有某一国家国籍的合法公民或法人

若以自然人身份而言，那么此人必须具备公民身份，拥有履行各类民事义务的能力，同时，如果能在某一领域具备深厚的专业知识或实践经验，如作为某领域的专家、行家或成功的企业家，则更为理想。而若以公司或企业的形式出现，则不仅要求该实体必须在政府正式注册，拥有合法资产、稳定的营业机构和明确的公司名称，而且其声誉与信誉也应是业界所公认的，具有广泛的国内外联系和高效的产销渠道，这样的公司或企业无疑是更受欢迎的。

（二）必须确实拥有对外投资的能力

外国投资者用来向外投资的资金不都是自已固有的资金，在其投资额中有相当一部分是贷款来的，有的甚至全部是贷款，一般说来，这样的合资对象也可看作是合格的，是拥有资本能力的人，因为在国外，银行肯于贷款的人，被看作是具有投资能力的人。

（三）应是在技术上或其他某些方面比中方强的同行

简而言之，选择合资伙伴时，我们应优先考虑那些能够助力合资企业成长与进步的实业家、制造厂商或同行业的跨国公司。他们应具备如下核心条件：一是掌握先进的技术并拥有制造工厂及科研机构，为合资企业提供坚实的技术支撑；二是拥有丰富的经营管理经验，特别是在国际投资生产领域；三是具备国际范围内高效的销售渠道和信息网络，保障产品畅销无阻；四是资本实力雄厚，并与金融机构关系紧密，确保合资项目的资金来源稳定可靠；五是应具有良好的商业信誉和经营历史，为合资企业的长远发展奠定坚实基础。

三、编制合资项目建议书和可行性研究报告

根据《中华人民共和国中外合资经营企业法实施条例》和国家的有关规定，中外合资经营企业的建立，需要编制项目建议书和可行性研究报告，经过政府有关部门批准后，方可进行实质性的谈判。

（一）项目建议书

项目建议书是由中方合资者编制，向有关部门呈报准备同海外合资者举办中外合资经营企业的立项申请报告。中方合资者根据国家的经济发展长远规划及行业和地区的规划、技术经济政策和产业政策，结合资源情况、建设布局等条件，在调查研究的基础上，提出与海外企业共同进行某项建设的建议书，其中写出对项目的大致设想，初步分析项目建设的必要性以及技术、财务和经济上的可行性。

项目建议书的主要内容包括：项目的合资对象及其资信情况、合资目的、经营范围、生产规模、投资总额、投资比例构成及方式、要引进的先进技术和设备、产品技术水平、原材料、燃料和动力来源、产品需求情况、销售市场及经济技术效果等。

项目建议书编制后，经有关部门批准，合资各方才能正式谈判，开展以可行性研究为中心的各项工作。项目建议书是开展可行性研究工作的依据。

（二）可行性研究报告

项目建议书经过批准后，合资双方共同进行可行性研究或委托设计部门或经济技术咨询机构编制可行性研究报告，并由合资各方共同签署。可行性研究报告是在项目建议书的基础上，通过国内外经济技术调查、市场调查，与外国合资者谈判及必要的辅助研究，论证投资项目在技术、商务和经济上基本可行，经过多方面比较，推荐出来的最佳方案。

可行性研究报告主要包括基本概况、项目方案、市场销售及工厂生产能力、原材料及其投入、职工及其构成、总投资费用、资金的概算和筹集、生产成本的测算、外汇平衡状况、财务状况和效益、国民经济分析以及最后的结论等内容。

四、合资经营企业设立的谈判内容

大中型合资经营企业设立项目，通常在项目建议书报批之前即开始对外接触，项目建议书批准之后可以正式对外谈判，可行性研究报告批准后才可签约。

建立中外合资经营企业的谈判，主要涉及以下内容，对于不同的谈判内容，有不同的谈判策略。

（一）投资总额和注册资本

设立合资经营企业，使之达到一定的生产规模，所需要投入的基本建设资金和流动资金的总和，称为投资总额。所谓注册资本则是指合资经营企业注册登记时投资各方认缴注册的法定资本，它是合资各方的共同出资总额。

注册资本可以与投资总额相等，也可以少于投资总额。如果合营各方出资总额为注册资本，合资经营企业不借款，注册资本便等于投资总额。但一般而言，在注册资本之外，合资经营企业还会从外界借入一部分资金来投资，因而注册资本在一般情况下小于投资总额。借入资金在企业投产后还本付息。

由于银行贷款利率一般较企业投资收益率低，从经营效益看，借贷资金所占比例越大，企业经济效益就越高。在投资总额中，借贷资金比例大、注册资本比例小的另一好处是合营各方承担的经济风险相对减少。这是因为合资经营企业是有限责任公司，合资各方对合资企业的责任仅以其各自认缴的出资额为限。正因为如此，合资各方都力求将注册资本的比例压得越小越好。

但是，注册资本过小，对稳定债权债务关系、维护正常经济秩序是不利的，一旦发生较大亏损，企业缺乏足够的稳定性和应变能力。外方出资额少，削弱了利用外资的作用，亦使外方对企业的发展和成败缺少关注，很多合资经营企业的借贷资金甚至均向中国银行借入，由我方主管部门出具担保，我方承担贷款最终偿还责任，风险过大。再则，借贷资金比重大，税前利息支出相应增大，会影响税收。

为了防止外方不及时认缴注册资本等问题的发生，中方除了要在验资等环节上严格把关外，在谈判及合同中，应订明具体出资期限及违约处罚方法。为此，双方必须首先向中国银行存入一笔履约保证金。如果某一方违约，该笔保证金即作为对另一方的损失赔偿费；如果没有违约情况，这笔资金则将作为最后一笔投入的资本。

（二）出资比例

发展中国家对外资股份在合资经营企业中的比例均有限制性规定，有的国家对不同行业分别规定外资的最高限额，一般均不得超过 49%，目的是使企业不致受外资控制。我国只规定外资股份不得低于 25%，对上限未作规定，这是为了最大限度地利用外资。

合资经营企业中外资比例究竟多少为宜，主要取决于下列因素，中方谈判者应认真分析这些因素。

1. 资本的回收速度

一般而言，那些投资多、建设周期长、资本回收慢的项目，合营各方都不大愿意出资占大头。中方应尽可能让外方投资的比例大一些，以解决中方合资者资金不足的问题。

2. 产品的竞争能力、销向及利润率

产品若以内销为主，而且企业的利润率高，中方合资者应争取占较大比例；而对于产品以外销为主，在国际市场竞争能力较强的项目，可以允许外方的投资比例略大一些。

3. 外汇平衡能力

我国政府要求合资经营企业自己做到外汇平衡，外方投资最终要以外汇收回，外方分得的利润也主要以外汇汇出，因此，创汇能力差的企业，外方投资的比例不宜过大。

4. 是否有利于利用外方的先进管理经验

外方的投资比例过小，将会影响外方对合资企业经济利益的关心，也不利于中方合营者向外方学习先进的管理经验。因此，凡是技术、管理水平要求高，或新兴技术和知识密集型项目，如港口、电话、仪器、化工等行业，外商的投资比例应该大些。

（三）出资方式

出资方式是指合资各方投入合资经营企业的资本的具体表现形态。我国《中外合资经营企业法》第五条规定：“合营企业各方可以现金、实物、工业产权等进行投资。”同条又规定：“我国合营者的投资可包括为合营企业经营期间提供的场地使用权。如果场地使用权未作为中国合营者投资的一部分，合营企业应向我国政府缴纳使用费。”

1. 现金投资

投入现金是投资的普遍形式，现金应是注册资本的重要组成部分。合资企业为了进行土建、购买实物、支付职工工资和经营管理费用等，需要一定的货币资金。合资双方投资的现金额通常取决于投入的实物、工业产权及贷款之外还需要多少资金来满足建厂的开支和生产的费用，取决于东道国政府规定的现金认缴额。

以中外举办合资经营企业的经验来看，合资企业筹建时，应筹足必要的货币资金，资金的投放应由各投资方认定，尽量少用借款和社会集资形式，以减少企业的利息负担。

在现金投资问题上，根据我国的实际情况，应该使外方投入的外汇现金尽量多些。为此，要通过谈判协商，争取外方在投入外汇现金上有一个恰当的比例。

2. 实物投资

合资经营企业的实物投资包括厂房、建筑物、设施设备、原材料、元器件、仓库、运输工具以及可以作为投资的其他生产资料。我国合资法实施细则对外国合资者出资的机器设备或其他物料，有如下规定。

（1）这些实物必须是合资企业生产所必不可少的。

（2）所出的物资原则上须是我国不能生产的，对于那些国内虽能生产但价格过高或者是在技术性能方面不符合要求，在时间上不能保证供应的必备物资，也可以引进。

（3）实物作价不得高于当时国际市场上同类物资价格。

合资者以实物方式出资，最复杂的是实物作价问题。我国规定，以建筑物、厂房、机器设备或其他物料作为出资的，其作价应由合资各方按照公平合理的原则协商确定，或聘请合资各方拥推的第三者评定。

3. 工业产权投资

工业产权一般包括发明专利、新型产品式样和商标所有权等。为了引进国外先进技术，我国积极鼓励外商以工业产权形式出资，并且制定了有关法律和政策，保护外商的专有利益。但是，外国合资者以工业产权出资时，必须提交工业产权或专有技术的有关资料，包括专利证书或商标注册证书的复印件，说明该产权的有效状况及其技术特征、实用价值、作价的计算根据，同时提交与我国合资者签订的作价协议等有关文件。

我国《中华人民共和国中外合资经营企业法实施条例》明确规定了外国合资者以工业产权或专有技术出资的限定条件如下。

（1）提供的工业产权或专有技术必须是能生产我国急需的新产品或作为出口外销的产品。

（2）必须能显著改进我国现有产品性能、质量，提高生产效率。

（3）必须能显著节约原材料、燃料和动力。

4. 场地使用权投资

在我国，土地为国家所有，我国合营者不具有土地所有权，不能以土地所有权投资，只能以土地使用权作为投资，而场地使用费的金额应由国家确定，由合资经营企业向我国政府缴纳。为了避免中外合资企业浪费用地，同时为了有利于鼓励外商投资、有利于中方以场地投资入股，我国场地使用费一般采取略低于国际地租的标准。

鉴于合资企业往往拥有较高的利润率，而我国的银行利率则相对较低，因此，将场地使用权折算为股份进行投资，对于我国的合资者来说，在利润分配上无疑是一个优势策略。因此，在已经成立并签订了相关协议的合资企业中，我们观察到两种主要的合作模式：一种是将场地使用权直接作为股份投入，另一种则是合资企业每年按照约定向我国政府支付场地使用费。

关于场地使用费的缴纳标准，这通常是由各省市结合实际情况，包括场地的具体用途、所处的地理条件、企业拆迁安置的成本以及合资企业对场地基础设施的具体要求等因素，进行综合考量后，由所在地的省、自治区、直辖市人民政府制定一个合理的方案，并上报给国家相关主管部门进行审查批准。

场地使用费的计算一般基于场地面积，并从实际用地时间开始逐年进行缴纳。合资经营企业享有对场地的使用权，但并不拥有所有权，因此，企业不得擅自转让、出售或用作抵押。

（四）物资采购

《中华人民共和国中外合资经营企业法》规定：合资经营企业所需的机器设备、原材料、燃料、配套件、运输工具和办公用品等，有权自行决定在我国购买或向国外购买，但在同等条件下，应尽量先在我国购买。

合资经营企业对其所需的物资有权决定在国际市场购买，这是根据合资经营企业的特点而规定的。因为合资经营企业一般采用先进技术设备和科学管理方法进行生产，这就需要引进国外先进的生产流水线、机器设备等，以收事半功倍之效。而由于合资经营企业的外国合营者可以用其机器设备或其他物料、工业产权或专有技术作价出资，这也为引进国外先进装备提供了方便。为了促进合资经营企业的产品外销，有时也有必要购买国外的原材料、配套件，以生产出适销对路的产品销售到国外。

合资经营企业对其所需的物资，在同等条件下应尽量先在我国购买。所谓同等条件，主要是国内外市场上物资的数量、质量、品种、规格、供货时间及供应价格相同。此时，尽量先在国内市场上购买，不但维护了我国的经济利益，而且由于供货路线近、运费省、运时短、损耗少、保险费用低，对合资经营企业的经济效益有极大好处。

（五）产品销售

合资经营企业的产品销售问题，主要是确定内外销比例。在谈判合资经营合同时应依据以下条件确定内外销比例。

1. 企业的外汇平衡

企业必须有相当部分产品外销，以换取外汇，支付包括外国合资者利润在内的企业一切外汇支出。

2. 市场需求程度

如果企业产品在国际市场颇受欢迎，外销比例就应较高；如果企业产品在国内尚缺乏或需要进口，就可以内销为主。

3. 企业的利润期望

如果企业产品外销售价较高，可以外销为主。

4. 产品的加工深度

原材料、初级加工产品的产值低，利润薄，应以内销为主；深度加工成品，可以外销为主。

（六）外汇平衡

外汇平衡与物资采购、产品销售密切相关。要解决外汇不能平衡的问题，途径主要有两个：一是迅速提高合资产品原材料、零部件的国产化水平，使合资企业的物资采购主要在我国国内进行，以节省外汇支出：二是合资产品尽可能地外销，以扩大外汇来源。在与外商进行谈判时，中方要力求使外商理解这一点，并使其承担相应的义务和责任。

（七）企业的组织机构

合资经营企业的组织机构可以分为三个层次。

1. 董事会

中外合资经营企业实行董事会领导下的总经理负责制，董事会是合资企业的最高权力机构。董事长中外方人员均可担任，由出资的比例决定。董事会的职权一般如下。

（1）决定年度生产计划、发展计划。

（2）批准年度财务预算、利润分配方案、借款限额。

（3）批准总经理提出的年度经营报告。

（4）通过企业的重要规章制度。

（5）决定企业的结业或与另一经济组织的合并。

（6）决定企业的增资与资本转让。

（7）任免总经理、副总经理、总工程师、总会计师等高级职员及决定注册会计师的聘请。

（8）决定企业的组织机构，增设或撤销职能部门及分支机构。

（9）负责企业结业时的清理。

（10）决定企业劳动合同和修改职工的工资福利制度。

（11）决定对企业章程的修改。

（12）其他应由董事会决定的事宜。

董事会对重大问题采取协商一致的原则，须经全体董事协商一致才能作出决定。此类大事包括章程的修改、企业的终止和解散等。

2. 总经理

合资经营企业设总经理一名，其职责是执行董事会决议，组织和领导企业的日常经营管理工作。总经理既可由中方担任，亦可由外方担任。总经理的职责如下。

（1）执行合营企业合同、章程及董事会决议。

（2）任免各职能部门负责人。

（3）制订企业各部门的经营管理制度，对各部门布置、指导、监督和检查工作。

（4）向董事会提出年度业务报告。

（5）对董事会规定限额内的资金借贷作出决定。

（6）经董事会授权，代表企业签署各类契约文件。

（7）主持企业业务会议，对会议决议负责执行。

（8）对限额内资产作出购置或处置的决定。

（9）对职工有任命、调动、升迁、奖惩、辞退权。

（10）其他董事会职权以外的企业各项事务。

3. 企业各业务职能部门

财务、人事、生产、技术、采购、销售、总务、公关等部门服从总经理的指挥，分别承担各自的职责。从以往的实践看，中方偏重于控制企业的人事、生产部门，而较忽视财务、采购、销售部门，在今后的合资谈判中应注意纠正。

（八）劳动管理

合资项目中劳动管理条款的谈判主要在于确定合资经营企业中职工的雇用、辞退、工资、劳动保险、生活福利及奖惩等事项。

（九）合资经营的期限

对外商来说，合资经营期限的确定主要取决于投资利润率的高低与回收期的长短。如果投资利润率较低、投资回收期限较长，那么为了使自己的投资与利润得到充分的补偿，外商一般要求较长的合营期限，特别是外商提供了先进技术、投入资金较多的项目更是如此。反之，如果投资利润率高、投资回收期短，外商则比较容易接受较短的合营期限。

对中方而言，除了要考虑外商的合理要求之外，还要根据自己对外商转让的技术及管理经验的吸收掌握的速度与程度来决定合营期限。

（十）其他方面

我国在外汇、税务、财务、审计和保险等方面都制定了相应的具体政策、法令和制度，中外双方必须遵照执行。

任务二　中外合作经营企业的谈判

中外合作经营企业是由我国合作者和外国合作者依照《中华人民共和国中外合作经营企业法》的规定共同组成的经济实体。

一、中外合作经营企业的特点

中外合作经营企业的特点一般用“契约式”来概括，这一用词是针对将中外合资经营企业称为“股权式”而提出来的。合作企业的“契约式”与合资企业的“股权式”的明显区别在于合资企业的责任和权利是以各方的股权比例确定的，即各股东首先按出资额确定自己在企业的股权比例，然后按股权比例确定各自的权益和责任；企业终止时，股东按股权来分配剩余财产或承担债务责任；而“契约式”的合作企业则可以不确定股权比例，各方的股权和责任以及企业停止时的财产归属都在合作合同中事先订明。

具体而言，中外合作经营企业具有如下特点。

（1）合作企业双方签订的合作合同规定了双方的权利和义务，成为双方处理各项关系的主要法律依据。合同经主管部门批准后生效，具有法律效力。

（2）合作企业各方的投资，除现金外，其他投入均可不作价，不以货币形式表示，亦不折成投资比例。因此双方在收益分配、风险承担、资产处理等方面，也不受投资比例的约束，而由双方协商决定处理办法，载入合作合同。

（3）合作企业各方的投资被视为合作条件，所以外方投入的现金一般不计利息；中方提供的场地和厂房一般也不计使用费。

（4）合作企业外方投入的资金，在合作经营期间，允许提前收回，而不影响企业的正常经营。关于外资回收的办法，经合作双方协商同意后写入合同。

（5）合作企业的收益分配有两种方式：一种是产品分成，各方分到产品后自行处理；另一种种是利润分成，其既可采用固定比例，也可采用变动的比例。

（6）合作企业的经营期满后，由于外方投资者已先期回收其投资，且有利润分成，故企业的固定资产一般归中方合作者所有，不需要再进行资产的分配。如合同规定仍需要清算分配，也是可以的。

（7）合作企业的经营管理一般由双方共同参加，但经双方同意，也可由一方或委托第三方代为经营管理。

（8）合作企业的经营风险和债务的承担，在合同中要有明确的规定，双方根据其所提供的合作条件和意愿协商确定。

二、中外合作经营企业设立谈判的内容

中外合作经营企业设立谈判的程序和中外合资企业设立谈判的程序大致相同，这里就不再赘述。以下主要就其设立谈判内容的独特之处展开论述。合作企业设立谈判的内容如下。

（一）投资方式与合作条件

合作企业中投资方式与合作条件是两个相互联系的概念。投资方式指的是合作双方的投资，包括现金、实物和权益，是以什么形式投入，以货币形式，还是以投入物的原来形式投入而不折算成现金。合资企业的投入方式是将投入物都折算成现金，并按股份计算出各方的投资比例；合作企业的投入方式则不然，合作双方各自以提供投入物作为与对方合

作的条件，不折算成现金，亦不按股份计算投资比例。

合作经营的一个特点是中方不出或少出现金，让外方出现金或负责筹措借贷资金。现金出资与否，均应在利润分配上做出反映。外商投入的资金，不但要回收本金、利息，还要分得一部分利润。此外，投资回收的快慢、承担风险的大小，也要在合作条件上加以认真考虑。

在与合作企业的合作中，中方选择将土地使用权作为参与合作经营的一项条件。这意味着，中方无需以货币形式来量化这一合作条件，而是直接以土地使用权作为投入。相应地，中方从合作企业所获得的利润中，将部分用于支付土地使用费。同样地，厂房、机器设备等作为另一项合作条件，也无需进行货币形式的表示，直接作为合作投入。

在合作生产制造项目中，外方以技术作为合作条件时，一般不存在技术转让和支付技术转让费的问题，因此合作合同中亦没有关于技术转让费的条款。

（二）投资回收

合作企业的各方投资可以在合作经营期限内提前回收，这是合作企业的基本特点之一，也体现了合作经营方式的灵活性和增加投资安全感的作用，对投资者有较大的吸引力。因为外国投资者在企业开始经营的初期即能从企业实际收入中回收其投资，从而减少其承担的风险。外方回收投资一般回收其投资利息，利润也只有在投资回收后才能分配。因此，外方仍要承担一定的风险。此外，即使本利兼收，也不能免除其对合作期间可能发生的亏损和债务承担责任。这需要在合作合同中作出规定。

（三）收益分配

收益分配方法主要有如下两种。

1. 利润分配方法

合作企业的合作条件多种多样，因此，利润分配方法也极不一致。对此中央和地方的法规也没有作具体规定。通常是在外方投资总额回收之前，外方的分成比例要高于中方，外商投资一旦回收完毕，中方的分成即开始提高。

利润分配比例如何定得公平合理，要考虑众多因素，如外方投资总额的多少、承担投资风险的大小、投资回收期的长短和回收方式、外方提供的技术水平的高低、产品外销比例的大小等。双方利润分配的原则是：风险承担与分配比例应成正比关系。

2. 产品分成方法。

合作双方合作开发矿产、石油等时，多采用产品分成方法。

除以上收益分配方式外，还有其他一些方式，经合作各方商定后，只要不损害国家利益，将具体办法在合同中写明，经政府主管单位批准后也可以采用。

（四）组织形式

中外合作经营企业的组织形式分两种，即设立合作经营法人的经济实体和不设立合作经营法人的经济实体。

中外合作经营企业方式灵活多样，如合作生产工业产品、合作经营饭店、合作建造住宅、合作养殖水产品、合作开采矿产品、合作勘探开采石油等。因合作项目不同、投资多少不同、经营业务繁简不同、合作期长短不同，机构设置也有所不同。小企业的合同当事人就是投资者，有履行合同的自主权，可以不再设置合一的权力机构；大企业的投资多、业务繁杂、合作期长，须建立合营法人实体取得法人资格，应有合一的组织管理机构。

设立合作经营法人经济实体的企业，在我国工商行政管理部门注册登记，成为独立的法人。这个法人与中外双方各自的公司在财产、组织机构、经营管理、财务收支等方面全部脱离开。企业由合作各方组成董事会，各方股东通过董事会行使对合作经营企业的控制权。董事会下设总经理，领导企业的日常经营活动。

不设立合作经营法人经济实体的企业，组织形式比较灵活，不需要组织合一的组织机构。它们的特点是：合作经营企业的组织机构与合作各方原来的公司紧密联系在一起，由合作各方派代表组织联合管理机构，其职责是协调中外双方在执行合作合同中出现的问题，监督各方以各自的法人身份履行自己在合同中承担的义务，解决履行合同中出现的问题。

（五）亏损及债务的分担

在实践中，许多合作合同未订立或对亏损及债务条款订得不够详细和明确，外方一旦收回了投资，一走了之，债务就全部落在中方身上。因而，谈判中必须详细、明确地订立亏损及债务条款，规定一方回收投资后，它的责任还应以原投资额为限承担债务。为了保证收回投资的一方能履行其责任，合同中还应规定：由其提供经第三方签署的保证书，保证收回投资方在合作期限内履约的责任。

（六）物资采购及产品销售

合作企业原材料、元器件、设备的购买，应充分考虑我国进口替代的原则和各项规定，尽量先在国内采购，以节省外汇。同时，对进口设备的先进性和适用性要订明各项标准。

关于产品外销问题，不能只订一般性条款而没有保证措施。这样外商可能会利用中方信息不灵的弱点，借口国际市场的变化，要求降价外销，使中方蒙受损失。因此，合同中应具体载明外方负责销售的数额，还要将产品外销计划、外销责任和企业外汇平衡责任联系起来，从根本上保证外销计划的落实。

（七）合作期限、合作企业的终止和财产归属

1. 合作期限

合作期限依项目不同而定。合作建造、合作开发项目的期限较长，一般在 20 年以上；其他生产或服务项目的期限较短，一般在 10 年以下。决定期限的标准，在于准确估算外

方投资回收需要的年限和利润分成的比例。

2. 合作企业的终止

除合同中规定的合作期满和出现双方同意终止的情况，合同自动终止外，出现下述情况之一时，即使合同中未予以规定，合同也应终止：①企业严重亏损，无力继续经营；②一方不履行合同，致使企业无法继续经营；③自然灾害、战争等不可抗力造成无法继续经营；④既未达到该企业的经营目的，又无发展前途。

3. 终止后财产的处理

合作企业财产的处理办法应在合同中加以规定。大多数合作合同中规定："合作期满时，在合作企业正常经营的情况下，全部财产不再另行作价，归中方所有。"正常经营情况下全部财产的内涵应在合同中订明，以免日后发生争议。

案例

合作经营谈判

美国某涂料公司与我国某集团欲合作在我国生产、销售美方专利产品。双方就如何合作的问题进行了谈判。

美方："合作对双方均有意义，但我方有三个条件：一是技术入股不能少于35%；二是必须占大股；三是现金投入不超过50万美元。若贵方同意，3个月内可以签署合作协议。"

中方："技术入股应说明所含内容，才可以评价占股比例。谁占大股应取决于谁出现金多。如我方负责流动资金的解决，那么我方应有资金的安全措施。"

美方："技术股含了生产技术和我方在我国市场的推销成果。建厂资金和生产销售用流动资金至少为300万美元。我公司只能提供50万美元现金。其他需由贵方解决。"

中方："如果现金需要量大，且均需由我方负担，那么贵方又如何能成为大股东呢？如果由我方去筹措，将来公司如何管理呢？"

美方："公司管理权必须由我方负责。"

由于双方基本点分歧太大，第一次未能谈成，双方约定各自思考后再找时机谈。6个月之后，双方约定到我国谈。因为经过调查，美方认为我国市场很有前景。

中方："贵方的项目进展如何？与我方合作态度有否变化？"

美方："我们一直在工作，销售已有初步成绩。当然还只是开始。合作态度没有变，所以才愿意与您在我国见面。不过，我们也结识了一些新朋友，而且有的对合作生产我公司产品也有兴趣，提出了很有吸引力的合作条件。"

中方："我们已讨论过一轮双方合作的方案，不知贵公司有什么新想法？"

美方："上次谈判中，我方提出的条件还未得到贵方反馈的意见，我还是想先听听贵方意见。”

中方：“技术入股可以考虑，但市场应包括贵方整个我国的销售网，具体比例也随之变化。我方多出现金也可以考虑，但没有控制权，让我方不放心。”

美方：“贵方没有具体方案吗？”

中方：“技术股应在25%以内，销售网络包括贵公司整个我国市场，双方各500万股份，我方可以多出现金。”

美方（语气坚定）：“有人同意我方占股65%，其中技术股占35%，现金50万美元。他们还可以担保借贷流动资金，不干预我方管理。我为什么要放弃这个条件而同意贵方的条件？”

中方：“根据贵方昨天在宴会上的介绍，这是个上市的股份公司，它在未来的上市经营会有什么风险？会如何影响贵方新公司的经营？现在是不干预您的管理，当企业开始盈利时，又会如何？这些不确定因素，您有把握吗？”（中方口气也强硬了，语中不乏反驳之意）

美方：“这些问题，我方也在考虑。所以才愿意与您再谈。不过条件是可以谈判的。我方提出要求，再听贵方意见嘛。”

中方：“技术股可以提到27.5%，但市场问题，贵方应予以考虑。贵方可以占大股55%，但这与注册资本有关，与生产规模有关。”

美方：“贵方的新方案有意思，我会与公司主管人员讨论，尽快回复贵方。”

上述谈判中，双方均运用了“绝活”。美方以设问方式表达了“不会放弃已得到的好条件”的绝对立场，而中方也以提问形式表述了“美方的所谓的好条件只是虚幻的东西，美方要倒霉的”，表达了坚决否定态度。前者达到了让中方让步的目的，后者达到了让美方认真与其谈判的目的。

任务三　中方对外投资设立企业的谈判

我国企业为了求得自身的发展，不仅可以采用引进来的方式，引进外资在国内设立合资、合作企业，还可以采用“打出去”的方式，对外投资在境外设立企业。

一、对外投资设立企业的谈判内容

就谈判内容而言，对外投资设立企业谈判的内容项与引进外资设立中外合资经营企业的内容项大致相同，只是由于中方在谈判中地位的不同，在一些谈判项下具体的内容有所变化。

（一）投资规模

从我国企业现状来看，对外投资的规模不宜过大，以中小企业规模为宜。

如果在发展中国家投资，中小规模的企业投资小、见效快、经营灵活，能够适合发展中国家的市场规模的要求，同时，也比较适合我国资金不足、经营管理水平不高的现实。

此外，投资规模不大，无力左右东道国的政治经济生活，可以避免东道国采取国有化政策或其他限制措施的风险。

如果在发达国家投资，我方更不能一下子投入大量的资本，其原因是我方受资金不足、经营管理水平不高、缺乏国际化经营经验的限制，投资规模过大，市场风险也会相应增大。比较稳妥的做法是，在经过一段时间的经营以后，如果情形看好，可以逐步增加投资。

（二）投资比例

在投资比例的确定上，必须考虑我方投资的目的、东道国的投资环境及中外双方的实力对比等因素。

对于以开发海外资源为目的的投资项目，除非东道国的投资环境非常优越，否则宜选择半数以下的少数股权。这是因为投入自然资源开发的资本转移或转向比较困难，且投资回收期大，因而风险较大，一旦投资环境有变，将损失巨大。

对于以开拓海外市场为目的的投资项目，宜拥有多数股权，以便控制企业的生产经营活动，使产品绕过贸易壁垒，能够进入当地市场。

对于旨在追踪或引入尖端技术的投资项目，推荐持有大约半数或稍过半数的股权。这主要是因为在西方先进国家，尖端技术的转让往往受到企业的严格管控，同时政府也会施加限制和干预。在我国，尝试在西方发达国家的技术市场中获取技术时，经常遭遇各类限制。因此，若控股比例过高，可能会妨碍我们跟踪和引进这些先进技术。适度控制股权比例，更有助于实现技术引进和跟踪的目标。

从投资环境来看，如果东道国政局稳定、政策连续性较强，而且在政治上对我方比较友好，我方企业又有足够的实力，那么可以考虑占有多数股权；反之，则宜占少数股权。

（三）出资方式

在发达国家投资，我方出资方式主要是货币出资；在发展中国家投资，我方出资方式主要包括货币出资、实物出资和工业产权出资。

二、对外投资设立企业的谈判应注意的问题

对我方来讲，对外投资设立企业的谈判应注意以下问题。

（1）我方对外投资设立企业的谈判不仅涉及与国外合资者的谈判，而且涉及与企业所在地的东道国政府的谈判。在这种一对二的谈判中，我方不仅要搞好场内正式谈判，还

要善于搞好公共关系。尤其是在发展中国家投资，政府一般对企业经济活动干预较多，利用外资政策中的规定、限制较多，作为外来投资者的我方应当注意搞好与当地政府与公众的关系，这对谈判筹建企业及以后的生产经营均有好处。

（2）需特别注意对东道国投资环境进行分析和评价。在我国境内设立企业，由于对国内投资环境比较了解，不需要在这方面花多大的精力。而对外投资则必须考虑诸如东道国政治风险、国有化风险等影响投资安全性的因素，而不能仅仅考虑合资者的资信审查情况。

（3）收购海外现有企业的股份，特别是那些经营不善、将要破产的企业的股份，往往是进行投资的一项捷径。因为这样做一方面可以以较低的代价利用原有设施，减少创业所需资本；另一方面尽量保留使用企业原有人员，可以尽快地形成生产能力。否则，一味想着新建企业，可能会事倍功半。

案例

承德露露股份公司成立俄罗斯分公司

承德露露股份公司（以下简称露露公司）经我国进出口公司联系，决定和俄罗斯一家饮料公司合资在俄罗斯成立露露公司的俄罗斯分公司。

合作的初步构想是：露露公司为技术提供方，俄方提供土地、厂房及运作和销售环节中所需俄方人员。俄方合作者对露露公司的一整套生产工艺包括严格的多重消毒环节很满意。

我方露露公司也派人赶在谈判日之前去俄罗斯考察了俄方提供的地皮。

前序工作一切进行完毕，我国机械进出口公司带领俄方来到承德，开始谈判。

饮料的生产流水线复杂，需要相当大的厂房。俄方提供的两块地皮：一处位于郊区，靠近俄罗斯人周末必去的别墅地，面积足够大，价格也便宜；另一处则在繁华的市区。虽然是市民们的主要生活消费地区，场地面积却小很多，建立生产线以后几乎没有办公室的空间，而且地价相对贵得多。

谈判桌上，俄方想尽办法说服露露公司选择郊区位置。但是考虑到市民们一周内只有一两天在别墅度过，非常不利于打开饮料市场。虽然办公室会非常狭小，可露露公司决定坚持选择市区的位置，谈判陷入了僵局。

谈判第三天，我国机械进出口公司提出了一个方案：先在市区建厂，迈出有利的第一步。等到3年之后成本收回，由我国机械进出口公司出面为露露公司联系在郊区建一个分厂，实现生产在郊区，经营、销售在市区的最终目标。俄方、中方对此方案均表示认可，谈判成功了。作为我国第一家打入俄罗斯市场的饮料企业，露露公司的跨国发展是成功的一例。

在此例子中，我国提出的方案是将双方的场地要求分开考虑。我国的场地要求在于打开市场，俄方的场地要求在于长远的大发展，因此提出了不同阶段场地选择的发展计划，双方在此点上相互支持，满足了双方的要求。

任务四　国际劳务合作的谈判

劳务合作是一种经济合作方式，涉及不同国家或地区的企业之间，通过提供各类专业技术服务来实现盈利。这些服务包括但不限于工程设计、施工、安装、测量、翻译、检验、运输、通信、培训、医疗、管理、会计等，以及参与工农业生产劳动等工作。当这种合作跨越两个或多个国家时，称之为国际劳务合作；而仅限于地区间的合作则被称为地区间劳务合作。

随着科技的不断进步，劳务合作的服务范围也在逐步扩展。如今，数据处理、电子计算机程序编制、技术咨询、市场预测、银行信贷、信息传递、国际旅游以及保险业务等新兴领域也被纳入劳务合作的范畴。

劳务合作在经济生活中的确是十分重要的组成部分，特别是国际劳务输出这种国际劳务合作形式，对世界经济的发展起着举足轻重的作用。因此，对于劳务合同的内容及谈判策略的把握就显得格外重要。

一、劳务合同的主要内容

在对外提供劳务和承包的活动中，聘请方和受聘方的权利和义务要通过双方洽商的劳务合同来确定。劳务合同就是确立雇主与劳务人员之间的法律关系以及双方一切权利和义务的重要文件。劳务合同与其他经济合同一样，一般分序文、条款和结尾三个部分。序文中写明签订合同双方的名称和法定地址。劳务合同中，通常将雇主称为甲方，将提供劳务一方称为乙方。劳务合同的条款，一般是通过甲乙双方谈判商定的。对劳务人员的聘用期限、工资标准、生活待遇、劳动保护、卫生保健、工作日和休假制度，都应做出详细、明确的规定，列入专门条款。此外，有关劳务人员的纳税、社会保险、医疗、病假、工伤、损害赔偿以及一般经济合同中所共有的不可抗力、仲裁、违约处罚、解除合同和履约担保等问题也都属于合同条款的内容。劳务合同的结尾一般写明签订合同的地点和日期，并注明用何种文字写成，如果用两种以上文字写成，则应说明每种文本的法律效力。

在劳务合同签署完成后，即具备法律效力。为确保合同的顺利履行，甲方需在合同签订后的一个月内，或者在劳务人员出发前至少20日，向乙方支付一笔费用。这笔费用旨在帮助劳务人员妥善安排家庭事务和准备行装，因此被称为动员费。

关于动员费的具体金额，应由甲乙双方根据实际情况共同协商确定。如果合同中未约定动员费，而甲方突然改变合同执行计划，可能会给乙方带来不必要的损失。

即便由于某些特殊原因，甲方无法支付动员费，劳务合同中也应规定甲方需支付一定金额的劳务预付款，以作为劳务人员的准备费用。通常，这笔预付款的金额应相当于劳务人员两个月的基本工资，以确保劳务人员能够在出发前得到必要的经济支持。

劳务合同中应明确规定劳务人员的启程日期。劳务人员的工资通常从启程之日算起。劳务人员去劳务输入国的旅费，通常由雇主支付。

二、劳务合同谈判的重点及策略

国外承包商对签订劳务合同有极深人的研究和丰富的经验，他们对劳务市场行情了如指掌，因此接受聘请派出劳务的一方也要深入细致地研究劳务合同条款中的有关重点问题，以便在合同谈判中做到知己知彼、游刃有余，签订一份有利于自己的合同。

（一）明确双方的责任范围

在劳务合同中应首先明确双方的职务范围和所承担的责任，职责分明有利于劳务合作的顺利进行。

（二）关于派出人员的问题

派出的劳务人员出国是提供劳务一方能否顺利完成任务的根本问题。派出人员的素质好坏、技术水平高低、工作能力大小、工作态度优劣是决定完成任务的关键。

劳务合同对参加劳务人员的工种、数量、技术条件、工作期限均有详细规定。受聘方派出的劳务人员必须符合商定的工种并能胜任本职工作，能遵守所在国的法律制度，尊重当地人的宗教及风俗习惯等。

（三）劳务人员的工资待遇问题

工资条款是劳务合同中劳务价格的主要标志。按照国际惯例，劳务报酬包括的内容除了劳务人员的基本工资及食宿标准外，还包括劳务人员往返工地现场的国际旅费、应聘期间应缴纳的税款、医疗费用、人身保险费、上下班交通费、劳防用品费和手续费等。有的劳务合同中规定劳务总报酬中还包括劳务人员动员费、征募费、饯行费、审查资格费、取得护照及签证费、安置家属费和服装费等，总之劳务人员受聘期间在国外劳务所需的一切费用，原则上都由聘请方承担。

关于劳务工资的计价货币问题，双方可以选择国际上广泛接受的可兑换货币，也可以选择项目所在国或地区的本地货币。在某些情况下，还可以结合使用本地货币与可兑换货币，具体比例则应根据实际情况而定。

在选择货币种类和确定货币比例时，双方应进行深入协商，并在劳务合同中明确记载。对于受聘方而言，了解所在地货币的国际信誉及其发展趋势至关重要，以避免因货币突然贬值而遭受不必要的损失。

因此，建议在签订劳务合同时增加一条“保值条款”。这一条款应明确规定，在物价波动或外汇汇率升降超过一定百分比时，双方应对工资标准进行相应的调整。这样做有助于确保劳务合同在经济波动的情况下仍然具有公平性和可持续性。

劳务人员在工作期间，凡因不可抗力所造成的停工，业主应照发工资。业主长期聘用的劳务人员，在劳务期满一年之后，按照国际劳务市场上的惯例，其基本工资应有所增长。因此，在签订劳务合同时应规定合理的工资增长率。劳务合同中还应明确规定每月发放工资的具体日期，到期如不支付，应按迟付天数的多少，罚付拖延利息，以保护劳务人员的正当收入。

（四）关于劳务人员的工作时间问题

目前，世界上最长的工作日一般都不超过 8 小时。劳务人员的工作日一般指白天正常的工作时间。按照国际上的习惯做法，中班和夜班应享受中班和夜班补贴。劳务人员的节假日包括每周休息一天的公休日及聘请方所在国的法定节日，必要时还可谈判争取包括受聘方所在国的法定节假日在内。此外按国际惯例，劳务人员每工作满 11 个月享受 20～30 天的回国带薪休假，其往返旅费和假期工资由聘请方负担。若劳务人员不回国休假而就地休假，业主应支付一定数额的国际旅费补贴。如果劳务人员在休假期间继续工作，业主除应照发工资外，还应支付节假日加班费。

此外，劳务人员患病时，除可享受免费医疗外，还可凭医生证明休病假。一般规定，一年不超过若干天，在此期限内，业主按惯例应照付工资。劳务人员如果发生工伤，也可凭医生证明休假，假期工资由业主照付。

（五）关于劳动保护与医疗保险的问题

地区劳务人员由于从事各种不同职业的劳动或服务，劳动保护的种类也有一定的区别。在劳动合同中，通常应根据劳务人员所从事劳动或工作的特点，确定劳保用品的种类、标准和数量，及时向劳务人员发放。

此外，业主还应负责劳务人员人身意外险的投保，受聘劳务人员也有权要求业主履行其职责。其保险费用应由聘请方负担，直至受聘人员完成合同任务离境回国为止。保险单位可以是聘请方所在国的保险公司，也可以投保于国际保险公司。如果委托受聘方代为投保于受聘方所在国的保险公司，则保险费由受聘方向聘请方收取。

（六）关于合同履行中发生不可抗力的问题

人力不可抗拒事故，是国际劳务合作中所面临的特别风险。为了尽量避免或减少当事人在遇到这些风险时所蒙受的重大损失，在劳务合同中对不可抗力因素都有专门条款，规定受聘方可以向聘请方索要某些合理的补偿费用。因此，受聘方在与聘请方商定合同条款时，双方应明确规定不可抗力因素的范围。

发生不可抗力事故，一般会导致两种后果：延缓合同的履行；终止合同。无论延缓还是终止合同，受聘方对此均不承担责任，并有权在规定期限之内对不可抗力事故所造成的损失，向聘请方提出索赔的证据和要求。

在发生不可抗力事故时，受聘方可以抓住索赔时机，减轻承担的风险和经济损失；同时，也可权衡利弊，灵活运用索赔的权利。

（七）对外工程承包中的索赔问题

实施国际承包工程，甲乙双方都不能违约，否则不但影响工程正常实施，而且会给对方造成损失。承包人违约，拖延竣工日期，合同规定有专门罚款；业主违约，承包人则有权要求业主赔偿损失，简称索赔。

在国际承包工程中，经常发生索赔的问题。因此，无论总包、转包或分包合同中，都有专门的索赔条款。承包人可以利用索赔的规定，维护自己的利益。如果承包人不能灵活运用索赔的权利索获应得的款项，不但难以盈利，而且可能亏本，甚至引起破产。

向业主提出索赔，最好通过监理工程师或中间人做好调解工作。承包人要注意索赔期限的规定。总之，劳务合作中的索赔是一门很有艺术的学问，承包商应有意识地注意索赔理由的产生，抓住机遇，在“有理、有利、有节”的原则指导下，向业主索赔。

（八）关于合同履行中争端和纠纷的解决

业主和承包人在履行合同的过程中，由于一方违约或双方对合同条款的不同解释，时常会发生争端或纠纷。遇到这种情况一般采取调解和仲裁两种方法。双方在签订合同时，应明确做出关于争端的调解与仲裁的规定。

承包人和业主在发生争议时，首先应进行友好磋商，达成和解。在难以达成谅解时，双方可以请求监理工程师出面调解。监理工程师的调解一般没有法律约束力，如有一方不满意这种调解，可在规定期限内要求仲裁。

仲裁不同于协调或调解。仲裁是指在双方的争端发展到无法协商和调解的地步时，通过仲裁机构而采取的一种法律程序，由仲裁机构对双方的争端做出裁决。

进行仲裁一般有两种形式：一种是由临时机构仲裁，即双方各指定一名有权威的人士作为仲裁员，再由双方的仲裁员选定一名首席仲裁员，三名仲裁员共同审理案件，以少数服从多数原则做出裁决；另一种形式是由常设仲裁机构裁决。目前世界上常设的国际商事仲裁机构有：瑞典斯德哥尔摩商会仲裁院、瑞士苏黎世商委会仲裁院以及日、英、意、美、印等地仲裁机构。我国对外经济贸易仲裁委员会也是国际上公认的有较大影响的常设仲裁机构。

国际上公开招标的工程，招标文件中通常对仲裁地点、机构、裁决效力等都有明确规定。

任务五　对外工程承包业务的谈判

对外工程承包业务是国际劳务合作中的高级形式，无论在业务范围、技术要求、组织管理以及承担的责任、风险等方面都比单纯提供劳务复杂得多。这种对外工程大致可分为劳动密集型的土木建筑工程和技术密集型的制造工程两大类。前者以承包基建工程为主，如建造厂房、桥梁、码头、仓库等；后者是指建设以输出成套设备，甚至包括高、精、尖技术设备在内的工程项目，如建造核电站、现代化大型钢铁企业、石油化工企业等。

一、对外工程承包业务的程序

对外工程承包业务的程序，一般包括项目发包、投标、议标、签订合同、组织实施、竣工验收及付款结算等程序。

（一）工程的发包

工程发包，是指有工程项目需求的一方，通过各种方式，将项目的具体情况和要求传达给有能力并愿意承接该项目的单位。国际上，工程项目发包主要采用两种常见方式：一种是委托方式，即双方直接达成合作意向；另一种则是招标方式，通过公开竞争来确定最合适的承包单位。

委托是国际上常用的一种发包方式。委托分为政府间接委托、政府直接委托以及政府或个人委托三种形式。

工程项目通过委托方式发包，往往取决于两国政府间政治和经济关系的状况。较多的或成功的项目发包，在一定程度上反映了两国政府及民间关系的融洽。

业主把拟建工程项目的工程规模、施工规范、材料规格、设备要求、完工期限等通过多种宣传媒介和途径向外界公布，邀请承包单位来索取标书和参加投标，这个过程称为招标。当前，国际招标活动分为公开招标和秘密招标两种。不论是公开招标还是秘密招标，招标人都要求投标人提供银行出具的投标保函，以担保投标人参加正式投标活动，直到中标签约。招标是业主利用承包商之间的竞争，选择对自己最为合适的承包人。世界银行贷款的项目，往往规定必须通过招标方式发包。

（二）投标

承包人通过向业主提交投标申请并成功通过资格预审后，获得招标书。随后，承包人根据招标人提出的具体要求和条件，对工程项目进行深入分析和估算，精心编制投标书（在某些项目中，可能还需在编制投标书之前进行现场实地考察）。完成投标书编制后，承包人将按照业主指定的时间和地点，亲自递交或寄送投标书给招标人或其指定的接收人。这一完整的流程即为投标。投标作为国际承包工程程序中的关键环节，对于每一个希望在竞争激烈的国际工程承包市场中脱颖而出的承包者来说，都必须予以高度重视和认真对待。

（三）议标

议标阶段包括开标、评标、中标三方面的内容。

1. 开标

开标是当业主收到各承包人的投标文件后，在指定的地点和时间，邀集参与投标的所有承包人或公司代表，当众启封各个投标书并宣读内容。在正常情况下，投标书一旦启封，投标者不得对自己的投标内容进行实质性修改。不明确的条款，承包人可作补充性说明。

2. 评标

对于较重要的大型工程项目，业主可组织评标委员会，由该委员会对所有的投标文件逐个进行全面的比较和证审，并对所有投标单位或公司的能力、资信、技术水平、人员配备、质量保证、交付日期以及所报出的标价等各个方面，进行综合考虑，权衡利弊和优缺点，评选出符合投标书要求的价格和条件最理想的承包公司。

3. 中标

中标人有时并不一定是报价最低的承包者。业主往往从工程项目的质量出发，事先聘请有关专门人员进行测算，掌握一个可行的标准价格，这个内部确定的价格应该是绝密的。越接近该标准价格的方案，其中标的可能性就越大。在决定中标人以后，发包者或业主将向得标者发出中标通知书，约定时间正式签订合同。

（四）签订承包合同

对外工程承包是国际劳务合作的一种形式。因而，对外工程承包合同除了具备国际劳务合同的基本特征之外，还具有自身的一些特点。对这些特点了解掌握得越充分，就越能在合同谈判签订过程中把握主动，趋利避害。

承包合同是业主和承包人为了确定各自的权利和义务而订立的共同遵守的法律条文。具体合同条款应根据不同工程项目的性质和内容来酌情拟定，通常应注意关于转让和分包的条款、工程期限及变更的条款、支付条款、保险条款、施工工艺与技术要求、索赔条款以及违约条款等。

（五）组织工程实施

经过双方的深入沟通与协商，一旦承包合同正式签署，承包商应立即投入到紧张的施工准备工作中。这包括但不限于申领预付款项，采购必要的材料和设备，组织并安排施工队伍，精心编制工程进度表，并对施工现场进行详尽的勘查工作。在此期间，业主方应积极配合承包商，协助办理工地移交的相关手续，确保双方合作顺利，为工程的顺利推进奠定坚实基础。

一般而言，工期的计算将从工地正式移交完成之刻起开始。在施工过程中，承包商需按照约定，定期向业主方提交详细的施工情况报告，以便业主了解工程进度和施工质量，确保双方信息畅通，共同推进项目的顺利进行。

当工程全部完工后，业主将组织验收工作。一旦验收合格，业主将向承包商颁发合格证书，标志着承包任务圆满完成。

（六）竣工付款及维修期满付款

按照国际惯例，在签署承包合同后若干天内，业主要预付给承包人相当于工程合同价一定比例的款项，作为施工准备之用，以后按月根据施工进度将工程进度款付给承包商。所付款项中按一定比例扣还工程预付款和一定比例的保留金作为工程维修用。工程竣工后，业主要把承包人以前缴纳的履约保证金全部退还承包人，同时把每月扣下的保留金总额的50%付给承包人，另外的50%保留金要等维修期满后，证明承包人已履行完毕一切义务，由业主退还承包人。

二、对外工程承包的投标策略

投标是国际承包市场上获得工程项目所普遍采用的一种方式。当前，在国际承包市场上，竞争日趋激烈。每一个对外工程承包企业要想在如此激烈的承包市场上占有一席之地，除了应具有相当的技术及施工水平之外，还必须讲究投标策略，重视投标过程的关键环节，做大量富有成效的具体工作。这些工作主要包括如下内容。

（一）对投标项目进行可行性研究并做出正确的抉择

一个对外工程承包公司，其事业成败的首要因素就是要研究、分析并判断是否应该参与某项工程的投标。要不要投标，必须进行可行性研究，才能做出正确的抉择。可行性研究的主要内容包括以下几个方面。

（1）对于发包国家的政治、经济和自然情况要有一个较为清醒的估计。这个国家有无安定的政治环境，我国与发包国家的政府关系如何，该国家的经济发展是否稳定，外汇管制情况，财政及国际收支状况如何，对工程项目的开放程度经济立法是否完善等。总之，要认真分析有无重大风险及创造利润的可能性，这是首先要考虑的问题。

（2）建设资金来源是否可靠。要弄清楚发包单位建设项目的资金来源如何，是本国自行筹集还是吸收外资或是国际金融组织的贷款项目，或者是两者兼而有之；资金是否已全部落实或已部分解决，其余是靠投标人的信贷还是全部资金靠延期付款来解决等。如果资金来源是靠投标人的信贷或延期付款，则对发包单位的资信情况如何，承包公司为此将垫付多少资金、自己的财务状况能否解决，发包公司如何偿还这部分资金等问题，都要进行分析研究。

（3）对外承包公司要对自身情况有准确的把握。首先，应考虑技术上能否胜任投标项目的要求。为此，必须弄清该项目的技术及有关设备的先进程度，并考虑本公司在这方面的技术水平，尤其对技术密集型的重点项目，更要慎重考虑。一般的原则是“量力而行”，即承包项目的技术要求一定要在承包公司自身技术力量能胜任的范围之内。否则，要想找到在承包技术上超过自身能力的项目，就必须找到合适的合伙者，采取联合投标和承包。此外，即使倾一承包公司全部技术力量能够胜任某项工程，也必须考虑这样“孤注一掷”是否值得，也就是说，仅为获此一项工程而将本公司其他项目在技术方面的要求置之不顾，在经济、信誉等方面风险是否太大。其次，承包企业在具体承包条件上应结合本身的优势和劣势，进行全面分析，如发包方提出的条件是否苛刻，施工难易的程度如何，该项目拿到手的可能性大小，估计有哪些竞争对手，对手的情况如何，承包此项目估计要花多少费用，预计的利润率大小，从工作量和时间来看是否来得及按时投标等。

总之，要结合自身的优势和劣势，结合项目要求分析各种有利条件和不利条件。在此基础上，承包公司才能做出比较有利的选择。

可行性研究工作是很重要很具体的一步，必须通过各种渠道收集到有关该项目的尽可能详细的资料，并进行细致深入的分析研究，使得投标与否这一重要抉择来源于科学的基础。

（二）做好投标前的准备工作

如果在认真的可行性研究的基础上，承包公司决定参加招标项目的投标，则必须做好以下投标前的准备工作。

（1）力争获得投标资格。这是参加投标活动的第一关。招标人首先考虑的是投标人的施工能力、技术水平、工程质量、资信状况以及过去参加承包工程的经验和声誉等是否能满足本项目的要求。按照国际上的一般做法，凡参加投标的承包商，都要先通过投标资格预审，预审不合格者无权参加投标。

（2）办理好注册登记。承包人到国外承包建设工程，应按照东道国法令，在该国政府有关部门进行注册登记，取得在该国经营承包业务的合法身份。

（3）物色好代理人选。凡在国外进行承包业务活动的承包商，要想取得投标资格，必须借助代理人在当地的地位、背景、能力、关系来解决自己所不能解决的问题。因为有些国家规定，投标的外国公司必须使用东道国的代理人，否则不允许投标。

代理人可以是个人，也可以是一个公司或集团。代理人的代理范围，承包人可以根据不同情况在代理协议中具体商定。投标代理人一旦与承包商签订代理协议，就应当为提高承包商的项目中标率而发挥重要作用。代理人要提供当地有关法律、法令等规定，介绍工程发包背景和竞争对象的情况，协助承包商摸业主的标底、摸竞争对象的报价底，帮助承包商通过资格预审并及时获得招标文件，介绍当地的市场情况，提供必要的资料及信息，为承包商提供咨询服务，供承包商正确制定工程投标报价参考等。这是投标代理人应发挥的主要作用。

（三）认真研究招标文件

承包公司取得投标资格后，即应向业主购买招标文件。全面地理解、研究、消化和掌握招标文件中的各种要求和规定，是搞好投标工作的基础。招标文件的研究，主要是针对招标文件中提出的有关条件、条款和各项技术经济指标，结合自己的能力、水平和生产管理经验，全面认真地衡量：能否顺利完成承包任务？有多少现有的力量可以动员？有哪些能够挖掘的潜力？尤其是对于期限的要求，必须在倒推匡算的基础上，充分利用网络优化技术，制订切实可行的计划。

（四）开展必要的调查研究

投标报价是一个实盘，而且是一个长期有效的实盘，承包商一旦中标，签订合同，就要按此报价组织施工。因此，承包商在决定标价前，要弄清楚承包项目所在地的建设条件，有关政策法令、税收规定，核对工程量，确定最优施工方法，计算材料、人工和机械设备成本，确定各种管理费用。这一切都要进行必要的调查研究，收集大量的国内外资料。只有掌握了各类物资材料、机器设备的国际市场价格水平，估计其价格调整趋势，了解竞争对手的情况，才能精确计算出有关项目的成本。

（五）做好报价工作

报价也称作标，是在认真分析收集到的资料的基础上，按标书所列项目，填上单价、分项价和总价。投标工作做得好坏是决定对外承包企业事业成败的关键因素，而报价又是投标工作的核心，所以必须予以充分重视。投标报价过高，虽能增加利润，但中标的概率会相应减少；反之，投标报价偏低，即使能够夺标，也将得不偿失。因此，承包者一定要慎重报价，并按相应的步骤进行。作为一项复杂而繁重的工作，报价的步骤及应注意的事项如下。

（1）熟悉标书内容，对其各项具体规定和投标、开标、定标、保证金、拖延罚款等都应搞清楚，需要时，还必须对工程所在现场进行考察。

（2）审阅设计图纸和技术说明，按标单中所列工程量列出单价、分项价和总价（按标书要求货币计价）。

（3）对完成工程所需人工、机械、设备和材料等直接费用进行核算。然后，将管理费、利润和竣工后的维修费以及税收、保险、银行贷款和不可预见费等间接费用推算在各分项工程单价内。

（4）工程量一般以完工后的实际工程量计算，因此在报价时，对标书中工程量可能增减的部分，单价应报得策略一些。

（5）标书中所报价格一般为工程竣工后的付款价格，如果施工时间过长，则在报价时应充分考虑物价、工资、汇率变动等因素。

（6）准备为完成工程所需机械、设备和材料的来源、加工方法，以及施工人员组成和施工方法等说明性质的材料。

（7）做出施工进度表。

（8）报价时还可向招标机构递交新的供选择的投标书，但须附有详细设计图纸和说明，并论证其优点。

（9）标书中的监理工程费，在实际使用中，不足部分由承包人贴补，多余部分业主扣留，因此承包商对此项报价应力求准确。

从计价方式上看，对外承包工程中常见的有以下三种。

（1）固定总价。固定总价是一种由承包商包干到底的定价方式，即在建设过程中，工料费及其他费用上涨变化的风险概由承包商负责，除非合同中列入一项增价条款，规定在某些特殊情况下，允许对合同价格进行自动调整，否则合同总价是不允许调整的。这种计价方式比较受业主欢迎，而对承包商不利，因此在一般情况下承包商应避开这种计价方式。

（2）固定单价。确定单位工程量的价格作为固定单位，同时核算出一个工程量估算值和工程总价的估算值。在实际施工时，如果实际工程量超过估算额度，超过部分的造价由业主负担；如果低于估算额，业主仍按估算价支付。

（3）成本加酬金。成本加酬金这种标价方式实际上是施工成本与付给承包商给定的酬金之和，也即成本费用按实际花费全部由业主支付，并给承包商一定数额或百分比的管理费和利润。这样业主要承担在建设过程中各种费用上涨的风险，对承包商有利。因此在这种方式下，业主在施工中通常会加强对承包商的监督，力争减少浪费，以降低工程造价。有时业主会根据承包商的实际施工表现，给予承包商一定奖励。

在编制投标报价时，应结合本单位的实际情况以及业主的要求，选择一种比较有利的定价方式。

（六）编制投标文件，按时报送

投标活动的最后一道环节，是认真编制或填写投标文件，按招标的具体要求和期限，及时送达招标人手中。投标文件应将项目名称、工程进度、技术标准、完工日期、验收方式、保证条件和最终报价等详细列出。必要时还应将需要进一步说明的问题、简图或初步计划等作为附加文件一并送上。

至此，投标者还应在递送投标文件的同时，缴纳一定金额的投标保证金（或由银行出具保证函），以表明投标者合作的决心。如果投标人中途反悔或在得标后拒不签订合同，招标人有权没收其投标保证金。如果招标人决定他人中标并与之签订合同，则未中标的投标人所缴的投标保证金应予全部退还。

课后实践

学习完本项目的内容后，认真完成表 10–1 的实践清单。

表 10–1　实践清单

实践标题	实践任务奥康与 GEOX 合作谈判训练
实践目的	本次合作谈判训练实训旨在通过模拟真实的合作谈判场景，使学生掌握合作谈判的基本技巧、策略和方法，提高学生在商业合作中的沟通能力和应变能力，为将来在实际工作中顺利开展合作谈判奠定坚实基础
实践要求	1. 团队合作：学生需分组进行模拟谈判，每组人数控制在 3 ~ 5 人，组内成员需充分沟通、协作，共同完成谈判任务； 2. 角色扮演：学生需根据谈判背景和角色设定，扮演相应的谈判代表，展现不同角色的特点和风格； 3. 实战模拟：模拟谈判场景应尽量贴近真实场景，包括场地布置、资料准备、时间安排等，以确保实训效果； 4. 反思总结：实训结束后，学生需对本次谈判进行反思和总结，分析谈判过程中的得失，提出改进意见
实践内容	1. 谈判前准备：学生需了解合作背景、双方需求、市场状况等信息，制定谈判计划和策略； 2. 谈判技巧与策略：学生应学习并掌握有效的谈判技巧，如倾听、提问、表达、说服等，同时熟悉各种谈判策略，如互利共赢、分步推进等； 3. 沟通与应变能力：学生需在模拟谈判中锻炼沟通技巧，学会与对方建立信任、化解分歧，同时提高应对突发状况和变化的能力

实践评价

完成以上实践后，认真填写表 10–2 的实践评价。

表 10–2　实践评价

评价内容	分值	得分
参与实践的积极性、主动性	25	
独立思考能力	25	
创新能力	25	
学员能够针对合作谈判中出现的问题和挑战，提出有效的解决方案。	25	
教师点评：		

项目小结

1. 选择和评估一个合资经营谈判项目的标准：是否与市场需求和国民经济发展战略相适应、是否有良好的经济效、是否有局部利益和全局利益相矛盾的情况。

2. 中外合作经营企业设立谈判的内容包括投资方式与合作条件、投资回收、收益分配、组织形式、亏损及债务的分担、物资采购及产品销售、合作期限、合作企业的终止和财产归属等。

3. 劳务合同一般分序文、条款和结尾三个部分。

思考练习

1. 合资经营企业设立谈判的内容有哪些?
2. 合资经营企业的组织机构可以划分为哪几个层次?
3. 中外合作经营企业设立谈判的内容有哪些?

项目十一

商务代理谈判

项目导读

随着市场竞争的日益激烈，企业为了扩大市场份额、提高品牌影响力，往往需要通过与代理商合作来实现共赢。商务代理谈判作为企业与代理商之间的重要沟通桥梁，旨在达成双方满意的合作协议，共同推动业务的发展。

学习目标

知识目标

1. 掌握商务代理谈判的基本概念和原则。
2. 了解商务代理谈判的流程和策略。
3. 熟悉商务代理谈判中的常见问题和解决方案。

技能目标

1. 提高商务代理谈判的沟通技巧和表达能力。
2. 学会分析市场需求和竞争态势，制定有效的谈判策略。
3. 能够灵活应对谈判中的突发情况，保证谈判的顺利进行。

素质目标

1. 培养学生良好的职业道德和诚信品质，在谈判中保持公正和诚信。
2. 提高学生团队协作能力和合作精神，与团队成员共同应对谈判挑战。
3. 增强学生抗压能力和应变能力，面对复杂谈判场景能够保持冷静和自信。

思政目标

1. 帮助学生理解商务代理的基本概念，明确商务代理在现代商业活动中的重要地位和作用。

2. 引导学生认识商务代理与企业发展的紧密联系，培养学生对商务代理活动的尊重和认同。

3. 通过对商务代理类型的介绍，引导学生理解不同代理形式的特点和适用场景，培养学生的分析和判断能力。

案例

康德公司与代理商的谈判

康德公司是一家专业生产和销售饮料的公司，公司的实力也不错，目前主要销售市场是安徽，华东其他各区域也都有零散的销售。公司两年前就进入了江苏市场，今年决定重新整合江苏市场并建立完整的分销网络。区域经理梁振球自告奋勇走马赴任江苏区域经理。

在拟订了新的市场推广计划并确定了合理的费用预算后，梁经理开始在各县寻找合适的代理商并与其签订有把握的目标量。

梁经理按照预先的约定拜访了兴化市的客户之一王老板。王老板以前从康德以现款买到货后加点利润就批发给终端或直接零售，去年共销售康德饮料20万元（其他品牌饮料150万元）。双方寒暄之后立刻进入了主题。梁经理首先对王老板几年来对康德的支持表示感谢，并详细介绍了公司新的发展规划以及做好江苏市场的信心。王老板听到此，眼睛一亮，希望能成为康德公司兴化市的代理商，于是接下来的话题就围绕目标量和厂家的条件展开了。

梁经理："王老板，你以前仅仅是我们公司在兴化的客户之一，合同也未签，每年可以销售康德饮料20万元。假如我们正式授权你为我公司的代理商，享受代理商供货价，你可以完成多少销售额？"

王老板："40万元应该没问题，只是担心市场的窜货。"

梁经理："我们有统一的市场价格和管控体系，不会发生价格混乱。关键看同一地区代理商之间的默契，不能搞恶性竞争。"

王老板："我希望能成为你们在兴化的独家代理商，这样市场不容易乱。"

梁经理："我知道你的终端客户很多，但我们公司对独家代理商有很高的要求，像兴化市这样的市场，40万元肯定是不行的。而且成为我们的独家代理商必须主推我们的产品。"

王老板："那就50万元吧，我是兴化的总代理。"

梁经理："你去年所有饮料销了170多万元，你认为代理康德产品还有其他哪些因素影响你的销量提升？"

王老板："由于是现款从你们公司提货，所以不敢多进货，怕卖不完压仓库；但有时容易缺货，从而丧失了一些机会。”

梁经理：“假如你不用担心库存风险，你能增加多少销售额？”

王老板：“七八万元应该可以。”

梁经理：“行，你最后一批进货所产生库存的70%由我们公司承担，但你必须承担退货的运费。你的销售目标就按70万元算。还有其他阻碍因素吗？”

王老板：“饮料的季节性太强，厂家经常调价，如果降价而厂家不补差价我们将遭受损失。如果厂家能补差价，我们就无后顾之忧了。”

梁经理：“但你必须增加5万元销售额，我承诺100%补差价。其他还有什么能增加你销量的办法？”

王老板：“我个人能力有限，特别是终端推广方面，如果你们能经常过来指导或帮助我进行终端客户的谈判和管理就好了。”

梁经理：“由于你这里是重点市场，我们今年专门派了一名业务经理负责泰州地区（含兴化市、泰兴市、泰州、靖江市、姜堰区），以帮助代理商开拓和管理终端客户并做好市场推广工作。但同样，你要增加5万元销售额哦！”

王老板：“还有什么优惠条件，都给我算了，最好供货价能再优惠一点。”

梁经理：“我们专门针对你这样有潜力的客户拟定了“大户奖励政策”。如果你能销售90万元，年终可以给你返利5 000元；达到100万元的返利1万元，再往上每增加10万元，增加返利2 000元，上不封顶。”

最终双方以100万元的目标量签订了代理合同，且合同条款规定：王老板如果完不成100万元的销售额，则只能享受80%的代理费（另20%代理差价作为年底完成目标额的返利）。显然，完成100万元的目标，王老板是很有把握了

案例分析：在本案例中双方就很多方面进行了利益的交换，如厂家做出让步，答应补差价，同时要以对方的让步（增加5万元销售额）为前提。通过这种让步的相互挂钩，使本方的利益与对方的利益联系起来，达到互惠互利。

商务代理在世界上已有几百年的发展历史，从销售代理到采购代理、保险代理、广告代理运输代理、仓储代理等，形成了包罗万象、规模庞大的代理业体系，商务代理是市场经济发展市场竞争加剧的产物，在我国改革之后开始兴起并得到了一定程度的发展。商务代理内容丰富、含义复杂，其业务谈判内容广泛而复杂，企业的经营管理业务人员应掌握和深刻理解商务代理业务谈判知识。

任务一　商务代理概述

商务代理是代理人受企业的委托，在一定的区域和处所内，在一定的代理权限制下，以企业的名义代替企业行使经济行为（包括销售商品及其他行为），其法律后果直接归属于企业。商务代理授权书如图 11-1 所示。

商务代理

图 11-1　商务代理授权书

一、商务代理的特点

商务代理必须具有以下特点。

（1）商务代理人必须受企业委托，即被代理人必须是工商企业。

（2）代理商必须以企业的名义进行活动。

（3）代理商代理委托方进行的是商务活动，不能超出这一范围，例如诉讼代理不在商务代理之列。

（4）委托企业（即被代理人）必须向代理商支付报酬。

二、商务代理的类别

商务代理的主要分类方法有两种：一是根据委托人给予代理人的权限，分为独家代理、一般代理和总代理等；二是根据代理的业务内容，分为商品代理、保险代理、广告代理、运输代理、投标代理、证券代理和旅行代理等。现将各种主要类型的代理说明如下。

1. 独家代理

独家代理是指委托人给予代理商在国外一定地区和一定期限内排他的独家代理权，委托人不得另外再指定其他的代理商，但是独家代理商也受到某些限制，如不得再代理同类的业务（即防止同业竞争条款）等。

销售独家代理，作为独家代理的核心形式，赋予代理商在特定地域和特定时间段内独家销售某种商品的特权。在此期限内，只要在该指定区域内完成了该商品的交易，代理商便有权按照事先约定的比例，从交易金额中提取佣金。这一权利不受交易方式的影响，无论交易是代理商直接与买家达成的，还是由委托人直接完成的。值得注意的是，代理商在享受这些权益的同时，并不需要承担合同执行的具体义务和经营过程中可能带来的风险。独家代理关系的正式确立，通常是通过委托人与独家代理商之间签订正式协议来完成的。

2. 一般代理

一般代理是指不享有排他的独家代理权的代理。委托人在同一地区和一定时期内可以委托几家代理商代理其经营业务。委托人可在代理区域内直接招揽顾客，由企业和顾客直接交易，而且不给代理商任何佣金。一般代理仅为委托人在当地招揽生意，或根据委托人的要求与卖主谈判生意，由委托人签订买卖合同，代理商按成交金额收取佣金。

对委托人来说，一般代理具有机动灵活、进退自如的好处，既在特定区域里有代理人代理，又保留了与其他买主进行直接交易的权利。

对代理人来说，一般代理的经营积极性和责任感不如独家代理。各个代理商唯恐自己所作的努力为他人所分享，因此不愿全力推销，在广告、企业形象的树立等各代理商共同受益的项目上不愿花费精力与金钱，从而往往有相互扯皮现象发生。

3. 总代理

总代理是指代理商在指定的地区和一定期限内除了享有独家代理的权利外，还代委托人进行全面的业务活动，如谈判交易、签订买卖合同、履行合同、处理货物等。此外，总代理人往往有权代表委托人办理其他一些非商业性的事务。因此，总代理人实际上是委托人在指定地区的全权代理。

4. 商品代理

商品代理是最常见的代理类型，可细分为采购代理与销售代理。销售代理就是代理商品的销售业务。

销售代理按代理商是否有独家代理权分为独家代理与一般代理；按代理商与厂家的交易方式分为佣金代理与买断代理。

佣金代理方式是指代理商的收入主要是佣金收入，代理商的价格决策权受到一定限制。佣金代理方式又分为代理关系的佣金代理方式和买卖关系的佣金代理方式。

代理关系的佣金代理模式，在法律层面上，是一种纯粹的代理关系。在这种模式下，销售代理商的主要职责是为国外厂商在当地推广和销售其产品。代理商在获得厂商的正式授权后，将代表厂商的名义与当地顾客进行商业洽谈，并签订买卖合同。

值得注意的是，产品的定价权完全掌握在厂家手中，代理商无权擅自更改。代理商在成功促成交易后，其主要收益来源于向厂家索取的佣金，而非通过买卖产品本身获取利润。

在整个交易过程中，代理商并不会以自身名义进行产品采购，也就是说，他们并不从厂商处购买产品。相反，代理商的角色更侧重于充当一个交易媒介，通过自身的专业能力和渠道资源，帮助厂商拓展市场，实现销售目标。

买卖关系的佣金代理方式是指代理商根据厂商制定的价格范围（有一个上、下浮动率），加上自己的佣金费用作为产品售价，向顾客推销产品，与客户订好买卖合同后，该代理商向厂商订货，并以自己的名义进口代理产品。待收到客户货款后，代理商从货款中扣除佣金汇给厂家。由于买卖关系的佣金代理商是以自己的名义进口货物，因此它与厂家的关系实际上是买卖关系，而非代理关系。买断代理商与厂家是一种完全的“买断关系”。他们先自己支付货币向厂家进货，然后销售。买断代理商所承担的风险更高，他们对产品的销售价格拥有完全决定权，其收入来自买卖的差价，而不是佣金。从严格的法律意义来说，买断代理商不是真正意义上的代理商，倒与经销商颇有相似之处。主要差异是买断代理商与原厂家的代理合同中，常规定代理商有广告宣传义务，而经销合同中，经销商没有广告宣传的义务。

这里需要特别强调销售代理与经纪人的区别，因为在实际经济生活中，人们容易混淆这两者。

经纪人是以合法身份在市场上为买卖双方充当中介并收取佣金的商人。与销售代理商有如下区别。

（1）服务对象不同

经纪人与销售代理商都是服务性的辅助人，但经纪人的服务对象很广，广为一般人服务，而销货代理商则只为一定的商业主体进行与销售有关的服务。

（2）行为名义不同

经纪人虽然为委托人进行买卖交易活动，但都以自己的名义进行，其法律效果归于经纪人自己。销售代理商则是以被代理人的名义代理其联系订单及做其他与销售有关的工作，代理过程中发生的法律权利与责任皆归被代理人所有。

（3）享有的权利不同

由于经纪人只是以自己的名义替交易双方媒介交易，他不应代理任何一方，因此经纪人一般没有代为订约的权利。销售代理人是以被代理人的名义行事，一般是缔约代理商，拥有代替被代理人签订合同的权利。

（4）服务的范围不同

销售代理商服务的范围仅限于销售代理及与销售代理有关的一些服务。而经纪人的服务范围要比销售代理更为广泛，已渗透到商品交易、期货交易、股市交易及房地产交易等诸多行业。

（5）与委托人关系的持续性不同

销售代理商必须是独立商业主体，它有固定的场所、独立的关系，它与被代理方的关系是长久持续的。经纪人则限于特定市场，为一般商号或临时为一定商号做媒介，经纪人与委托人的关系较为短暂。

5. 保险代理

保险代理是受保险人的委托，以保险方名义代为订立或媒介订立保险合同的代理业务。

6. 广告代理

广告代理是以顾客的名义，为顾客计划、制造、制作以及安排广告的商务代理活动。

7. 运输代理

运输代理是以运输公司的名义，代理运输公司招揽货物和乘客以供运输公司运送。

8. 投标代理

投标代理是以厂商的名义代理厂商参与国内外招标活动的商务代理行为。

9. 证券代理

证券代理是指代理商接受证券发行公司的委托，代替该发行公司办理一切证券发行业务。

10. 旅行代理

旅行代理是以旅客的名义为旅客办理一切旅行手续的代理业务，包括代订旅馆、代购机票等。

三、商务代理的作用

商务代理的作用主要体现在以下几个方面。

（1）实行商务代理有助于降低经营费用。

（2）实行商务代理有助于回避经营风险。从理论上讲，代理制授权不授责，即代理方有权代表委托方进行经营活动，而代理方产生的权益和责任都归委托方所有。但委托方可以通过代理合同条款来规避经营风险。

（3）实行商务代理有助于弥补经营者能力的不足。企业将一部分经营活动独立出去，交给代理商完成，有助于企业集中精力搞好主要经营活动，又可利用代理商的特长，弥补企业在这些方面的缺陷。

（4）实行商务代理有助于塑造与维护企业的形象。

（5）实行商务代理，有利于企业开拓国际市场。

代理商熟悉所在国的市场情况和法律、法规，能够帮助异国企业解决国际市场营销问题。

商务代理的种类很多，不同的种类具有不同的谈判内容和策略。这里只举出我国商务代理业务中最主要、最为普遍的销售代理的业务谈判的前期准备、内容和策略。我们可以触类旁通，对各类商务代理业务谈判的主要内容和策略均有所理解。

任务二　销售代理谈判前的准备

在进行销售谈判之前，销售代理需要做好充分的准备工作，以确保谈判的顺利进行和取得预期的结果。以下是一些关键的准备工作。

一、选择合适的代理方式

（一）独家代理与一般代理的选择

独家代理的优点有以下方面。

（1）厂家可以获得代理商的充分合作，立场容易统一，双方都易获得对方的支持。独家代理中，企业在某一市场区域只有一家代理商，因而对代理商的业务状况与要求更为重视；而对代理商而言，本市场上的全部经营业务由其代理，责任明确，因而双方相互支持，共同努力将经营工作做好。

（2）独家代理商更愿意做各种促销工作。在一般代理条件下，一家代理商采取的促销手段往往使其他代理商也受益，因而代理商不愿采取积极的促销手段。而在独家代理条件下，由于某市场的经营业务由一家代理商代理，在该市场进行促销工作的成果全归自己所有，因此乐于开展促销工作。

（3）独家代理条件下，厂家对代理商更易于管理。在独家代理下，一个市场区域只有一家代理商，因而从发货到费用、佣金控制，再到视察代理商的工作都较为方便。独家代理条件下，企业易受代理商的要挟，这是独家代理的主要缺点。

一般代理的优点有以下方面。

（1）一般代理方式下，代理商之间相互牵制，厂家居于主动地位。

（2）一般代理方式下，厂家拥有更为宽广的营销网络。

（3）一般代理方式在法律上更易于为某些国家所接受，因为这些国家认为独家代理方式违背了自由贸易流通原则。

常规代理机制的一个显著弊端是容易催生代理商之间的激烈竞争态势，这种竞争往往表现为价格战的形式。代理商们为争夺市场份额，竞相降低产品价格，这导致他们的利润空间大幅压缩，甚至影响到他们的销售热情和售后服务的质量。由于缺乏足够的利润激励，一些代理商可能会忽视售后服务，这将对产品的品牌形象造成负面影响。对于厂家而言，这种局面同样不利，因为代理商的不当行为可能损害到整个产品线的声誉。

因此，当厂家选择采用常规代理方式时，通常会设定一些规则来避免这种恶性竞争。例如，如果已经有客户与某一代理商展开业务洽谈，其他代理商应主动放弃与该客户的联系，以此确保代理商之间的公平竞争，维护整个销售网络的健康与稳定。

此外，一般代理方式常造成代理商之间权责不明、士气不高。

选择独家代理方式或一般代理方式的策略如下。

（1）依产品生命周期选择。处于导入期或成长期的产品，由于厂家要求代理商对顾客提供使用指导、技术支持、售后维修等服务，因而一般选择独家代理方式。而产品处于成熟期或衰退期前期时，价格、交货时间的重要性增加，厂家可考虑一般代理方式。

（2）依市场潜力选择。市场潜力大时选择一般代理方式；市场潜力小时选择独家代理方式，以减少佣金支出，且代理效率更高，从而避免了恶性竞争。

（3）依企业产品差异大小选择。当厂家的产品类型的区分十分明显时，厂家可作更细的市场细分，针对不同市场授予不同代理商独家代理权，以掌握不同特性的顾客。

若厂家的产品之间并无明显的区分，而市场容量较大，则适宜采用多家代理方式。因为这时厂家若还采取依产品授予独家代理权的方式，则各家代理商会陷入争夺顾客的竞争，导致独家代理名存实亡。

（4）依据现有代理商的能力选择。如果选择独家代理方式，代理商应当有较强的经营能力、较宽的营销网络并且应当有较为雄厚的实力，否则便会阻碍厂家营销目标的实现。

总之，在实际代理业务中，采取独家代理还是多家代理除了参照上述策略外，还得依据实际情况灵活决定。

（二）佣金代理与买断代理的选择

比较而言，佣金代理方式有下列利弊。

1. 厂家更容易控制代理商

佣金代理商一般资金力量不强，而且代理合同对佣金代理商的约束更严，在进货方式、价格、费用、成本核算等方面受厂家控制。在产品到达消费者手中之前，产品的所有权一直归厂家所有。这样厂家更有能力控制代理商。

2. 产品价格更为统一

佣金代理商对价格无决定权，价格决策归属于厂家，因而厂家可以制定较为统一而完整的价格体系，使企业价格策略与总体营销目标相符合。

3. 产品价格低，竞争力更强

佣金代理下，由于代理商收入主要是佣金，即使是买卖关系的佣金代理商，其收入也只是佣金加上售价超过最低价格的那部分销售收入。因此，产品的销售费用低，销售价格也就相应不高，产品竞争力强。

4. 对代理商而言，佣金代理的资金需求较低

佣金代理商的核心在于销售网络，而非资金。其营运资本主要满足货运、报关、仓储和发货费用。买卖关系的佣金代理商，资本周转金视付款条件而定。代理商收到款项后付款给原厂，则资金需求低，仅需垫付部分费用；若代理商需先订货再收款，则可能需要垫付购货款。总体而言，代理商资金需求较小。

买断代理方式有以下利弊。

（1）买断代理商资金雄厚，销售能力一般更强，销售网一般比较宽广。

（2）厂家承担的风险较小。产品一但由厂家卖给买断代理商，其后的风险概由买断代理商负责。只有当代理商以到岸价格（CIF）条款与厂家签订合同时，厂家才对货运中意外事故承担连带责任风险。

（3）产品价格无法统一。这是买断代理方式下的重大缺陷。由于买断代理方式下代理商与厂家是买卖关系，因而产品价格决定权归属于买断代理商，厂家无价格策略可言。只有品牌知名度高、实力雄厚、在业务谈判中处于强势的企业可以与买断代理商签订由厂家来控制买断代理商售价的协议。

（4）买断代理商的经营收入一般高于佣金代理商的收入。买断代理商的收入主要为买卖差价收入，收入较高，这与其在买卖中承担较多的职责与风险是成正比的。

选择佣金代理方式还是买断代理方式的策略如下。

（1）如果产品处于导入期或成长期，应该选择佣金代理方式。因为此时厂家急需寻找代理商以打开市场；而买断代理商此时一般不愿承担买卖中的风险。买断代理多适用于成熟期产品或名牌产品。

（2）在采用买断代理方式时，必须注重买断代理商的能力，要求买断代理商有雄厚的资本、较大的影响和良好的商誉。

（3）厂家若重视统一价格策略，应采取佣金代理方式。低价竞争导向强的产品采用佣金代理方式也更佳。高价反而畅销的产品，则可考虑采用买断代理方式。

（4）企业若想避免风险应采用买断代理方式；若由于产品处于弱势（如新产品）不能逃避营销风险，则只能采取佣金代理方式。

（三）混合式代理方式的选择

混合式代理方式是企业设计营销渠道时，将销售代理与其他营销渠道结合起来使用，主要有以下几种方式。

1. 代理商与厂家互为代理

代理商与厂家互为代理是指两个厂家互为代理商，帮助对方开拓自己所在国的市场。这种方式需要满足以下条件：两个厂家的产品性质应当相同或者相近；互为代理的两个厂家应当规模相近、声誉相当；互为代理中，两个厂家所拥有的权利与所承担的义务必须对等。互为代理方式的优点是双方都不用给代理商支付佣金，就可以将产品打入市场，同时两个厂家又各自利用了自己在本国多余的或是闲置的营销机构、人员和资金。

2. 经销与代理混合使用

经销与代理混合使用方式有总代理下设经销商和总经销商下设代理商两种情况。前一种情况下厂家与中间商是代理关系，而后一种情况下厂家与中间商实际为买卖关系。前一种情况厂家承担的风险更大一些。

厂家选择上述两种方式的哪一种，取决于下列因素。

首先，明确厂家目标。若目标为迅速打开国外市场，可选择总代理下设经销商方式。这种方式下，总代理商与厂家直接联系，代表企业利益，可集中精力打开市场。若目标为减少风险，则可选择总经销商下设代理商方式，厂家货物到达总经销商处即可收到货款。

其次，考虑目标市场的中间商能力及与厂家的关系。在厂家对中间商信任不足时，只愿给予总经销权，再由总经销商下设代理商。

最后，实务中总代理商与总经销商并存的情况也存在。这是由于部分公司在取得代理权后，不愿承担大量配销成本，而仅作为佣金代理商，将营销业务交给在当地拥有大量配销网的批发商担任总经销商。

3. 分支机构指导下的代理方式

这种方式是指厂家一方面设立分支机构对代理商进行指导与监督；另一方面分支机构又不具体从事销售事务，销售事务由代理商进行。

企业在下列条件下可采用这种方式：产品技术复杂或是新产品，代理商需要专门的技能指导；多家代理商并存时，为了协调代理关系，也可设置分支机构；为了加强对代理商的控制，也可采取分支机构指导下的代理商方式。

二、选择合适的代理商

（一）代理商的寻找

寻找代理商有直接信函询问和公开广告征询两种方式。

直接信函询问首先应收集潜在代理商的名单，可以通过以下方式。

（1）驻外贸易协会和商会及其出版物。

（2）由本国驻国外商务人员推荐。

（3）商业银行。

（4）出口服务企业，如货运公司、海运保险公司等。

（5）贸易刊物。

（6）制造相关产品但不与本企业竞争的企业。

（7）商展。

得到名单后，企业以书信形式直接联系，征询代理商。这种联系方式的优点是能够更深入地了解代理商的情况，让潜在代理商更能感到企业的诚意与重视。缺点是征询工作比较烦琐，联系面也不如广告征询方式广。

通过广告征询代理商是指通过报纸、杂志、电视、广播的广告来征求代理商，广告的内容包括产品的介绍、合作的意愿以及公司的地址与联系方式等。

广告征询的花费相对较高，自己鉴定所花费的时间与精力投入也不小，但联系面广，厂家有一定的主动权。

（二）代理商的评估和确定

在评估和确定代理商时，深入了解其背景至关重要。有些企业在规模尚小、知名度不高的情况下，可能会急于拓展市场，而迅速选择代理商并授予代理权。然而，这种做法往往伴随着风险。因为代理商对厂家的热情可能并不高，他们可能采取削价等策略来快速获取市场份额，从而导致厂家的利润微薄。

此外，规模大的代理商虽然资源丰富，但并不一定适合所有产品或项目。他们可能同时代理多家厂家的产品，因此无法为小企业全力开拓市场。相比之下，一些规模较小的代理商可能对特定产品或项目有更深入的了解，业务能力也更强。他们更有可能为厂家提供定制化的服务，并在市场上取得更好的业绩。

代理商的评估和确定应从以下标准来看。

1. 代理商的信誉

由于企业与代理商的关系是一种信任关系，因而即使代理商的业务能力很强，在市场上地位优越，若信誉欠佳，则业务能力越强的代理商，商业欺诈的能力越强，在营销、汇款汇回、维护企业形象上会给企业带来不利。因此，信誉应是首要考虑的标准。

2. 代理商的营业规模

代理商的营业规模包括下列内容：潜在代理商的员工总人数、营业部门人数；代理商的长期发展趋势；所属的经销商数目；成立的时间及发展的历史；目前的营业额及营业区域；由外界经销商经手的营业额；代理商是否扩充营业区域，在哪些区域扩展和如何扩展。

3. 代理商的经营项目

厂家选取的代理商一般经营的应是与厂家同行业的项目或类似的项目。代理商以前经营的产品、项目决定其现有的营销网络。此外，所选代理商的经营项目不宜过多。代理过多项目的代理商必定精力分散，从而影响业绩。

4. 代理商的营销网络

在消费品市场应选择与零售组织关系良好的代理商；在产业市场应选择与其他批发商关系良好的代理商。

5. 代理商的业务发展计划

应选择业务发展计划安排周详的代理商。代理商应制订详尽的市场分析与营销计划，对产品项目的前景做出正确预测，拟订有效的营销计划。企业以此来评估代理商对项目的信心、对顾客服务的态度、对竞争对手的活动的警觉性，以及对当地市场的接近程度及发展能力。

6. 代理商的业务发展能力

代理商的业务发展能力包括下列内容：代理商专用仓库的容量、使用情况、库存管理办法；对推销人员的奖励措施；完备的人员培训制度；售后服务；为企业提供重要的市场情报；促销产品、项目的传播媒体和手段等。

7. 代理商的财务能力

代理商的财务能力包括代理商有多少流动资金和固定资金，自有资金所占的比重是多少，代理商的年盈利额和利润率及资金周转速度等。当企业使用买断代理方式，或企业本身的出口量相当大时，要求代理商有足够的资金来支付预付货款，垫付运费、广告费、售后服务费等。企业开拓市场、树立产品知名度也需要代理商帮助投入大量的资金。

8. 代理商的国籍和营业地址

有些国家的法令限制代理商的国籍，在这些国家寻找代理商开展营销活动时应注意这一点，即不要违反这些国家的法令。

代理商的营业地址必须合适，且最好位于商业中心和交通运输便利的地方，这样厂家的商品能以最低的成本配销至国内外的市场。

9. 代理商的政治、社会影响力

代理商的政治、社会力量雄厚，往往可以通过游说活动和组织“院外集团”来左右政府的进出口政策和产业政策。当政府采购在经营业务中占有相当分量时，代理商的政治、社会力量直接影响营销业务。

10. 同行业的代理商关系

商业活动中的关系对代理商和企业都是重要的。同行业关系不好，必然影响代理商的代理业务。若大多数同行业的代理商对该代理商不满，或评价过低，则足以说明该代理商存在不足之处。

11. 代理商的代理动机

代理商的代理动机，往往影响代理商日后长期的行动。一般来说，代理商具有下列动机时，从长期行动来说，对厂家是有利的：①代理商品是针对不同的细分市场，与代理商现有产品不冲突。②弥补产品线的不足。通过代理对本厂产品来说是互补性的产品，来带动本厂产品销售。代理商的这种动机，与厂家形成了互惠互利、共同发展的关系。③代理产品项目与代理商现有的营销网络完全相容，可以利用自己的多余的营销能力。

任务三　销售代理谈判的内容和策略

下面就销售代理谈判的主要内容及相应的策略进行具体阐述。

一、确定合同的名称

进行销售代理业务谈判的最终目的是要签订销售代理合同。因此，在业务谈判中应当明确合同名称，是销售代理合同还是经销合同，还要明确是独家代理合同还是非独家代理

合同。另外要说明代理商是否有代表委托方（企业）订立合同的权利。

二、确定合同关键信息

通常代理合同当双方在同一地方进行业务谈判后即签订，一般都附有成立日期。但若在异地签署，由于签署日期不同，应以双方当事人签署完成且双方当事人的意思表示都生效之日为合同正式生效之日。此外，还要注意进行业务谈判、订立代理合同的人是否有代理法人签合同的代表权，以及订约权限的大小和范围。

三、代理商的选任与受任问题

委托人与代理商的关系是主从关系，委托人的授权必须经过代理商的接受，代理关系才宣告成立。因此，一方面要委托人选任代理商；另一方面也要代理商受任代理事务，代理关系才会有效。

在业务谈判中必须明确规定授权代理商的代理内容。

四、代理商的义务问题

代理商必须严格遵守卖方的指导，并及时向被代理人汇报代理工作的进展及完成情况，确保透明度和沟通效率。代理商应亲自承担并完成代理任务，不得擅自转交或委托他人代为执行。在代理过程中，代理商应杜绝以被代理人名义与自己或同时代理的其他方签订任何合同，以避免利益冲突和不正当行为。

代理商必须坚决杜绝与第三方串通，任何可能损害被代理人利益的行为都是不被允许的。代理商应严格遵守法律法规，不得从事任何违法活动，同时也不得代理他人进行非法活动或利用被代理人的身份从事非法活动。这些规定均是我国法律明文规定的，因此在业务谈判中，双方必须明确这些条款，确保业务活动在法律框架内合规开展。

此外，双方还应明确，如果代理商不服从指示或越权行事，将承担相应的责任。这样的约定有助于维护双方权益，确保代理关系的稳定和业务的顺利进行。

五、代理区域

代理区域是针对独家代理而言的，它规定了某市场区域内，独家代理商有独占进货、一般的代理区域以地域划分，也有以产品或特殊消费者群划分的。在谈判中，除了规定代理区域外，还应规定禁止委托人直接或间接将代理产品售往代理区域以及禁止代理商在代理区域内代理、经销其他与本代理产品有竞争性质的产品。

六、代理商品

应在谈判中阐明代理商品的种类、名称、规格以及代理商品项目的增减条件和办法等。另外，应约定新产品是否包括在代理项目内，若新产品不是过去产品的改良品或替代品或是对原业务内容部分的修正，则除约定代理商有权代理本人所有产品或业务外，应规定代理商对该新产品无代理权，反之代理商对新产品有代理权。如果代理商代理的原有产品因新产品推出而大受影响，代理商也应拥有对新产品的代理权。

七、代理商品的价格和最低代理销售额

为了防止代理商变相加价牟取暴利或者低价竞销，厂家应在业务谈判中规定价格浮动范围和基准。对于售价高于价格基准部分的收入由谁享有也应做出规定。

在独家代理方式下有时也可规定最低代理销售额以激发代理商的积极性，但由于不可抗力或委托方无法供应而导致代理商未达到最低商品销售额的，责任不由代理商承担。

八、订单的处理

在代理商没有缔约权时，委托人可规定代理商接到订单时应迅速转交给委托人，委托人在 15 天内决定是否接受订单（逾期视为委托人拒绝了订单），委托人应将接受或拒绝订单的有关事宜及时通知代理商。

在代理商有缔约权时，应规定报价事项、售价高于约定价格的收入部分的分配办法以及成交后代理商应迅速将自己与顾客缔结的合同内容通知委托方的最长期限。

九、佣金与代理费用

代理佣金是代理商代理厂家销售产品而从厂家获得的劳务报酬。

佣金一般按交易金额计算，也有以成交数量计算的。我国一般以发票金额为基数计算佣金。在业务谈判中首先应规定代理佣金率，然后计算佣金，并决定佣金是逐笔结算还是定期结算。佣金的计算公式为

$$\text{含佣价}=\frac{\text{净价}}{1-\text{佣金率}}$$

$$\text{佣金}=\text{含佣价}\times\text{佣金率}$$

代理费用分为两大类：一类是代理商为厂商或客户垫付的费用，从厂商处收回；另一类是代理商自己经营代理业务中的费用，由代理商自己承担。前一类包括运输费、保险费、仓储费和售后服务费，其收回方式由双方在业务谈判中商定；后一类包括代理中发生的固定费用（如营业场所租金、照明费、电话费、办公设备费）和变动费用（如营业人员的工资等）。有的费用由代理商与厂家共同承担，如广告费、产品的交易会费用等。

十、商情报告

代理商应向委托人报告其活动情形与市场情况。为了保持密切的代理关系，委托人也有将其产销计划及市场动态随时向代理商提供的必要。此外，若委托人在价格、交货、付款或其他有关销售方面需变动条件，也应随时通知代理商，并规定这种变化从何时生效。报告时期原则上应是随时报告，当事务不多时，委托人也可规定代理商定期报告。

十一、知识产权的保护和保密与禁止受贿

谈判中应明确规定保护商标、专利等知识产权。代理人不得把代理过程中得到的保密资料向第三者泄露，不得利用其代理人身份谋取非法利益和接受贿赂；一切代理交易要保持正确的账目。

十二、仲裁及违约赔偿责任

双方在谈判中规定对可能发生的争端所采取的仲裁方式；规定违约的具体内容及由于违约造成的经济损失的相应经济赔偿的办法。

课后实践

学习完本项目的内容后，认真完成表 11-1 的实践清单。

表 11-1　实践清单

实践标题	商务代理谈判
实践目标	本次模拟商务代理谈判实践旨在帮助学生熟悉和掌握商务代理谈判的基本流程和技巧，提高学生在实际谈判中的沟通、协商和决策能力，为未来的商务实践奠定坚实基础
实践要求	1. 严格遵守谈判纪律：在谈判过程中，要求学生保持礼貌、尊重对方，不得出现侮辱、诋毁等不当言行。同时，要遵守谈判规则，不得擅自改变谈判议程或时间安排； 2. 充分发挥团队协作：各组内部要密切协作，共同制定谈判策略，分工合作，确保谈判顺利进行。组长要发挥领导作用，协调各方关系，确保团队目标一致； 3. 灵活应对谈判变化：在谈判过程中，要求学生保持冷静、沉着应对各种突发情况。当谈判出现分歧或僵局时，要及时调整策略，寻求双方都能接受的解决方案； 4. 认真总结反思：谈判结束后，各组要组织成员进行总结反思，分析谈判过程中的优点和不足，提出改进措施。同时，要整理谈判资料，形成完整的谈判报告
实践内容	1. 分组与角色分配：将学生分为若干小组，每组选定一名组长负责协调组织。每个小组内部分配不同的角色，包括代理商、被代理商、法律顾问等，确保每个学生都能参与到谈判过程中； 2. 谈判背景与任务：为每个小组设定一个具体的商务代理谈判背景，包括产品类型、市场需求、竞争态势等。要求各组根据背景信息，制定谈判策略，明确谈判目标和底线； 3. 谈判准备：各组需对谈判涉及的产品、市场、法律等方面进行深入研究，准备充分的谈判资料。同时，制定谈判议程和时间安排，确保谈判过程有序进行
实践内容	1. 严格遵守谈判纪律：在谈判过程中，要求学生保持礼貌、尊重对方，不得出现侮辱、诋毁等不当言行。同时，要遵守谈判规则，不得擅自改变谈判议程或时间安排； 2. 充分发挥团队协作：各组内部要密切协作，共同制定谈判策略，分工合作，确保谈判顺利进行。组长要发挥领导作用，协调各方关系，确保团队目标一致； 3. 灵活应对谈判变化：在谈判过程中，要求学生保持冷静、沉着应对各种突发情况。当谈判出现分歧或僵局时，要及时调整策略，寻求双方都能接受的解决方案； 4. 认真总结反思：谈判结束后，各组要组织成员进行总结反思，分析谈判过程中的优点和不足，提出改进措施。同时，要整理谈判资料，形成完整的谈判报告

实践评价

完成以上实践后，认真填写表 11-2 的实践评价。

表 11-2　实践评价

评价内容	分值	得分
参与实践的积极性、主动性	25	
独立思考能力	25	
创新能力	25	
谈判双方对协议内容满意度	25	
教师点评：		

项目小结

1. 商务代理的主要分类方法有两种：一是根据委托人给予代理人的权限，分为独家代理、一般代理和总代理等；二是根据代理的业务内容，分为商品代理、保险代理、广告代理、运输代理、投标代理、证券代理和旅行代理等。

2. 销售代理谈判前应选择合适的代理方式，确定代理方式后要进行商务代理谈判，包括确定合同的名称确定合同生效日期、当事人、合同订立地以及订立合同的理由、经过和目的、代理商的选任与受任问题、代理商的义务问题、代理区域、代理商品、代理商品的价格和最低代理销售额、订单的处理、佣金与代理费用、商情报告、知识产权的保护和保密与禁止受贿、仲裁及违约赔偿责任等。

思考练习

1. 什么是商务代理？商务代理的特点是什么？
2. 商务代理分为哪些类别？
3. 商务代理的作用是什么？

参考文献

[1] 王军旗．商务谈判：理论、技巧与案例［M］．北京：中国人民大学出版社，2021．

[2] 吴代文，马瑞山．商务谈判［M］．上海：上海交通大学出版社，2022．

[3] 杨晶．商务谈判［M］．北京：清华大学出版社，2022．

[4] 毕思勇，赵帆．商务谈判［M］．北京：高等教育出版社，2022．

[5] 李静．商务谈判实务［M］．北京：中国人民大学出版社，2020．

[6] 莫群俐．商务谈判（微课版）［M］．北京：人民邮电出版社，2023．

[7] 韩微微，华欣．商务谈判理论与实物：策略、技巧与实训［M］．北京：机械工业出版社，2023

[8] 左世翔．新编国际商务谈判［M］．四川：西南财经大学出版社，2023．

[9] 张守刚．商务沟通与谈判［M］．北京：人民邮电出版社，2023．

[10] 黄灿灿．商务谈判［M］．北京：中国铁道出版社有限公司，2024．

[11] 柳荣．采购谈判实战［M］．2版．北京：人民邮电出版社，2024．

[12] 王非庶．谈判 如何在博弈和沟通中获得更多［M］．北京：北京燕山出版社，2024．